U0603698

权威·前沿·原创

皮书系列为
"十二五""十三五"国家重点图书出版规划项目

轨道交通蓝皮书
BLUE BOOK OF
RAIL TRANSIT

中国轨道交通行业发展报告
（2017）

REPORT ON CHINA RAIL TRANSIT DEVELOPMENT
(2017)

主　　编／仲建华　李闽榕
副 主 编／韩宝明　徐东华
执行主编／夏文勇

社会科学文献出版社
SOCIAL SCIENCES ACADEMIC PRESS（CHINA）

图书在版编目（CIP）数据

中国轨道交通行业发展报告. 2017／仲建华，李闽
榕主编. -- 北京：社会科学文献出版社，2017.12
（轨道交通蓝皮书）
ISBN 978 - 7 - 5201 - 1682 - 4

Ⅰ.①中…　Ⅱ.①仲…②李…　Ⅲ.①铁路运输业 -
经济发展 - 研究报告 - 中国 - 2016 - 2017　Ⅳ.①F532

中国版本图书馆 CIP 数据核字（2017）第 267743 号

轨道交通蓝皮书
中国轨道交通行业发展报告（2017）

主　　编／仲建华　李闽榕
副 主 编／韩宝明　徐东华
执行主编／夏文勇

出 版 人／谢寿光
项目统筹／王　绯
责任编辑／赵慧英

出　　版／社会科学文献出版社·社会政法分社（010）59367156
　　　　　　地址：北京市北三环中路甲29号院华龙大厦　邮编：100029
　　　　　　网址：www.ssap.com.cn
发　　行／市场营销中心（010）59367081　59367018
印　　装／三河市东方印刷有限公司

规　　格／开　本：787mm×1092mm　1/16
　　　　　　印　张：18.25　字　数：274千字
版　　次／2017年12月第1版　2017年12月第1次印刷
书　　号／ISBN 978 - 7 - 5201 - 1682 - 4
定　　价／98.00元

皮书序列号／PSN B - 2017 - 674 - 1/1

主要编撰者简介

仲建华 男，1956 年出生，教授级高级工程师，享受国务院特殊津贴专家、住建部城市轨道交通专家，中国城市轨道交通协会专家和学术委员会执行副主任、《中国大百科全书》城市轨道交通工程分支学科编委会主任、中国轨道交通"走出去"工作组组长，全国劳动模范、建设部劳动模范，重庆市设计大师。曾任重庆市轨道交通（集团）有限公司总工程师、总经理、董事长；重庆市科协副主席、重庆（国际）单轨协会会长。是重庆轨道交通技术带头人，为我国第一条跨座式单轨交通线路和后继重庆轨道交通 3 号线的建设和运营做出了开创性贡献。线路先后荣获"詹天佑土木工程大奖""全国市政金杯奖""国家环境友好工程""中华人民共和国国家质量奖"等 12 项国家级大奖。主编国家标准和住建部行业标准《跨座式单轨设计规范》《城市轨道交通桥梁设计规范》《悬挂式单轨交通技术标准》共 10 余部，创建了国际唯一的单轨交通国家标准体系。

李闽榕 男，1955 年出生，经济学博士，福建师范大学兼职教授、博士生导师，现任中智科学技术评价研究中心理事长、主任，中国区域经济学会副理事长。曾任福建省新闻出版局党组书记、副局长，已出版《中国省域竞争力蓝皮书》《中国林业竞争力蓝皮书》《中国农业竞争力蓝皮书》《环境竞争力绿皮书》《G20 国家创新竞争力黄皮书》《世界创新竞争力黄皮书》《全球环境竞争力绿皮书》《遥感监测绿皮书》《世界茶业蓝皮书》等多部研究成果，并多次获奖，在《人民日报》《求是》《管理世界》《经济学动态》等国家级报刊上发表学术论文 200 多篇。

韩宝明 男，1963 年出生，北京交通大学教授、博士生导师，《都市快轨交通》杂志社社长、*Urban Rail Transit* 执行主编、中国城市轨道交通协会专家和学术委员会秘书长。出版《高速铁路概论》《铁路客运专线换乘枢纽交通设计理论与方法》等多部著作，发表学术论文百余篇。

徐东华 男，1960 年出生，国家二级研究员、教授级高级工程师、编审、享受国务院特殊津贴专家，现任机械工业经济管理研究院院长、党委书记，北京大学商业与经济管理研究所副所长。曾任中共中央书记处农村政策研究室综合组副研究员；国务院发展研究中心研究室主任、研究员；国务院国资委研究中心研究员。参加了国家"九五"至"十三五"国民经济和社会发展规划的研究工作，已主编《装备制造业蓝皮书》等著作，在《经济日报》《光明日报》《求是》《经济学动态》《经济管理》等报刊发表百余篇文章。

夏文勇 男，1977 年出生，高级工程师、国家注册质量管理体系高级审核员、中智科学技术评价研究中心理事、华评科技评估有限公司与国评认证有限公司创始人，曾起草《科技成果评价通用要求》《科学研究服务规范》等国家与地方标准，咨询辅导与审核 600 多家各种规模与行业的企业，在 *CHINA STANDARDIZATION*、《认证技术》等杂志上发表数篇学术论文。

专题报告作者简介

王争鸣　男，1957 年出生，教授级高级工程师、全国工程勘察设计大师、享受国务院政府特殊津贴专家，中铁第一勘察设计院集团有限公司董事长、党委书记，轨道交通工程信息化国家重点实验室主任，中国工程咨询协会常务理事，中国铁道学会第六届理事会理事，第四届全国工程专业学位研究生教育指导委员会委员，西南交通大学兼职教授。被评为 FIDIC "百年优秀咨询工程师"、全国优秀科技工作者（并获 "十佳提名奖"）、全国首届 "杰出工程师"，为原铁道部专业技术带头人。曾主持和参与设计 30 余项国家重大工程，获得国家、省部级奖励 23 项，其中国家科技进步特等奖与二等奖各 1 项，拥有专利 15 项。

杨永林　男，1966 年出生，博士、教授级高工，现任成都市新筑路桥机械股份有限公司总裁。历任大同机车厂设计处副处长、厂长办公室副主任、厂部副总工程师，大同电力机车有限公司总工程师、副总经理、董事长兼总经理，北京二七机车有限公司董事长兼总经理，西南交通大学产业（集团）有限公司高级顾问。

郜春海　男，1970 年出生，北京交通大学教授，轨道交通运行控制系统国家工程研究中心主任，北京交控科技有限公司董事长兼总裁。曾先后开展 "列车超速防护 ATP 系统" "基于通信的城轨 CBTC 系统" "高速磁悬浮列车运行控制车载系统" 等多个国家重大项目研究，攻克了一直制约国内运行控制领域的 ATP/ATO 核心技术，完成了国内首条城轨 CBTC 系统示范工程。2011 年入选首批 "科技北京" 百名领军人才培养工程。曾获铁道部科技进步二等奖 1 项，北京市科技进步二等奖 1 项，北京市科技进步三等奖 1 项。

吴仕岩 男，1960 年出生，研究员、教授级高级工程师，现任中国铁建房地产集团有限公司董事长、党委书记，中国房地产业协会常务理事，北京房地产业协会副会长，《中国装备制造业发展报告》（装备制造业蓝皮书）编委。荣获北京市"防非典"优秀共产党员称号。曾主持紫禁城世界三大男高音演唱会舞台及看台（北京申奥工程，荣获"吉尼斯"世界纪录），首都机场 1 号航站楼、专机楼、公务机楼，中国民航总局办公楼改扩建等国家重点工程的设计和施工。

朱　颖 男，1963 年出生，教授级高级工程师、全国工程设计大师，现任中铁二院工程集团有限责任公司总经理。曾荣获全国五一劳动奖章、詹天佑成就奖，被评为铁道部青年功臣、四川省有突出贡献的优秀专家。主持或参与 20 余项国家重点铁路、公路和城市轨道交通建设项目的勘察设计工作，主持或参与完成 20 余项科研项目，在无砟轨道、铁路选线、总体设计、复杂艰险山区高速铁路理论体系构建和关键技术研究等方面取得突出成就，获国家科技进步奖一等奖 1 项、二等奖 1 项，省部级科技进步奖及优秀工程设计奖 15 项。

摘　要

截止到 2016 年底，中国高铁运营里程约 2.2 万公里，约占全球的 65%；中国城市轨道交通运营里程达 4153 公里，居世界首位。2017 年 9 月，京沪高铁上具有完全自主知识产权的"复兴号"列车运营时速达 350 公里，中国成为世界上高铁商业运营速度最高的国家。

近年来，国家大力实施创新战略，轨道交通装备的国产化已是大势所趋，在安全、高速、便捷、舒适、经济、节能、环保、智能等多方面，包括基础建设在内的中国轨道交通技术正日新月异，很多已走在世界前沿。随着科技创新及基础建设水平的提高，中国轨道交通在满足国内需求的同时，"走出去"的时机也日渐成熟。

为了创造与产业影响力相匹配的学术作品，中国城市轨道交通协会、西南交通大学与中智科学技术评价研究中心等共同提议，发起成立轨道交通蓝皮书编委会，由华评科技评估有限公司组织人员具体实施，计划每年编写及发行一期轨道交通发展报告。"轨道交通蓝皮书"的主题为"自主创新、驰骋世界"，志在围绕轨道交通的经济性、安全性、便捷性与节能环保等特点，重点阐述轨道交通产业在技术、管理、商业模式、产业发展等方面的进展、发展趋势、创新点以及社会关注热点，集轨道交通产业权威论述、数据分析、前沿跟踪、趋势预判为一体，旨在服务社会，促进产业发展，帮助中国轨道交通"走出去"。

本报告分总报告与专题报告两部分。总报告主要包括轨道交通概述、中国轨道交通历史、中国轨道交通现状。专题报告则在项目、城轨、技术、经济、国外等方面各选取一例有代表性的作品。项目篇中的青藏铁路工程攻克了"多年冻土、高寒缺氧、生态脆弱"三大世界性工程难题，修建技术达

到同期国际领先水平，曾荣获国家科学技术进步特等奖；城轨篇中的现代有轨电车近年来有全面复兴之势，截至 2017 年 3 月，中国已有 10 多个城市开通有轨电车，已开工在建有轨电车的城市有 17 个，已规划有轨电车的城市有 47 个；技术篇中的 CBTC 系统（基于通信的列车运行控制系统）对于保证行车安全、辅助列车运行起着重要作用，目前在我国已实现完全自主知识产权；经济篇中的轨道交通周边土地开发，对于改变我国铁路与城市轨道交通长期亏损状态、缓解轨道交通建设融资困难等现实问题有很强的借鉴意义；国外篇中的俄罗斯客运列车分析，结合中铁二院中标的莫斯科到喀山高铁项目，分析俄罗斯轨道交通需求，对于"一带一路"、高铁"走出去"等国家战略的实施有一定的参考作用。

总体上，本报告以事实为依据，尽量用图表展示成就与问题，从多视角分析轨道交通与历史、经济、社会、人口、区域、城镇化等的关系，结合社会热点、年度创新点，解疑释惑，促进社会和谐与产业发展。对外讲述中国故事，发出中国声音，是产业走出去的宣传先导；对内则对比分析，深入探讨，促进行业有序竞争与发展。

关键词：轨道交通　高速铁路　城市轨道交通

目　录

Ⅲ 附录

皮书数据库阅读**使用指南**

总 报 告

General Report

B.1
第1章
轨道交通概述

摘　要： 世界第一条商业铁路诞生于1825年，随后铁路得到快速发展，并成为陆上运输的主要交通工具，在一个多世纪的时间里基本处于垄断地位。随后，飞机和汽车的发明逐步减低了铁路的重要性。随着经济和社会的发展，轨道交通各种技术突飞猛进，凭着速度快、运量大、安全、准点、舒适、保护环境、节约能源和节省用地等特点，以及新制式轨道交通层出不穷，高速铁路、城市轨道交通等在城市与城市、城市内部的交通中占据着越来越重要的地位。在我国，轨道交通主要包括铁路与城市轨道交通。

关键词： 轨道交通　城市轨道交通　铁路　高铁

至少 2000 年前，古希腊已有马拉的车沿着轨道运行，成为第一个拥有路轨运输的国家。1803 年，理查·特尔维域克（Richard Trevithick）在英国威尔士发明了第一台能在铁轨上前进的蒸汽机车。1814 年，史蒂芬孙（George Stephenson）成功地制造了第一台蒸汽作动力的火车机车。1825 年，英格兰的史托顿与达灵顿铁路（Stockton and Darlington Railway）成为第一条成功的蒸汽火车商业铁路。铁路在英国与世界各地迅速发展，并成为陆上运输的主要交通工具，在一个多世纪的时间里基本处于垄断地位。随后，飞机和汽车的发明及其技术进步，逐步减低了铁路的重要性，铁路发展经历了一段相对缓慢的时期。但轨道交通的技术与制式一直处于不断发展中。随着经济和社会的发展，轨道交通各种技术突飞猛进，凭着速度快、运量大、安全、准点、舒适、保护环境、节约能源和用地等特点，新制式轨道交通层出不穷，高速铁路、城市轨道交通等在城市与城市、城市内部的交通中占据着越来越重要的地位。

（一）轨道交通的定义

运载人和物的车辆在特定的轨道上走行，轨道起了支撑、传递荷载和导向作用，这种交通手段称为轨道交通。

轨道交通是一种利用轨道列车进行人员与货物运输的方式，具有速度快、运量大、安全、保护环境、节约能源和节省用地等特点。在我国，轨道交通主要包括铁路和城市轨道交通（可简称为"城轨"）。

（二）轨道交通分类（见表1-1）

表1-1　轨道交通分类

划分方法	1	2	3	4	5
按运营性质	客运专线(含城轨)	货运专线	客货共线		
按服务范围	干线铁路	城际铁路	市域铁路	市区轨道交通	市域轨道交通
按管理主体	国家铁路	地方铁路	合资轨道交通	城市轨道交通	铁路专用线
按运行速度	常速铁路	快速铁路	高速铁路	超高速铁路	
按线路敷设方式	地下轨道交通	地面轨道交通	高架轨道交通		

（三）轨道交通系统组成

轨道交通系统通常由车站、轨道、车辆、供变电系统、控制及通信信号系统等组成（见表1-2）。

表1-2　轨道交通系统组成

设施	零部件	说明
车站	1. 车站线路	是列车到、发及停留在站内，或进行折返作业的线路，包括正线、站线、段管线、岔线及特别用途线
	2. 信号与通信设备	信号是对行车与调车人员发出的指示和命令，闭塞设备是保证列车在区间内运行安全和提高车站通过能力的设备，联锁设备是保证车站范围内行车和调车工作安全及提高车站通过能力的设备
	3. 站台	主要供列车停靠、货物装卸和乘客上下车、候车使用。站台有岛式站台、侧式站台、分离岛式站台、双岛式站台等不同形式
	4. 站厅、通道和升降设备	
	5. 售检票等设备	主要有售票机、检票机、安检机、屏蔽门等
	6. 作业或设备用房	
轨道	包括钢轨、道床、轨枕、连接零件、道岔、防爬设备等	
车辆	1. 车体	
	2. 转向架	
	3. 牵引缓冲装置	
	4. 制动装置	
	5. 受流装置	
	6. 内部设备	
	7. 电器系统	
供变电系统	高压供电系统、牵引供电系统、动力照明供电系统等	
控制及通信信号系统	1. 通信系统	光纤数字传输、电话交换、无线通信、闭路电视、车站广播等
	2. 信号	
	3. 环控系统	通风与空调、防排烟、环境监控等
其他	给水与排水等	

（四）高速铁路

高速铁路简称高铁（high-speed railway，简称 HSR），在不同的国家不同的时代有不同的定义，如 1985 年日内瓦协议规定：新建客货共线型高铁时速为 250 公里以上，新建客运专线型高铁时速为 350 公里以上。

中国国家铁路局的定义为：新建设计开行 250 公里/小时（含预留）及以上动车组列车、初期运营速度不小于 200 公里/小时的客运专线铁路（见表 1–3）。

表 1–3　高速铁路定义要求及说明

序号	高铁定义要求	说明
1	限定于新建铁路	秦沈客运专线是对既有线改造提速，是中国高速铁路的探索地、过渡点，不符合中国高铁的"新建"标准，划归京哈铁路。另外，大量旧铁路扩改，一般都规划为客货共线的快铁级别，不是高铁，例如，长白快速铁路又称长白铁路扩能改造，渝黔快速铁路是渝黔铁路扩能改造项目，娄邵快速铁路是娄邵铁路以扩能改造名义做的新线
2	要求最低设计时速 250 公里（含预留）	相关要求是针对运行动车组列车的，否则时速上不去
3	要求初期运营时速不小于 200 公里	中国铁路分高速铁路—快速铁路—普通铁路三级。高铁级是特Ⅰ级，高于国铁Ⅰ级
4	要求是客运专线	客运时速 250 公里而客货共线的顶级快铁，如深茂铁路、厦深铁路等，不属于中国标准的高铁，划归国铁Ⅰ级。又如，海南东环铁路是快速铁路，客运时速 200 公里，客货两用、国铁Ⅰ级。

另外，中国高铁一般采用无砟轨道（西银高铁例外），快铁线一般采用有砟轨道（兰新快铁一些路段例外）。国外高铁轨道多样。

动车组类型：中国高铁线用高速动车组（为 G 字头，区别于一般动车组即 D 字头列车），起初是 C 型（表示高级）的 CRH（CRH2C 和 CRH3C），前面各种 CRH 都是跑快铁，后面各型多样；再后来用 CRH380 系列和中国标准动车组。

在中国，将所有引进国外技术、联合设计生产的中国铁路高速车辆均命名为"和谐号"，英文名称缩写是 CRH，全称是 China Railways High-speed（中国铁路高速），目前有 CRH1A、CRH1B、CRH1E、CRH2A、CRH2B、CRH2C、CRH2E、CRH3C、CRH5A、CRH380A、CRH380B、CRH6 这十二

种型号。这些型号分别从德国、法国、加拿大、日本等国家引进先进技术，通过消化、吸收及国产化，成为具有我国自主知识产权的动车组系列产品；而时速 300 公里以上的动车组运行线路称为高铁。

中国标准动车组（CEMU）：指以中国标准体系为主的动车组，其功能标准和配套轨道的施工标准都高于欧洲标准和日本标准，具有鲜明而全面的中国特征；也指在面对多样化 CRH 的环境里，对中国动车组实行标准化（统一化）设计以互联互通。

（五）城市轨道交通的定义与分类

城市轨道交通全称为城市快速轨道交通，是指城市中有轨的大运量公共交通运输系统。在中国国家标准《城市公共交通常用名词术语》中，将城市轨道交通定义为"通常以电能为动力，采取轮轨运输方式的快速大运量公共交通的总称"。

城市轨道交通通常具有如下社会功能。

1. 城市轨道交通是城市公共交通的主干线，能够大运量地运转人口，缓解城市交通拥堵。

2. 城市轨道交通能耗低、污染少，有利于节约资源、节约用地、改善环境。

3. 城市轨道交通可以带动城市沿线发展，形成郊区卫星城和多个副中心，优化城市结构布局，促进城市繁荣，同时缓解城市中心人口过于密集、住房紧张、生活环境差、空气污染严重等城市通病，是一项公益性基础设施。

4. 城市轨道交通有利于提高市民出行效率，节省时间，改善工作与生活条件，促进社会经济发展。

5. 城市轨道交通还有一定的人防功能。

城市轨道交通按车辆类型及主要技术特征通常可分为地下铁道（简称"地铁"）、现代有轨电车、轻轨道交通（简称"轻轨"）、市域快轨、单轨道交通（简称"单轨"）、磁悬浮交通、新交通系统（简称"APM"）等七种制式（见表 1–4、表 1–5、表 1–6）。

表1-4 城市轨道交通分类

序号	制式	定义	说明
1	地铁	指以在地下运行为主的城市轨道交通系统，即"地下铁道"或"地下铁"（Underground Railway, Subway, Tube）的简称。有时指涵盖了都会地区各种地下与地上的路权专有、高密度、高运量的城市轨道交通系统（Metro），中国台湾地区则称之为"捷运"（Rapid transit）	地铁也可包括高架铁路（或路面上铺设的铁路），但是路权专有，无平交，这是区别于轻轨的根本性标志
2	轻轨	是一种使用电力牵引、介于标准有轨电车和快运交通系统之间，用于城市旅客运输的轨道交通系统（Light Rail Transit，简称LRT）	在中国《城市轨道交通工程项目建设标准》中，把每小时单向客流量为0.6万~3万人次的轨道交通定义为中运量轨道交通，即轻轨。通常地，选A、B车体为地铁，选C车体为轻轨
3	现代有轨电车	将现代轨道交通制式新技术融为一体，通过低地板、编组化，在适当的运营控制系统下沿轨道运行，具有多种路权方式的安全、高效、便捷、绿色中低运量城市轨道公共交通系统（Tram 或 Streetcar）	是使用电车牵引、轻轨导向、1~3辆编组运行在城市路面线路上的低运量轨道交通系统
4	市域快轨	指大城市市域范围内的客运轨道交通线路，服务于城市与郊区、中心城市与卫星城、重点城镇间等，服务范围一般在100公里之内	城际铁路是专门服务于相邻城市间或城市群，旅客列车设计速度200公里/小时及以下的轨道交通。其主管单位为中国铁路总公司及其下属机构。这是其与市域快轨的主要区别
5	单轨	使用一条轨道的轨道交通（Monorail）	按照走行模式和结构，单轨主要分成悬挂式单轨和跨坐式单轨
6	磁悬浮交通	通过电磁力实现车辆的悬浮和导向，由直线电机牵引列车沿轨道无接触运行的新型轨道交通系统（Magnetic Levitation for Transportation）	在城轨中通常指中低速磁悬浮，根据速度与结构的不同，通常又称"第一代中低速磁悬浮""第二代中低速磁悬浮"
7	APM	旅客自动捷运系统（Automated People Mover systems，简称APM），也称自动导向新交通系统或新交通系统（Automated Guideway Transit，简称AGT），是一种无人自动驾驶、立体交叉的公共运输系统，集合了多种传统城市轨道交通工具的特点，主要特征是列车的微型化。广义上是那些所有现代化新型公共轨道交通方式的总称	APM是一个模糊的概念，不同国家和城市对此都有不同的理解，还没有统一和严格的定义。分中央导向方式和侧面导向方式。可以无人驾驶自动运行，车站无人管理，自动化水平高。与单轨的区别：除有走行轨外，还设有导向轨

表1-5　常见城市轨道交通指标比较

指标	地铁	轻轨	跨座式单轨	有轨电车	市域快轨
城市人口(万)	300 以上	100 以上		50 以上	
线路长度(公里)	24 以下	20 以下	10 以下	10 以下	40 以下
可达性	地下	地上	地上	地面	地面
平均站间距	1.2~2 公里	0.8~1.5 公里		350 米	2~4 公里
最大坡度	3%~4%	6%~10%			3%~4%
最小半径(米)	300	25	50	15~25	300
旅行速度(公里/小时)	35~40	30~40		10~20	45~60
最大运行速度(公里/小时)	80~120	80~100		60~80	120~160
建设成本(亿元/公里)	4~7	3~4	2~3	1~2	2~4
供电方式	1500DC			750DC	25 千伏, 1500DC
路权	专用			道路共用	专用

表1-6　常见城市轨道交通优缺点分析

系统	单向运能 (万人次/小时)	优点	技术缺点	最适用区域
地铁	2.5~7	高运量,牵引能耗低,技术成熟	振动噪声大,造价高	大、中城市中心区域
轻轨	1.5~3	综合能耗低,技术成熟	振动噪声大	中、小城市
单轨	1.5~3	低噪声,爬坡能力强,转弯半径小,综合能耗低	需定期更换轮胎,疏散有难度	中小城市、大城市开发区、山地城市或旅游景区
有轨电车	0.5~1.2	介于轨道交通和公交之间,布线灵活,造价低	噪声较高,交叉口通过性差	中、小城市
市域快轨	0.5~2.3	能耗低,技术成熟	振动噪声大	城市长距离郊区
中低速磁悬浮	1.5~3	振动噪声低、爬坡能力强、转弯半径小	承载受悬浮能力限制、牵引效率较低、列车救援困难、牵引能耗高	中等城市、大城市市区与机场、卫星城、开发区连接;山地城市或旅游区

（六）城市轨道交通的技术特性

城市轨道交通的主要技术特性有速度高、运量大、准时、安全、舒适、节能、节省土地、环保等（见表1-7）。

表 1 – 7　城市轨道交通主要技术特性

序号	指标	特性
1	速度	与常规公共交通相比,城市轨道交通有较高的运行速度、较高的启制动加速度,多数采用高站台,上下车方便,列车停站时间短,缩短了乘客出行时间
2	运输能力	城市轨道交通列车编组通常车辆数量较多,且行车速度高,行车时间间隔短,因而具有较大的运输能力
3	准时性	城市轨道交通一般是在专用车道上运行,不产生线路堵塞现象,并且不易受气候影响,列车能按运行图运行,运行时点较可靠
4	安全性	城市轨道交通一般是在专用车道上运行,没有平交道口,不受其他交通工具干扰,加上配有先进的通信信号系统,极少发生交通事故
5	舒适性	城市轨道交通运行平稳,车辆、车站内设施条件较好,乘客乘坐会感觉比较舒适
6	能源消耗	城市轨道交通一般采用电气牵引或其他新型能源驱动,而且轮轨摩擦阻力较小,与其他公共交通工具相比更节省能源
7	空间利用	城市轨道交通可以充分利用地下和地上空间,不占用地面街道,能有效缓解地面道路拥挤、堵塞状况,提高了土地利用价值,并能改善城市景观
8	环境污染	城市轨道交通一般采用电气牵引或其他新型能源驱动,与其他公共交通工具相比不产生废气污染。由于在线路和车辆上采用了各种降噪措施,噪声污染也能得到有效控制

B.2
第2章
中国轨道交通历史

摘　要：　因引自英、法、德、日、俄、美等不同国家，中国最早出现
　　　　　的铁路标准及机车设备等样式各异，曾被人讥讽为"国际铁
　　　　　路展览会"。新中国成立后，特别是进入21世纪以来，中国
　　　　　通过引进、消化与吸收，开始走自主创新之路。从西部高原
　　　　　上的青藏铁路到东部大海之滨的沿海铁路，从北部严寒地区
　　　　　的哈大高铁到世界运营里程最长的京广高铁，一项项世纪难
　　　　　题被相继攻克，一个个世界之最被频频突破。从2006年西南
　　　　　交通大学开始建设的轨道交通国家实验室（筹），到2016年
　　　　　中车集团和青岛市共建的首个国家技术创新中心——国家高
　　　　　速列车技术创新中心，中国的轨道交通科研力量不断壮大，
　　　　　技术创新与日俱增。中国的轨道交通成为国家发展的一个缩
　　　　　影，科技力量从空白与落后实现弯道超车、后来居上，以一
　　　　　再刷新的"中国速度"实现着国力强盛与民族复兴。

关键词：　轨道交通　铁路　地铁　城市轨道交通

一　中国铁路

在中国大地上最早出现的轨道交通制式是铁路，迄今已有约140年的历
史。

（一）1949年前中国铁路状况

1840 年，英国侵略者发动鸦片战争，用炮舰打开了清朝帝国的大门。从此，铁路作为西方侵略者入侵中国的工具以及中华民族自强的手段，逐渐在中华大地上生根与发展（见表 2 – 1）。

表 2 – 1　1949 年前中国铁路大事记

时间	主要事件
1865 年	为了劝说清政府同意外国人修筑铁路，一个名叫杜兰德的英国人在北京宣武门外修筑了一条铁路试行小火车。这条铁路仅长一里，不具备实用价值，很快被清政府拆毁。这是铁路和火车最早出现在中国
1874 年	"吴淞铁路公司"正式在英国伦敦登记，怡和洋行是其在华代理人
1875 年	"吴淞铁路"所需钢轨、机车和车辆等从英国运来
1876 年 1 月	开始在吴淞已成的路基上铺轨。1876 年 6 月完成了上海苏州河北岸到江湾徐家花园一段的修建
1876 年 7 月 3 日	吴淞铁路正式通车运营，时速 15 ~ 20 英里（24 ~ 32 公里）。铁路全长 15 公里，轨距 30 英寸（0.762 米）
1881 年	年初，开平矿务局创建"唐胥铁路"，从此揭开了中国自己修建铁路的序幕。同年 6 月 9 日开始铺轨，11 月 8 日举行通车典礼。唐胥铁路采用每码 30 磅（每米 15 公斤）轻钢轨，采用"标准轨距"，两轨间的距离为 4 英尺 8.5 英寸（1.435 米），使用的机车车辆比吴淞铁路的大
1893 年	张之洞开始修建大冶铁路，以把大冶的铁矿石运到长江后再运往汉阳炼铁、炼钢。干支线合计 28 公里，于 1894 年完工
1894 年	中日甲午战争之后，帝国主义列强以"炮舰外交"为手段，在中国划分"势力范围"，先后利用不同方式吞噬中国的铁路权，或采取直接建筑和经营的方式，或假借中外合办的名义，更多的通过贷款来进行控制
1905 年 5 月	清政府在北京设立京张铁路局，詹天佑为会办（相当于副局长）兼总工程师
1906 年 2 月	商部奏请厘定全国铁路轨距一律以 4 英尺 8 英寸半（1.435 米）为标准
1909 年 10 月	京张铁路通车
1912 年 2 月 22 日	孙中山在上海成立"中华民国铁道学会"
1912 年 9 月 12 日	孙中山在上海成立"中国铁路总公司"
1912 ~ 1916 年	袁世凯政府同西方帝国主义列强先后签订了九项铁路借款合同，出卖了 11 条铁路的权益

续表

时间	主 要 事 件
1913 年	日本也在中国东北地区取得了"满蒙五路"的特权。总算起来,短暂的袁世凯政府丧失的铁路总长度达一万多公里
1917～1918 年	段祺瑞政府继续向日本兜售路权
1912～1927 年	从 1912 年中华民国成立到第一次世界大战结束六七年间,形成了第二次帝国主义列强瓜分中国铁路权的高潮。 帝国主义各国以中外合办或直接经营方式在中国修筑铁路,或贷款控制国有铁路,以作为侵略中国的工具。他们在中国修建铁路所采用的工程技术标准、机车车辆的形式和构造不同,经营管理的制度和方法也不同。中国铁路同时出现英、法、德、日、俄、美等多国的设计标准和设备型式,被人讥讽为"国际铁路展览会"
1928～1945 年	1928～1937 年七七事变十年期间,国民党政府主要利用所谓"中外合作"方式在关内修建了 3600 公里的铁路。东三省地方当局也采用省商合营的方式在 1928～1931 年九一八事变期间修建了 900 公里的铁路。此外,有些铁路借款虽已签订,但由于燃起了中华民族的抗日烽火,铁路已来不及修建。 在抗日战争期间,国民党政府在西南、西北大后方,采用征用民工、拆用旧轨并滥发货币的办法,勉强修建了 1900 公里的铁路。 从九一八事变到抗战胜利的十四年期间,日本帝国主义侵略者利用从我国搜刮来的巨额资材,在东北三省和热河省修建了近 5700 公里的铁路,在华北、华中、华南沦陷区修建了 900 公里的铁路,以强化他们在这些地区的殖民统治
1946～1949 年	抗战胜利后,国民政府立即动手"接收"铁路,以便调运军队,大举进攻解放区。此外,在联合国善后救济总署的协助下,国民政府还先后修复了粤汉铁路、浙赣铁路、湘桂黔铁路、淮南铁路和江南铁路
1946 年	8 月,哈尔滨机务段的职工响应毛泽东主席"解放全中国"的号召,从滨州线肇东车站拉回一台破旧的 304 号机车进行修复,随后又修了一台 1083 号破损机车。10 月 30 日,经东北铁路总局批准,这两台蒸汽机车被正式命名为"毛泽东号"和"朱德号",并投入生产和军事运输,在解放战争、抗美援朝和社会主义建设中屡建功勋
1948 年	9 月 28 日 6 时 15 分,3005 次秘密军火列车开出昂昂溪站,急速驶往辽沈战役前线,经过 4 昼夜的英勇奋战,终于在 10 月 2 日凌晨 4 时 46 分,到达了辽沈战役的前线——清河门站。及时运达的这批弹药,对辽沈战役的胜利起到了重要作用。 11 月,为了表彰 3005 次军列对解放锦州的重大贡献,东北军区赠给全体乘务员一面锦旗,上写:"赠给三〇〇五次英雄列车"
1949 年	在中国铁路工人运动史上,具有深远影响的"铁牛运动"发源于绥化机务段。1949 年 2 月,96 号机车包乘组刻苦钻研机车保养和操纵技术,首创安全行车 106579 公里的纪录,而且不入厂修,超过两个甲检期,为国家节约了 3.59 万余元(东北币),被东北行政委员会铁道部授予"铁牛"机车组称号。之后,东北铁路全面开展"铁牛"运动,推动了运输生产的发展

关于中国最早的铁路有三种不同的说法：一是 1865 年，英国资本家杜兰德在北京玄武门外修建的一条 1 公里长的铁路，试营小火车。二是 1876 年，英商怡和洋行在上海修的沪淞铁路，全长 30 公里，但后来出了几次事故，被清政府高价购回并拆毁。三是中国人修建的第一条铁路，唐山－胥各庄铁路，全长 11 公里，于 1881 年建成，1894 年延至山海关。

总体来说，从 1876 年到 1949 年底全国解放时，我国修建铁路已有 70 余年的历史，全国（大陆）共有干、支线铁路（不包过矿山线、森林线、码头线等在内）25400 公里，除去日军在侵华期间拆旧线建新线以及国民党军队拆除的一些线路，共约拆除 3600 公里，这样在 1949 年大陆仅留下 21800 公里（被破坏的可以修复的线路在内，其中苏联红军在 1945 年八一五抗战胜利后占领我东三省期间拆去铁路 1500 公里，把轨料和机器运往苏联）。此外，1945 年台湾回归祖国时有铁路干支线超过 900 多公里未计在内。

（二）1949年后新中国铁路状况

新中国成立之初，交通运输面貌落后，全国铁路总里程仅 2.18 万公里，且有一半处于瘫痪状态。

从 1949 年到 2016 年，新中国的铁路事业虽然以旧中国的铁路设备为其物质基础，但一贯坚持自力更生、勤俭建国的方针，加上 20 世纪 70 年代后期的改革开放，彻底改变了旧铁路半封建半殖民地的性质，取得了前所未有的辉煌成就（见表 2－2）。特别是 20 世纪初，整个轨道交通产业更是得到了前所未有的高速发展。每年铁路投产新线都超过 1000 公里，基本建设投资也逐年增长。截至 2016 年底，我国铁路运营里程达到 12.4 万公里，其中高铁约 2.2 万公里，占全球的近 65%；城市轨道交通运营城市 30 座，运营里程已达 4150 多公里。

据统计，2016 年 1～12 月，我国铁路完成旅客发送量 277301 万人次，旅客周转量 12527.88 亿人公里；完成货物总发送量 265206 万吨，货物总周转量 21273.21 亿吨公里。

表 2 – 2　1949 年后新中国铁路大事记

时间	事　件
1952 年	成渝铁路建成,这是新中国成立后建成的第一条铁路
1957 年	武汉长江大桥建成,这是新中国成立后的第一座铁路桥
1958 年	宝成铁路开通,这是新中国的第一条电气化铁路
1983 年	京秦铁路通车,这是新中国建设的第一条双线电气化铁路
1992 年	大秦铁路全线开通,这是中国第一条重载铁路线路,第一条全线采用光纤通信系统的线路
1994 年	广深铁路建成,这是中国第一条准高速铁路,也中国目前唯一一家境外上市的铁路
1996 年	京九铁路建成通车,跨越 98 个市县,全长 2553 公里
2006 年 7 月 1 日	世界上海拔最高、线路里程最长的高原铁路——青藏铁路——提前一年建成通车
2006 年 12 月	经铁道部会商科技部、教育部,决定依托西南交通大学建设轨道交通国家实验室。这是我国西部地区高校唯一的国家实验室,也是中国轨道交通领域唯一的一个国家实验室,定位于围绕高速铁路、重载运输、新型城市轨道交通开展科学研究与技术创新,引领轨道交通技术的发展
2008 年 4 月 18 日	京沪高铁正式开工,各地客运专线和城际铁路相继开工建设,新建设的高速铁路规模达到 8000 余公里
2008 年 8 月 1 日	京津城际铁路开通,最高时速 350 公里,是中国第一条拥有完全自主知识产权、具有世界一流水平的高速铁路
2009 年 12 月	武广高铁时速 394 公里,创世界最高运营试验速度
2009 年 12 月 26 日	武广高速铁路客运专线投入运营,这标志着我国已从铁路设计到施工建设、机车制造、列车运行控制、铁路运营管理等方面全面掌握高速铁路技术,正式步入高速铁路新时代
2010 年	春运期间火车票实名制正式推行
2010 年 12 月 3 日	中国南车集团研制的新一代高速动车组"和谐号"380A 在京沪高铁枣庄至蚌埠间的先导段联调联试和综合试验中,最高运营试验时速达 486.1 公里
2011 年	2011 年 6 月 30 日京沪高铁开通的列车运行时速由 350 公里降至 300 公里;2011 年 7 月 1 日沪宁城际高铁运行时速由 350 公里降至 250 公里;武广高铁、郑西高铁运行时速由 350 公里降至 300 公里
2011 年 7 月 23 日	在温州双屿下岙路段,北京—福州 D301 动车组追尾杭州—福州 D3115 动车组,事故共造成 40 人死亡,209 人受伤
2011 年 8 月	2011 年 8 月 16 日沪杭、京津城际降速2011 年 8 月 28 日,时速 250 公里的动车组降至 200 公里,标志着我国高铁动车全面降速的完成

续表

时　间	事　件
2015 年 6 月	时速 350 公里的 CRH‑0503 正式下线,这是中国实现高速动车组技术全面自主化、标准化的重大创新项目
2016 年 7 月 15 日	中国标准动车组在郑徐高铁河南省商丘市境内试验,成功实现了时速 420 公里的交会试验,创造了动车交会世界最高的速度纪录
2016 年 8 月 15 日	青岛造中国标准动车组 G8041 次列车驶出大连北站,沿着哈大高铁开往沈阳站,载客运行时速 350 公里。这是我国自行设计研制、拥有全面自主知识产权的中国标准动车组首次载客运行
2016 年 9 月 12 日	中国中车集团和青岛市共建国家高速列车技术创新中心获科技部、国资委批复。我国首个国家技术创新中心在高铁装备领域正式启动建设

（三）中国铁路里程与运营

1892～1949 年中国铁路运营里程见表 2 –3、图 2 –1。

表 2 –3　1892～1949 年中国铁路运营里程

单位：公里

年份	1892	1893	1894	1895	1896	1897	1898	1899	1900	1901	1902
铁路运营里程	225	418	435	435	595	644	829	N/A	N/A	N/A	N/A

年份	1903	1904	1905	1906	1907	1908	1909	1910	1911	1912	1913
铁路运营里程	2335	2419	2755	3746	6499	7024	7563	8601	9854	9854	9854

年份	1914	1915	1916	1917	1918	1919	1920	1921	1922	1923	1924	1925
铁路运营里程	9982	N/A	N/A	11004	10918	N/A	10973	11345	11535	12020	13215	N/A

年份	1926	1927	1928	1929	1930	1931	1932	1933	1934	1935	1936	1937
铁路运营里程	N/A	12677	13000	12600	13411	N/A	N/A	N/A	N/A	N/A	N/A	N/A

年份	1938	1939	1940	1941	1942	1943	1944	1945	1946	1947	1948	1949
铁路运营里程	N/A	N/A	N/A	N/A	N/A	N/A	N/A	N/A	N/A	N/A	12768	21800

资料来源:《世界历史统计 1750～1993》,部分时间段的数据缺失。

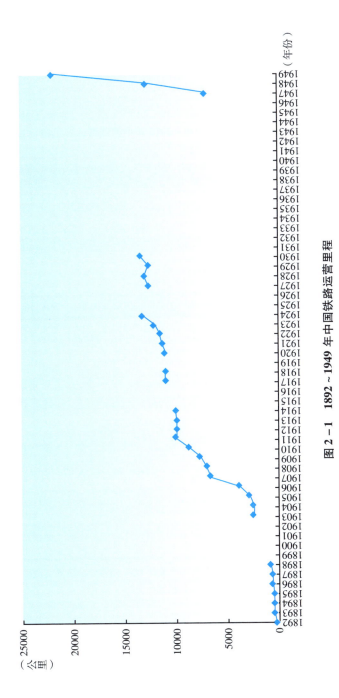

图 2 - 1 1892～1949 年中国铁路运营里程

20 世纪初期，中国铁路运营里程经历了一个较快的发展时期（见表 2 –4、图 2 –2）。抗日战争胜利后，在联合国善后救济总署的协助下，国民政府对铁路进行了大量修复，如粤汉铁路、浙赣铁路、湘桂黔铁路、淮南铁路和江南铁路等，铁路里程得到显著增加。

表 2 –4　1949 ～2016 年中国铁路运营里程

单位：公里

年份	1949	1950	1951	1952	1953	1954	1955	1956	1957	1958	1959
铁路运营里程	21800	22200	22300	22900	23800	24500	25600	26500	26700	30200	32300
年份	1960	1961	1962	1963	1964	1965	1966	1967	1968	1969	1970
铁路运营里程	33900	34500	34600	35000	35300	36400	37800	38600	38800	39300	41000
年份	1971	1972	1973	1974	1975	1976	1977	1978	1979	1980	1981
铁路运营里程	42800	43900	44300	45100	46000	46300	47400	51700	53000	53300	53900
年份	1982	1983	1984	1985	1986	1987	1988	1989	1990	1991	1992
铁路运营里程	52900	54100	54500	55000	55700	55800	56100	56900	57800	57800	58100
年份	1993	1994	1995	1996	1997	1998	1999	2000	2001	2002	2003	2004
铁路运营里程	58600	59000	62400	64900	66000	66400	67394	68700	70100	71900	73000	74400
年份	2005	2006	2007	2008	2009	2010	2011	2012	2013	2014	2015	2016
铁路运营里程	75400	77100	77966	79687	85518	91200	93200	97600	103100	111800	121000	124000

注：1949 ～1977 年数据来源于《世界历史统计 1750 ～1993》，1978 ～2009 年数据来源于国家统计局数据库，2010 ～2016 年数据来源于《铁道统计公报》。

新中国成立后，铁路建设稳步发展，且呈加快之势。特别是 2008 年全球金融危机发生后，中国的铁路迎来了一次发展高潮，运营里程呈快速增长态势。

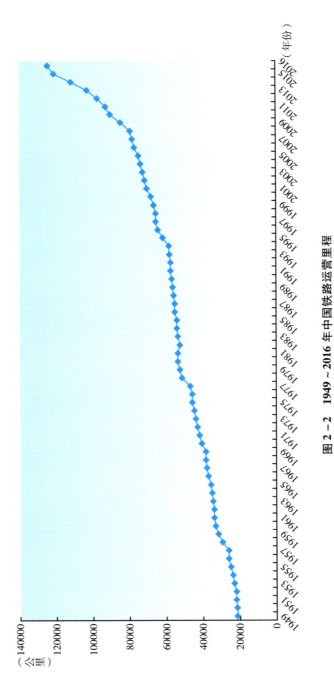

图 2 - 2　1949～2016 年中国铁路运营里程

广三铁路自广州珠江南岸石围塘，经三眼桥、佛山、小塘至三水，分两段先后修筑，由美国合兴公司投资修筑。1901 年 12 月起，开始修筑广州石围塘至佛山一段，长 16.5 公里，这是中国最早的复线铁路。中国铁路从 20 世纪 70 年代开始复线建设，复线率逐年提升。截止到 2016 年底，复线里程为 6.8 万公里，复线率达 54.8%（见表 2-5、图 2-3）。

表 2-5　中国历年铁路运营里程、复线里程以及复线率

单位：万公里，%

年份	1950	1960	1970	1980	1990	2000	2009	2010	2011	2012	2013	2014	2015	2016
铁路运营里程	2.22	3.39	4.1	5.33	5.78	6.87	8.55	9.12	9.32	9.76	10.31	11.18	12.1	12.4
复线里程	0	0	0	0.81	1.3	2.14	3.3	3.7	3.9	4.4	4.8	5.7	6.5	6.8
复线率	0	0	0	15.2	22.5	31.1	38.6	40.6	41.8	45.1	46.6	51.0	53.7	54.8

图 2-3　1950~2016 年中国铁路运营里程、复线里程以及复线率

中国铁路从 20 世纪 70 年代开始实现电气化，铁路电气化速率越来越高，电气化率呈逐年上升趋势。截止到 2016 年底，电气化里程 8 万公里，电气化率达 64.5%（见表 2-6、图 2-4）。

表2-6　中国历年铁路运营里程、电气化里程及电气化率

单位：万公里，%

年份	1950	1960	1970	1980	1990	2000	2009	2010	2011	2012	2013	2014	2015	2016
铁路运营里程	2.22	3.39	4.1	5.33	5.78	6.87	8.55	9.12	9.32	9.76	10.31	11.18	12.1	12.4
电气化里程	0	0	0.03	0.17	0.69	1.49	3.02	3.27	4.6	5.1	5.6	6.5	7.5	8
电气化率	0	0	0.7	3.2	11.9	21.7	35.3	35.9	49.4	52.3	54.3	58.1	62.0	64.5

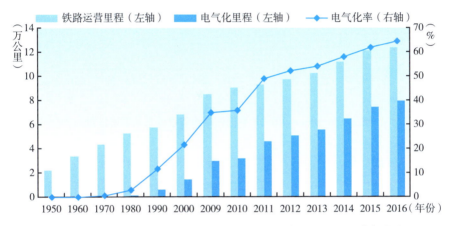

图2-4　1950～2016年中国铁路运营里程、电气化里程以及电气化率

新中国成立后，中国的铁路运营里程数与旅客发送量逐年上升。特别是随着高铁的发展，旅客发送量上升速度超过了运营里程数上升速度（见表2-7、图2-5）。

表2-7　1952～2016年中国铁路运营里程与旅客发送量

	1952 年	1978 年	1990 年	2000 年	2010 年	2011 年
铁路运营里程（公里）	22900	51700	57800	68700	91200	93200
客运专线铁路里程数（公里）	—	—	—	—	8358	8862
旅客发送量（万人）	16352	81491	95712	115583	167609	186226
	2012 年	2013 年	2014 年	2015 年	2016 年	
铁路运营里程（公里）	97600	103100	111800	121000	124000	
客运专线铁路里程数（公里）	9356	11028	16726	19000	22000	
旅客发送量（万人）	189337	210597	235704	253484	281405	

图2-5　1952~2016年中国铁路运营里程与旅客发送量

新中国成立后，中国的铁路货运发送量总体呈快速上升趋势。随着煤炭运输量的减少等因素，经历了2013年396697万吨的最高峰值后，铁路货运发货量有缓慢下降（见表2-8、图2-6）。

表2-8　1952~2016年中国铁路营业里程与货运发货量

	1952 年	1978 年	1990 年	2000 年	2010 年	2011 年
铁路运营里程（公里）	22600	51700	57800	68700	91200	93200
货运发货量（万吨）	13217	110119	150681	268349	362929	393263
	2012 年	2013 年	2014 年	2015 年	2016 年	
铁路运营里程（公里）	97600	103100	111800	121000	124000	
货运发货量（万吨）	390438	396697	381134	335801	333186	

新中国成立后，中国铁路客运周转量与货运周转量总体均呈上升趋势。但相比之下，客运周转量一直上升，而货运周转量经历2011年29465.79亿吨公里的最高峰值后有所下降（见表2-9、图2-7）。

图 2－6　1952～2016 年中国铁路运营里程与货运发货量

表 2－9　1952～2016 年中国铁路客运周转量与货运周转量

	1952 年	1978 年	1990 年	2000 年	2010 年	2011 年
客运周转量（亿人公里）	200.64	1093.22	2612.63	6061.96	8762.18	9612.29
货运周转量（亿吨公里）	601.6	5345.19	10622.38	20535.87	27332.68	29465.79
	2012 年	2013 年	2014 年	2015 年	2016 年	
客运周转量（亿人公里）	9812.33	10595.62	11604.75	11960.60	12579.29	
货运周转量（亿吨公里）	29187.09	29173.89	27530.19	23754.31	23792.26	

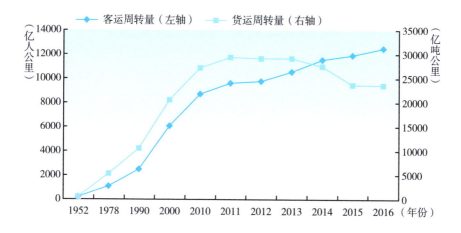

图 2－7　1952～2016 年中国铁路客运周转量与货运周转量

1990～2010年间，中国铁路客运货运总换算周转量明显比铁路运营里程增长速度快。但经历了2013年39769.51亿吨公里的最高峰值后，客运货运总换算周转量开始有所下降。2016年，由于高铁发展较大地提高了客运量，客运货运总换算周转量有稍许上升（见表2-10、图2-8）。

表2-10　1990～2016年中国铁路营业里程与总换算周转量

	1990年	2000年	2010年	2011年	2012年
铁路运营里程（公里）	57800	68700	91200	93200	97600
总换算周转量（亿吨公里）	12190	26787.99	36406.31	39078.08	38999.41
	2013年		2014年	2015年	2016年
铁路运营里程（公里）	103100		111800	121000	124000
总换算周转量（亿吨公里）	39769.51		39134.94	35714.91	36371.56

图2-8　1990～2016年中国铁路运营里程与客运货运总换算周转量

2004～2010年全国铁路固定资产投资总额快速增长。2010年中国GDP为41.3万亿元，铁路固定资产投资总额约占全国GDP的2%。经历2011年断崖式下降后，全国铁路固定资产投资总额在后几年又呈现出缓慢增长态势（见表2-11、图2-9）。

表 2 – 11　2004 ~ 2016 年全国铁路固定资产投资总额

单位：亿元

年份	2004	2005	2006	2007	2008	2009	2010	2011	2012	2013	2014	2015	2016
投资总额	901	1364	2088	2581	4168	7045	8427	5906	6310	6658	8088	8238	8015

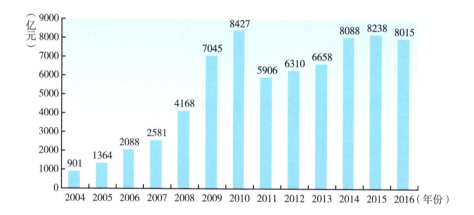

图 2 – 9　2004 ~ 2016 年全国铁路固定资产投资总额

　　自 1990 年始，国家铁路运输业从业人员呈逐步下降态势，经历 2006 年最低值（约 165 万人）后，又缓慢上升，但总数基本保持在 165 万 ~ 210 万人（见表 2 – 12、图 2 – 10）。

表 2 – 12　1990 ~ 2015 年国家铁路运输业从业人员数

单位：人

年份	1990	2000	2001	2002	2003	2004	2005	2006	2007
铁路运输业从业人员数	2093000	1871000	1789271	1758421	1727735	1698667	1665588	1652720	1741029

年份	2008	2009	2010	2011	2012	2013	2014	2015
铁路运输业从业人员数	1732909	1850147	1756385	1761542	1793267	1796382	1902500	1874448

　　数据来源：国家统计局。

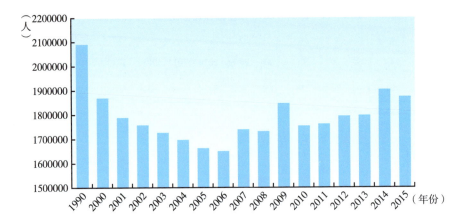

图 2 - 10　1990～2015 年国家铁路运输业从业人员数

2004～2015 年国家铁路机车拥有量见表 2 - 13、图 2 - 11。

表 2 - 13　2004～2015 年国家铁路机车拥有量

单位：台

年份	2004	2005	2006	2007	2008	2009	2010	2011	2012	2013	2014	2015
国家铁路机车拥有量	16066	16547	16904	17311	17336	17825	19400	19600	19600	20800	21100	21000

数据来源：2004～2009 数据来源于国家统计局，2010～2015 年数据来源于国家铁路局。

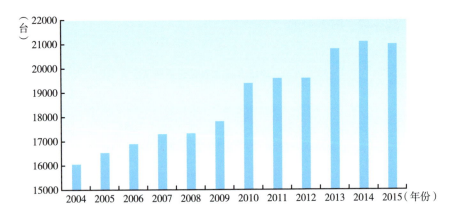

图 2 - 11　2004～2015 年国家铁路机车拥有量

（四）中国铁路提速

1997～2007年，中国铁路分别进行了六次大面积提速，扭转了我国铁路列车速度慢、难于满足市场需求的局面。我国铁路既有线提速技术达到了世界先进水平。具体情况见表2-14。

表2-14　中国铁路提速大事记

次序	时间	提速说明
第一次	1997年	列车最高运行时速达140公里。全国铁路客运列车平均时速由1993年的48.1公里提高到54.9公里。首次开通了快速列车和夕发朝至列车
第二次	1998年10月1日零时	快速列车最高运行时速达160公里。全国铁路客运列车平均时速达55.2公里，直通快速、特快客车平均时速达71.6公里。首次开通了行包专列和旅游热线直达列车
第三次	2000年10月21日零时	在陇海、兰新、京九、浙赣等线路实施大面积提速，全国铁路客运列车平均时速达60.3公里。新的列车车次将原有的快速列车、特快列车、直快列车、普通客车、混合列车、市郊列车、军运人员列车七个等级，调整为特快旅客列车、快速旅客列车、普通旅客列车三个等级
第四次	2001年10月21日零时	铁路提速网络覆盖全国大部分地区。全国铁路客运列车平均时速达61.6公里
第五次	2004年4月18日零时	几大干线基本都实现部分路段达到时速200公里的要求。全国铁路客运列车平均时速达65.7公里
第六次	2007年4月18日	120公里/小时及以上线路延展里程2.4万公里； 160公里/小时及以上线路延展里程1.6万公里； 200公里/小时及以上线路延展里程达到6227公里，其中250公里/小时及以上线路延展里程1019公里； 140对"和谐号"动车组投入运行

（五）中国高速铁路

2005年7月4日，中国首条高速铁路——京津城际铁路——开工建设，于2007年12月15日全线铺通，2008年8月1日正式运营。截止到2016年底，全国高铁运营里程约2.15万公里（见表2-15）。

表2–15 中国高速铁路运营线路统计

运营时间	线路名称	起讫点	长度（公里）	设计时速（公里/小时）	说明
2008.08.01	京津城际铁路	北京南—天津	120	350	中国第一条高铁
2008.12.24	胶济客运专线	青岛—济南	363	250	
2009.04.01	合武客专	合肥—武汉	356	250	
2009.04.01	石太客专	石家庄—太原	225	250	
2009.09.28	甬台温铁路	宁波—台州—温州	282	250	
2009.09.28	温福铁路	温州—福州	298	250	
2009.12.26	武广高铁	武汉—广州	1069	350	
2010.02.26	郑西高铁	郑州—西安北	457	350	
2010.04.26	福厦铁路	福州—厦门	273	250	
2010.07.01	沪宁城际铁路	上海—南京	300	350	
2010.09.20	昌九城际铁路	南昌西—九江	131	250	
2010.10.26	沪杭城际铁路	上海—杭州	160	350	
2010.12.22	宜万铁路	宜昌东—万州	377	250	
2010.12.30	长吉城际铁路	长春—吉林	96	250	
2011.01.07	广珠城际铁路	广州南—珠海	152	250	含小榄至江门支线26公里
2011.06.30	京沪高铁	北京南—上海虹桥	1318	350	
2011.12.26	广深高铁	广州南—深圳北	102	350	
2012.09.28	郑武高铁	郑州东—武汉	536	350	
2012.10.16	合蚌高铁	合肥—蚌埠	131	350	
2012.12.01	哈大高铁	哈尔滨—大连	921	300	
2012.12.26	京广高铁	北京西—广州南	2298	350	
2013.07.01	宁杭高铁	南京—杭州	256	350	
2013.07.01	杭甬高铁	杭州—宁波	150	350	
2013.09.12	盘营高速铁路	盘锦—营口	89	350	
2013.12.01	津秦高铁	天津—秦皇岛	287	350	
2013.12.28	西宝高铁	西安—宝鸡	138	350	初期运行时速250公里
2013.12.28	柳南城际铁路	柳州—南宁	226	250	进德站至南宁东站时速为250公里，其余时速120公里
2013.12.28	广西沿海铁路	南宁—钦州—北海	262	250	
2013.12.28	武咸城际铁路	武汉—咸宁	90	250	
2014.04.18	南广快速铁路广西段	南宁—梧州南	328	250	
2014.06.18	武黄城际铁路	武汉—大冶北	97	250	

续表

运营时间	线路名称	起讫点	长度（公里）	设计时速（公里/小时）	说明
2014.06.18	武冈城际铁路	葛店南—黄冈东	36	250	
2014.07.01	大西高铁太原南至西安北段	太原南—西安北	570	250	
2014.11.12	合肥铁路南环线	肥东—长安集	40	200～250	
2014.12.10	杭长高铁	杭州东—长沙南	933	350	
2014.12.20	成绵乐城际铁路	江油—峨眉山	313	250	西南地区首条高速铁路客运专线
2014.12.26	南广高铁	南宁—广州南	577	250	
2014.12.26	兰新高铁	兰州西—乌鲁木齐	1776	250	
2014.12.26	贵广高铁	贵阳北—广州南	857	250	
2014.12.28	郑开城际铁路一期工程	郑州东—宋城路	50	250	
2014.12.28	青荣城际铁路	青岛—荣城	299	250	
2015.06.18	沪昆高铁新晃西至贵阳北段	新晃西—贵阳北	286	300	
2015.06.26	郑焦城际铁路	郑州—焦作	78	250	
2015.06.28	合福高铁	合肥南—福州	850	350	
2015.08.17	哈齐高铁	哈尔滨—齐齐哈尔南	282	250	
2015.09.01	沈丹高铁	沈阳南—丹东	208	250	
2015.09.20	吉图珲高铁	吉林—图们—珲春	361	250	
2015.09.20	京津城际铁路延伸线	天津—于家堡	45	350	
2015.12.06	宁安高铁	南京南—安庆	258	250	
2015.12.11	南昆客专南百段	南宁—百色	223	250	
2015.12.26	成渝高铁	成都东—重庆	308	350	
2015.12.28	津保铁路津霸段	天津—保定	158	200/250	高铁加快铁，250公里/小时，霸保段200公里/小时
2015.12.31	郑机城际铁路	郑州东—新郑机场	43	250	城际铁路
2016.09.10	郑徐高铁	郑州东—徐州东	362	350	
2016.12.28	沪昆高速铁路昆明至贵阳段	昆明南—贵阳北	475	300	沪昆高速铁路全长2252公里，全线通车
2016.12.28	南昆客运专线昆明至百色段	昆明南—百色	211	250	南昆客专全长434公里，全线通车
合计			21487		有极少部分路段不属于严格意义上的高铁。

中国其他运行高速列车的运营线路见表 2-16。

表 2-16　中国其他运行高速列车的运营线路

运营时间	线路名称	起讫点	长度（公里）	设计时速（公里/小时）	说明
2003.10.12	秦沈城际铁路	秦皇岛—沈阳北	404	200	中国铁路第一条客运专线，高速化的起点
2008.04.18	合宁铁路	合肥南—南京南	156	250	快速铁路
2009.07.07	达成铁路	达州—成都	347	200	国铁 I 级，三汇镇站—石板滩站
2010.05.01	成灌铁路	成都—青城山	66	200	市域铁路
2010.12.30	海南东环铁路	海口—三亚	308	250	快速铁路
2012.06.30	龙厦铁路	龙岩—厦门	171	200	快速铁路
2012.07.01	汉宜铁路	武汉—宜昌	292	200	国铁 I 级
2013.09.26	向莆铁路	向塘—莆田	632	200	快速铁路
2013.12.28	厦深高铁	厦门—深圳	502	250	国铁 I 级
2013.12.28	渝利铁路	重庆—利川	264	200	国铁 I 级
2013.12.28	茂湛铁路	茂名—湛江	103	200	国铁 I 级
2013.12.28	衡柳铁路	衡阳—柳州	498	200	预留时速 250 公里
2014.04.30	成灌铁路彭州支线	郫县西—彭州	21	200	市域铁路
2014.07.01	沪汉蓉快速客运通道	上海虹桥—成都东	1985	160~350	上海—南京段为 350 公里/小时，宜昌—利川段为 160 公里/小时，其余段为 200~250 公里/小时
2015.01.01	兰渝铁路重庆北至渭沱段	重庆北—渭沱	71	200	国铁 I 级
2015.12.17	丹大快速铁路	丹东—大连	292	200	国铁 I 级
2015.12.26	金丽温铁路	金华—温州南	188	200	国铁 I 级
2015.12.26	赣瑞龙铁路	赣州—龙岩	273	200	国铁 I 级
2015.12.28	牡绥铁路扩能改造工程	牡丹江—绥芬河	139	200	国铁 I 级
2015.12.30	海南西环高铁	海口—三亚	345	200	国铁 I 级

二　中国城市轨道交通

1863 年 1 月 10 日，世界上第一条快速轨道交通地下线（地铁）在伦敦正式运营，标志着城市轨道交通在世界上诞生。用明挖法施工的伦敦地铁，通车时采用蒸汽机车牵引，线路全长 6.5 公里。

自 1908 年中国第一条有轨电车在上海建成通车，到 20 世纪 50 年代，我国的有轨电车交通建设与运营达到了高峰。有轨电车在城市交通中发挥了历史性作用。1965 年 7 月，北京地铁开工建设，标志着我国现代城市轨道交通建设的开始。1969 年 10 月 1 日中国第一条地铁在北京通车。

截至 2016 年底，中国大陆地区开通城市轨道交通的城市共有 30 个，线路共计 133 条，总运营里程达 4152.8 公里。各地发改委共发布了 58 个城市轨道交通项目可研报告批复，总规划里程 7305.4 公里。我国城市轨道交通已全面覆盖地铁、轻轨、市域快轨、有轨电车、单轨、磁悬浮交通、APM 等七大类型，号称"城市交通的主动脉"，成为占用土地和空间最少、运输能量最大、运行速度最快、环境污染最小、乘客最安全舒适的理想交通方式。中国城市轨道交通大致可分为起步阶段（1956~2000 年）、发展阶段（2001~2010 年）、繁荣阶段（2011~2016 年）三个阶段。

（一）起步阶段：1956~2000 年

第一阶段是我国现代城市轨道交通的起步阶段。1956 年北京成立地铁筹建处，经过近十年的筹备，1965 年北京开始动工建设第一条地铁线路，即北京地铁 1 号线，当时建设的主要目的不是交通运输，而是人防。真正提出以解决交通问题为目的而建设的现代城市轨道交通项目，是从 1984 年投入运营的北京地铁 2 号线开始的。随后，上海地铁 1 号线、广州地铁 2 号线和北京复八线均以交通为目的动工建设。20 世纪 90 年代，我国十几个城市陆续开始轨道交通的前期研究，申请轨道交通建设的城市比较多，轨道交通发展呈现出良好的态势。由于项目造价、建设能力、设备能力、安全等因

素，1995 年国务院 60 号文件宣布暂停审批轨道交通项目，轨道交通发展进入调整时期。这期间也开展了大量规划、发展方面的研究工作，轨道交通的建设速度暂时放缓，一直持续到 20 世纪末。

新旧世纪交替的 2000 年底，经历 40 多年的发展，我国有 4 个城市（北京、天津、上海、广州）运营地铁，共 7 条线路，总运营里程约 142 公里，年均新增 3.2 公里（见表 2 - 17）。在 20 世纪的时代背景下，我国的城市轨道交通发展展现出一定的时代特点。

1. 规划设想早，建设运营晚。反映了新中国成立后，经济发展和工业建设基础力量不强的特点。

2. 初期规划重视战备和人防作用。一些线路建成后数十年才面向民众开放，用作城市交通的一部分。

3. 轨道交通模式单一，布置形式多样。所有线路均采用地铁模式，但是线路的布置有地下式（北京、广州）、高架式（上海）和地面封闭式（上海、广州）。

4. 城市轨道交通的建设有加速趋势。1980 年前建成地铁线路 1 条，1980 ~ 1990 年建成地铁线路 2 条，1990 年后建成地铁线路 4 条。

5. 建设运营轨道交通的城市，均为我国特大城市，人口众多，经济实力雄厚。

表 2 - 17　2000 年末我国轨道交通（地铁）运营里程

城市	线路数量（条）	运营里程（公里）	城市	线路数量（条）	运营里程（公里）
北京	2	51.14	上海	3	65.4
天津	1	7.4	广州	1	18.497

（二）发展阶段：2001 ~ 2010 年

第二阶段是我国城市轨道交通的发展阶段，跨越我国"十五""十一五"两个五年计划，整整十个年头，是我国经济高速发展的时期。国务院 2003 年 81 号文件规定："地方财政一般预算收入在 100 亿元以上，国内生产总值达到 1000 亿元以上，城区人口在 300 万人以上，规划线路的客流规模达到单向高峰小时 3 万人以上"，可以申报建设地铁；"地方财政一般预算收入在 60 亿元以上，国内生产总值达到 600 亿元以上，城区人口在 150 万人以上，规划线路客流规模达到单向高峰小时 1 万人以上"，可以申报建设城市轻轨；"对经济条件较好，交通拥堵问题比较严重的特大城市，其城轨交通项目予以优先支持"。

这些政策规范了城市轨道交通的立项条件、建设程序、建设技术标准，有效地避免了我国城市轨道交通的盲目扩张建设，有力地促进了我国城市轨道交通在这一时期的有序发展。

2001～2010 年十年间，我国城市轨道交通发展迅速。

1. 增长态势明显

（1）截至 2010 年底，国内共有 13 座城市开通城市轨道交通线路，较 2000 年底新增 9 座城市；

（2）轨道交通总运营里程达 1355 公里，是 2000 年底总运营里程数的近 10 倍；

（3）轨道交通运营线路累计达 55 条，是 2000 年底总运营线路的近 8 倍；

（4）十年间轨道交通新开通线路及运营里程逐年稳步增加，其中，"十一五"末 2010 年发生井喷式增长，2010 年新开通运营线路 14 条，增加运营里程 431 公里，如图 2-12 所示；

（5）十年间，平均年增加线路 4.8 条，为上一阶段的约 11 倍，平均年增加运营里程 121.3 公里，为 2000 年以前的 38 倍。

2. 轨道交通制式更加丰富，但地铁制式仍为主旋律

20 世纪我国城市轨道交通线路均为地铁制式。进入 21 世纪的十年来，轻轨、单轨、磁悬浮、有轨电车、自动导轨系统等多制式城市轨道交通进入各个城市。不同的城市会综合考虑交通需求、地形条件、财政状况等因素，选择适合的交通制式。

截至 2010 年末，地铁制式运营里程占城市轨道交通总运营里程的比例

图 2 - 12　2001～2010 年新增城市轨道交通线路情况

为 82%（见图 2 - 13）。可以看出，地铁运营里程依然排名第一且远远大于其他制式运营里程之和，地铁仍然是城市轨道交通发展的主旋律。

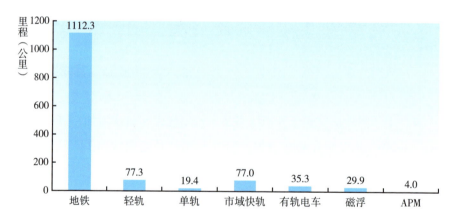

图 2 - 13　2010 年末我国城市轨道交通运营里程

（三）繁荣阶段：2011～2016 年

第三阶段即当前，城市轨道交通发展的繁荣阶段。该阶段涵盖"十二五"期间与"十三五"开局之年。

截至 2016 年末，中国大陆地区开通运营城市轨道交通的城市共 30 个，

运营线路共计133条，总运营里程达4152.8公里（见图2-14），较"十一
五"末增长206%。"十二五"以来，我国城市轨道交通运营里程年均增加
466公里，较上一阶段增长284%，详见图2-15（部分数据未纳入统计）。
"十二五"期间，国内首次出现了七种制式同时在建的繁荣局面，市域快
轨、现代有轨电车、单轨等制式快速发展，首条中低速磁悬浮开工并完成建
设，地铁之外的其他制式占城市轨道交通的比例持续增高，城市轨道交通系
统制式发展呈多元化趋势，城轨网络层次逐步丰富，网络结构更加完善与
合理。

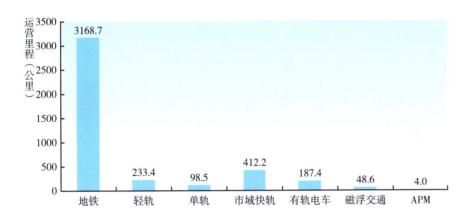

图2-14　2016年末城市轨道交通运营里程

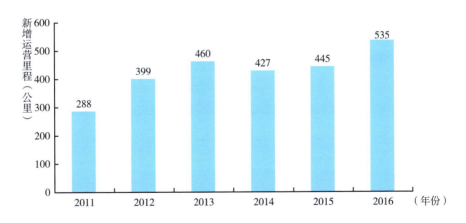

图2-15　2011~2016年新增城市轨道交通运营里程

（四）中国城市轨道交通线路

中国城市轨道交通线路基本情况见表 2 – 18、表 2 – 19。

表 2 – 18　中国各城市地铁开工建设时间

序号	开工建设时间	城市及线路	序号	开工建设时间	城市及线路
1	1965 年 7 月	北京地铁 1 号线	21	2009 年 9 月	长沙地铁 1 号线
2	1970 年 4 月	天津地铁 1 号线	22	2009 年 11 月	无锡地铁 1 号线
3	1975 年 11 月	香港石峡尾—观塘线	23	2009 年 11 月	青岛地铁 1 号线
4	1990 年 1 月	上海地铁 1 号线	24	2009 年 12 月	昆明地铁 1 号线
5	1993 年 12 月	广州地铁 1 号线	25	2010 年 2 月	福州地铁 1 号线
6	1999 年 12 月	深圳地铁 1 号线一期	26	2011 年 6 月	长春地铁 1 号线
7	2000 年 12 月	南京地铁 1 号线一期	27	2012 年 6 月	合肥地铁 1 号线
8	2000 年 12 月	武汉轻轨 1 号线	28	2012 年 9 月	石家庄地铁 3 号线
9	2005 年 11 月	沈阳地铁 1 号线	29	2012 年 12 月	南宁地铁 1 号线
10	2005 年 12 月	成都地铁 1 号线 1 期	30	2013 年 10 月	贵阳地铁 1 号线
11	2006 年 9 月	西安地铁 1 号线	31	2013 年 11 月	厦门地铁 1 号线
12	2007 年 3 月	杭州地铁 1 号线	32	2013 年 12 月	济南地铁 R1 线
13	2007 年 6 月	重庆地铁 1 号线	33	2014 年 3 月	乌鲁木齐地铁 1 号线
14	2007 年 6 月	佛山地铁 1 号线	34	2014 年 3 月	兰州地铁 1 号线
15	2007 年 12 月	苏州地铁 1 号线一期	35	2014 年 10 月	常州地铁 1 号线
16	2008 年 9 月	哈尔滨地铁 1 号线	36	2014 年 12 月	徐州地铁 1 号线
17	2009 年 6 月	宁波地铁 1 号线	37	2015 年 8 月	呼和浩特地铁 1 号线
18	2009 年 6 月	郑州地铁 1 号线	38	2016 年 9 月	东莞地铁 1、2 号线
19	2009 年 7 月	大连地铁 1 号线	39	2016 年 12 月	芜湖地铁 1 号线
20	2009 年 7 月	南昌地铁 1 号线			

注：以上未含台北、高雄等城市的信息。

表 2 – 19　中国城市轨道交通线路投运时间

序号	城市	运营线路数量（条）	线路名称	运营线路长度（公里）	平均站间距（公里）	投运时间
1	北京	20	1 号线	31	1.42	1971/1/15
			2 号线	23	1.28	1984/9/20
			5 号线	28	1.27	2007/10/7
			6 号线	43	1.76	2012/12/30
			7 号线	24	1.31	2014/12/28
			8 号线	29	1.65	2008/7/19

续表

序号	城市	运营线路数量（条）	线路名称	运营线路长度（公里）	平均站间距（公里）	投运时间
1	北京	20	9 号线	17	1.42	2022/12/31
			10 号线	57	1.27	2008/7/19
			13 号线	41	2.73	2003/1/28
			15 号线	43	2.18	2010/12/30
			昌平线	31	2.95	2010/12/30
			房山线	23	2.5	2010/12/30
			亦庄线	23	2	2010/12/30
			八通线	19	1.58	2003/12/27
			机场线	28	9	2008/7/19
			4 号线	28.2	1.47	2010/12/30
			大兴线	21.8		
			14 号线	43.8	1.68	2013/5/5
			16 号线	19.6	2.38	2016/12/31
			S2 线	77	15.4	2008/8/6
2	上海	17	1 号线	36.9	1.37	1993/5/28
			2 号线	60.3	2.08	1999/10/20
			3 号线	40.2	1.43	2000/12/26
			4 号线	33.8	1.3	2005/12/31
			5 号线	16.6	1.66	2003/11/25
			6 号线	32.7	1.21	2007/12/29
			7 号线	43.9	1.37	2009/12/5
			8 号线	37	1.27	2007/12/29
			9 号线	49.8	1.99	2007/12/29
			10 号线	35.2	1.17	2010/4/10
			11 号线	81.4	2.2	2009/12/31
			12 号线	39.9	1.29	2013/12/29
			13 号线	21.9	1.22	2012/12/30
			16 号线	58.8	4.9	2013/12/29
			磁浮	30	30	2002/12/31
			有轨电车	9	0.64	2009/6/0
			22 号线（金山线）	56	8	2012/9/28

续表

序号	城市	运营线路数量（条）	线路名称	运营线路长度（公里）	平均站间距（公里）	投运时间
3	天津	6	1 号线	26.2	1.31	2006/6/12
			2 号线	27.1	1.43	2012/7/1
			3 号线	33.6	1.34	2012/10/1
			6 号线	28.3	1.23	2016/8/6
			9 号线	52.2	2.61	2004/3/28
			有轨电车	8	0.62	2006/12/6
4	重庆	5	2 号线	31.4	1.31	2005/6/18
			1 号线	38.9	1.77	2100/7/28
			3 号线	67.1	1.52	2100/9/29
			6 号线	63.3	2.35	2012/9/28
			国博线	12.6	3.15	2013/5/15
5	广州	10	1 号线	18	1.2	1997/6/28
			2 号线	30.9	1.34	2002/12/29
			3 号线	65.1	2.41	2006/12/30
			4 号线	46.1	3.07	2005/12/26
			5 号线	31.5	1.37	2009/12/28
			6 号线	41.4	1.48	2013/12/28
			7 号线	17.5	2.19	2016/12/28
			8 号线	14.2	1.18	2003/6/28
			APM	3.9	0.49	2010/11/8
			有轨电车	7.7	0.77	2014/12/31
6	深圳	8	1 号线	41	1.41	2004/12/28
			2 号线	35.8	1.28	2010/12/28
			3 号线	41.6	1.42	2010/12/28
			4 号线	20.5	1.46	2004/12/28
			5 号线	40.1	1.54	2011/6/22
			7 号线	30.2	1.12	2016/10/28
			9 号线	25.4	1.21	2016/10/28
			11 号线	51.9	3.05	2016/6/28
7	武汉	5	1 号线	33.4	1.24	2004/7/28
			2 号线	47.5	1.38	2012/12/28
			3 号线	30.1	1.31	2013/12/28
			4 号线	31.9	1.22	2015/2/28
			6 号线	36.1	1.37	2016/12/28

续表

序号	城市	运营线路数量（条）	线路名称	运营线路长度（公里）	平均站间距（公里）	投运时间
8	南京	7	1 号线	38.9	1.5	2005/9/3
			2 号线	38	1.52	2010/5/28
			3 号线	44.9	1.6	2015/4/1
			10 号线	21.6	1.66	2014/7/1
			S1	35.8	5.11	2014/7/1
			S8	45.2	2.83	2014/8/1
			有轨电车	8	0.65	2014/8/1
9	沈阳	6	1 号线	27.4	1.3	2010/10/8
			2 号线	26.6	1.27	2012/1/9
			有轨电车 1 号线	18.8	0.72	/
			有轨电车 2 号线	15.1	0.89	/
			有轨电车 3 号线	15	0.88	/
			有轨电车 4 号线	22.1	1	/
10	长春	4	3 号线	31.1	0.97	2002/10/30
			4 号线	16	1.05	2013/6/30
			有轨电车 54 路	7.9	0.44	/
			有轨电车 55 路	5	0.33	/
11	大连	6	1 号线	17.8	1.37	2015/10/30
			2 号线	24.5	1.53	2015/5/22
			3 号线	63.2	3.51	2002/11/8
			202 延伸线	37.9	6.31	2014/5/1
			有轨电车 201 路	10.8	0.57	1909/8/1
			有轨电车 202 路	12.6	0.7	1911/8/1
12	成都	5	1 号线	22.9	1.09	2010/9/27
			2 号线	41.8	1.35	2012/9/16
			4 号线	21.3	1.42	2015/12/26
			3 号线	19.5	1.22	2016/7/31
			成灌线	94.2	4.71	2010/5/12
13	西安	3	2 号线	26.1	1.31	2011/9/16
			1 号线一期	24.8	1.38	2013/9/15
			3 号线一期	38	1.52	2016/11/8

续表

序号	城市	运营线路数量(条)	线路名称	运营线路长度(公里)	平均站间距(公里)	投运时间
14	哈尔滨	1	1号线	17.2	1.01	2013/9/26
15	苏州	3	1号线	25.7	1.12	2012/4/28
			2号线	42.2	1.24	2013/12/28
			有轨电车1号线	17.7	1.96	2014/10/26
16	郑州	3	1号线	26.2	1.38	/
			2号线一期	20	1.33	/
			机场线	43	8.6	/
17	昆明	3	1、2号线首期	46.3	1.36	2013/5/20
			6号线一期	17.1	5.71	2012/6/28
18	杭州	3	1号线	53.6	1.62	2012/11/24
			2号线东南段	18.3	1.53	2014/11/24
			4号线首通段	9.6	1.07	2015/2/2
19	佛山	1	广佛线	33.5	1.59	2010/11/3
20	长沙	3	2号线	26.6	1.21	2014/4/29
			1号线	23.6	1.24	2016/6/28
			磁浮	18.5	9.28	2016/5/6
21	宁波	2	1号线	46.2	1.65	2014/5/30
			2号线一期	28.3	1.35	2015/9/26
22	无锡	2	1号线	29.4	1.34	2014/7/1
			2号线	26.3	1.22	2014/12/28
23	南昌	1	1号线	28.8	1.25	2015/12/26
24	兰州	1	市域快轨	61	12.2	/
25	青岛	2	3号线	24.5	1.17	2015/12/16
			有轨电车	9	1.13	/
26	淮安	1	有轨电车	20	0.91	2015/12/28
27	福州	1	1号线南段	9.2	1.15	2016/5/18
28	东莞	1	2号线	37.8	2.7	2016/5/27
29	南宁	1	1号线	32.1	1.34	2016/6/28
30	合肥	1	1号线一、二期	24.6	1.12	2016/12/26

B.3

第3章

中国轨道交通现状

摘　要：　目前中国实施了"一带一路"、京津冀协同发展和长江经济
带三个国家战略，轨道交通在其中均扮演着极其重要的角色。
通过引进、消化、吸收和自主创新，中国的轨道交通技术在
多项关键指标上已处于世界领先地位，高铁运营里程、城市
轨道交通运营里程、在建高铁里程、在建城市轨道交通里程
均为世界第一。以高速动车组牵引控制系统、制动系统、永
磁电传动系统、大功率 IGBT 等为代表的一系列核心技术取
得实质性突破，无人驾驶技术、工业以太网等关键技术取得
较好进展。中国标准动车组以时速超过 420 公里、相对速度
840 公里/小时交会通过，成功完成运用考核；首条中低速磁悬
浮快线正式投入运营；首列悬挂式轨道列车成功下线；驮背运
输车、时速 160~200 公里系列快捷货车等重点科研产品进展顺
利。高速动车组、大功率机车、重载货车、城轨车辆等轨道交
通装备整机产品达到世界先进水平。轨道交通已成为中国一张
亮丽的"名片"，正为民族复兴书写着浓墨重彩的宏伟画卷。

关键词：　中长期铁路规划　铁路密度　客运周转量　货运周转量

随着改革开放不断深入，我国的经济与社会已发展到全新水平，工业
化、城镇化、信息化驱动人流、物流快速增加，交通运输需求与日俱增。受
制于土地资源、环境保护、安全，以及对大运量等的要求，高铁与城市轨道

交通凭着其独特的优势，在我国获得蓬勃发展。2016年全国铁路行业固定资产投资完成8015亿元，投产新线3281公里；中国中车销售车辆占全球高铁市场的69%。至2016年底，全国铁路运营里程达12.4万公里，铁路电气化率达64.5%，其中高铁2.15万公里，约占全球高铁总里程的65%；城市轨道交通在30个城市运行，运营里程已达4150多公里。高铁与城市轨道交通运营里程均居全球第一。

一 中国铁路里程与运营分析

（一）省域分布

经过一百多年的建设，中国31个省、直辖市、自治区均已开通铁路并在不断延伸与稳步发展，铁路的复线率、电气化率逐年提高，高速铁路更是以举世瞩目的速度在全国各大城市交织成网。但总体上，我国铁路区域发展不均衡，京津及其周边地区、华北平原、沿海等地区的铁路密度较高，西部及内陆沿边地区密度较低。

（二）省域铁路密度

中国各省域铁路密度情况见表3-1。

表3-1 中国各省域铁路密度（按面积计算）

排序	地 区	2014年运营里程（公里）	区域面积（万平方公里）	铁路密度（公里/万平方公里）	密度分级
1	天 津	970.93	1.13	859.2	非常高
2	北 京	1284.75	1.68	764.7	
3	上 海	465.01	0.63	738.1	
4	辽 宁	5129.57	14.59	351.6	很高
5	河 北	6252.77	18.77	333.1	
6	山 东	5028.92	15.38	327.0	
7	山 西	4979.52	15.63	318.6	
8	河 南	5199.76	16.7	311.4	

续表

排序	地 区	2014 年运营里程 （公里）	区域面积 （万平方公里）	铁路密度 （公里/万平方公里）	密度 分级
9	江 苏	2677.95	10.26	261.0	较高
10	安 徽	3548.44	13.97	254.0	
11	吉 林	4520.49	18.74	241.2	
12	浙 江	2347.16	10.2	230.1	一般
13	福 建	2759.13	12.13	227.5	
14	广 东	4026.98	18	223.7	
15	江 西	3702.27	16.7	221.7	
16	陕 西	4524.12	20.56	220.0	
17	湖 北	4059.31	18.59	218.4	
18	重 庆	1781.24	8.23	216.4	
19	湖 南	4550.47	21.18	214.8	
20	海 南	693.73	3.4	204.0	
21	广 西	4741.53	23.6	200.9	
22	宁 夏	1289.47	6.64	194.2	
23	贵 州	2373.1	17.6	134.8	较低
24	黑龙江	6019.33	45.48	132.4	
25	内蒙古	10226.01	118.3	86.4	很低
26	四 川	3976.01	48.14	82.6	
27	云 南	2915.91	38.33	76.1	
28	甘 肃	3403.44	45.44	74.9	
29	新 疆	5462.83	166	32.9	非常低
30	青 海	2124.6	72.23	29.4	
31	西 藏	786.35	122.8	6.4	极低

注：台湾、香港、澳门地区未纳入统计。

按省域面积计算，天津、北京、上海的铁路密度最高，分别为859.2公里/万平方公里、764.7公里/万平方公里、738.1公里/万平方公里；西藏、青海、新疆的铁路密度最低，分别为6.4公里/万平方公里、29.4公里/万平方公里、32.9公里/万平方公里。

按省域人口计算，内蒙古、青海、西藏的铁路密度最高，分别为407公里/百万人、361公里/百万人、243公里/百万人；上海、江苏、广东的铁路

密度最低，分别为 32 公里/百万人、34 公里/百万人、37 公里/百万人（见表 3 - 2）。

表 3 - 2　中国各省域铁路密度（按人口计算）

排序	地 区	2014 年运营里程（公里）	人口（万人）	铁路密度（公里/百万人）	密度分级
1	内蒙古	10226.01	2511	407	非常高
2	青 海	2124.6	588	361	
3	西 藏	786.35	324	243	很高
4	新 疆	5462.83	2360	231	
5	宁 夏	1289.47	668	193	
6	吉 林	4520.49	2753	164	较高
7	黑龙江	6019.33	3812	158	
8	山 西	4979.52	3664	136	
9	甘 肃	3403.44	2600	131	
10	陕 西	4524.12	3793	119	
11	辽 宁	5129.57	4382	117	
12	广 西	4741.53	4796	99	一般
13	北 京	1284.75	1345	96	
14	天 津	970.93	1027	95	
15	河 北	6252.77	7425	84	
16	江 西	3702.27	4566	81	
17	海 南	693.73	911	76	
18	福 建	2759.13	3839	72	
19	湖 北	4059.31	5852	69	
20	贵 州	2373.1	3530	67	
21	湖 南	4550.47	6783	67	
22	云 南	2915.91	4742	61	
23	安 徽	3548.44	6144	58	较低
24	河 南	5199.76	9480	55	
25	重 庆	1781.24	3372	53	
26	山 东	5028.92	9847	51	
27	四 川	3976.01	8204	48	
28	浙 江	2347.16	5539	42	
29	广 东	4026.98	10849	37	很低
30	江 苏	2677.95	7976	34	
31	上 海	465.01	1443	32	

注：台湾、香港、澳门地区未纳入统计。

（三）中国与世界主要国家铁路对比

美国铁路一直保持全球最长，2015 年以约 22.8 万公里里程明显高于其他国家。中国铁路里程明显比其他国家增速快，在 20 世纪 90 年代与 21 世纪初分别超过印度、俄罗斯，2015 年底为约 12.1 万公里居世界第二。俄罗斯铁路里程 2015 年底约为 8.5 万公里，居世界第三（见表 3-3、图 3-1）。

表 3-3 世界主要国家铁路里程数

单位：公里

国 家	1980 年	1990 年	2000 年	2010 年	2011 年	2012 年	2013 年	2014 年	2015 年
中 国	53300	57800	68700	91200	93200	97600	103100	111800	121000
美 国	265842	193158	159822	228513	228218	228218	228218	228218	228128
俄罗斯	82600	85969	86075	85292	85167	84249	85266	85266	85262
印 度	61240	62367	62759	63974	64460	64460	65436	65808	66030
德 国	N/A	N/A	36652	33708	33576	33509	33449	33426	33332
法 国	34362	34070	32515	33608	34621	30013	30013	30013	30013
巴 西	5054	4916	29314	29817	29817	29817	29817	29817	29817
南 非	23596	21617	22657	22051	20500	20500	20500	20500	20500
波 兰	27185	26228	22560	19702	19725	19617	18959	18942	18510
意大利	16138	16086	16499	18011	17045	17060	16752	16723	16724
日 本	22236	20254	20165	20035	20140	20140	19436	16703	16704
英 国	17645	16588	15991	16173	16408	16423	15857	16530	16132

数据来源：中国数据来源于国家统计局，其他国家数据来源于世界银行公开资料。

客运周转量方面，中国与印度位居世界前列，2015 年分别以 11905 亿人公里、11472 亿人公里居世界第一、第二。俄罗斯以 2065 亿人公里居世界第三。美国虽然铁路总里程为世界之首，但客运周转量并不大（见表 3-4、图 3-2）。

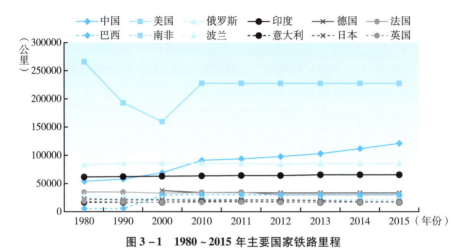

图 3 - 1　1980～2015 年主要国家铁路里程

表 3 - 4　世界主要国家铁路客运周转量

单位：亿人公里

国　　家	1980 年	1990 年	2000 年	2010 年	2011 年	2012 年	2013 年	2014 年	2015 年
中　　国	1380	2635	4415	7912	9612	9812	10596	11556	11905
印　　度	2086	2956	4307	9035	9785	9785	10465	11404	11472
俄罗斯	2273	2740	1671	1390	1398	1446	1385	2234	2065
法　　国	547	621	638	869	881	856	848	839	847
德　　国	N/A	N/A	744	786	792	802	799	793	793
英　　国	317	332	382	550	627	643	595	623	609
西班牙	135	155	198	223	227	224	234	246	257
美　　国	N/A	N/A	N/A	95	95	95	110	107	105

数据来源：2011 年及之后中国数据来源于国家统计局，其他国家数据来源于世界银行公开资料。

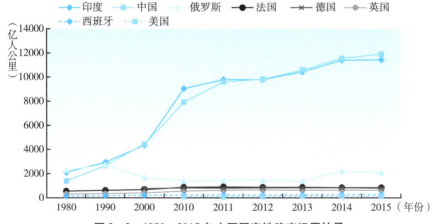

图 3 - 2　1980～2015 年主要国家铁路客运周转量

货运周转量方面，美国、中国与俄罗斯保持世界前三。中国自 2012 年后逐渐下降，2015 年居世界第三。美国 2015 年也比 2014 年下降，以 25473 亿吨公里居世界之首。从图表中可以看出，苏联国家货运周转量自 1980 年开始后明显萎缩（见表 3–5、图 3–3）。

表 3–5　世界主要国家铁路货运周转量

单位：亿吨公里

国　家	1980 年	1990 年	2000 年	2010 年	2011 年	2012 年	2013 年	2014 年	2015 年
美　　国	13932	15307	21421	24687	25246	25246	25414	27027	25473
俄 罗 斯	23160	25230	13732	20113	21272	22224	21727	22986	23048
中　　国	5707	10601	13336	24512	29466	29187	29174	25103	21598
印　　度	1585	2358	3052	6005	6257	6257	6496	6658	6817
乌 克 兰	4696	4740	1728	2181	2439	2377	2244	2112	1951
哈萨克斯坦	N/A	4070	1250	2132	2236	2358	2312	2165	1898
德　　国	N/A	N/A	806	1058	1120	1059	752	748	729

数据来源：2011 年及之后中国数据来源于国家统计局，其他国家数据来源于世界银行公开资料。

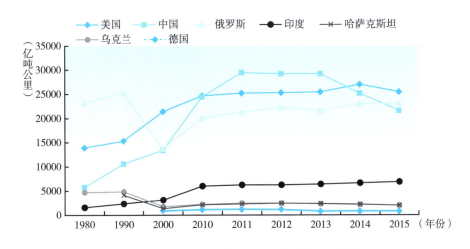

图 3–3　1980～2015 年主要国家铁路货运周转量

（四）中国与世界高铁对比

2016 年世界上共有 16 个国家和地区运营高铁，运营总里程为 37343 公里，其中中国 23914 公里，约占全球的 64%，其次分别是日本（约占 8.1%）、西班牙（约占 7.7%）（见表 3－6、图 3－4）。

表 3－6 2016 年世界高铁运营里程

单位：公里

国家和地区	中国	日本	西班牙	法国	德国	意大利	土耳其	韩国
运营里程	23914	3041	2871	2142	1475	981	688	657
国家和地区	美国	中国台湾	波兰	比利时	瑞士	荷兰	英国	奥地利
运营里程	362	354	224	209	144	120	113	48

注：由于中国对高铁的标准要求比国际上高，因此此处中国数据与中铁总（中国铁路总公司）公开的数据不完全一致。

数据来源：世界银行。

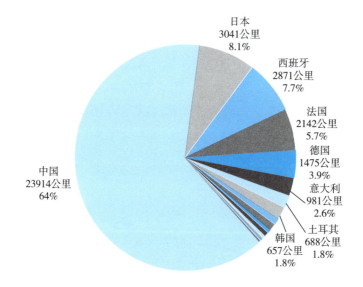

图 3－4 2016 年世界高铁运营里程

目前世界高铁运行速度见表 3－7。

表 3-7 世界高速铁路运行速度

国　别	车型	运行速度
中　国	CRH380 系列（和谐号）	300 公里/小时
	中国标准动车组（复兴号）	350 公里/小时
法　国	TGV	320 公里/小时
日　本	东北新干线	320 公里/小时
	东海道新干线	285 公里/小时
	山阳新干线	300 公里/小时
	整备新干线	260 公里/小时
西班牙	AVE	300 公里/小时

　　2016 年世界上共有 15 个国家在建高铁，在建总里程为 15885 公里，其中中国 10730 公里，约占全球的 67.5%，其次分别是西班牙（约占 7.9%）、法国（约占 4%）（见表 3-8、图 3-5）。

表 3-8　2016 年世界高铁在建里程

单位：公里

国家	中国	西班牙	法国	美国	土耳其	沙特阿拉伯	伊朗	日本
在建里程	10730	1262	634	483	469	453	425	402

国家	德国	奥地利	摩洛哥	韩国	意大利	丹麦	瑞士	
在建里程	368	218	183	120	67	56	15	

数据来源：世界银行。

　　2016 年世界上共有 30 多个国家规划有高铁，规划总里程为 35909 公里，其中印度 4630 公里，最多，约占全球的 12.9%，其次分别是俄罗斯（约占 8.3%）、泰国（约占 8.0%），其他分别有南非、法国、澳大利亚、越南、加拿大、中国、西班牙、埃及、土耳其、波兰、美国、哈萨克斯坦、捷克、伊朗、爱沙尼亚、拉脱维亚、立陶宛、瑞典、印度尼西亚、葡萄牙、英国、巴西、摩洛哥、马来西亚、新加城、挪威、德国、意大利、墨西哥、巴林、卡塔尔、日本、韩国等。

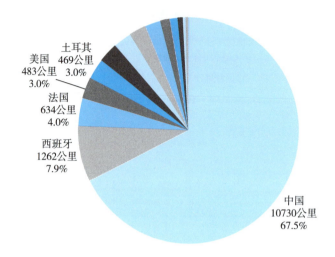

图 3-5 2016 年世界高铁在建里程

二 中国城市轨道交通分析

2016 年中国大陆地区新增城市轨道交通运营线路 534.8 公里，同比增长 20.2%。据不完全统计，全年累计完成客运量 160.9 亿人次，同比增长 16.6%。城市轨道交通系统制式更加多元化，运营线路更加网络化。截至 2016 年底，中国大陆地区运营城市轨道交通的城市共 30 个（据统计，全世界开通地铁的城市共 207 个），线路共计 133 条，总运营里程达 4152.8 公里。其中，地铁 3168.7 公里，占 76.3%；其他六种制式城轨交通（轻轨、现代有轨电车、市域快轨、单轨、磁悬浮交通、APM）运营线路长度合计 984.1 公里，占 23.7%（见图 3-6、表 3-9）。

客运强度（负荷周转量）方面，广州以 2.46 万人次/公里日在国内各城市中居首，西安、北京分别以 2.09 万人次/公里日、1.88 万人次/公里日列国内第二、第三（见表 3-10）。部分城市由于有新开通城轨线路，拉低了客运强度。

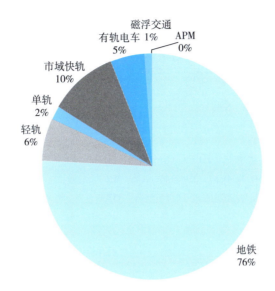

图 3 – 6　2016 年末各制式城市轨道交通占比

表 3 – 9　2016 年各城市的城轨交通运营线路规模统计汇总

序号	城 市	运营线路长度（公里）	敷设方式（公里）			场站（座）		制式（公里）						
			地下	地面	高架	车站数	换乘站	地铁	轻轨	单轨	市域快轨	现代有轨电车	磁浮交通	APM
1	上　海	682.5	369.9	80.6	232	390	118	587.5			56	9	30	
2	北　京	650.4	409	49.2	192.2	351	110	573.4			77			
3	深　圳	286.5	241.5	4	41	199	60	286.5						
4	广　州	276.3	231.6	11.4	33.3	179	48	264.6				7.7		4
5	南　京	232.4	136.2	13.8	82.4	134	15	143.4			81	8		
6	重　庆	213.4	102.7	0.8	109.9	126	16	114.9		98.5				
7	成　都	199.7	97.8	1.5	100.4	108	12	105.5			94.2			
8	武　汉	179	136.7	0.7	41.6	135	21	145.6	33.4					
9	天　津	175.3	98.3	15.5	61.5	126	15	115.3	52				8	
10	大　连	167	48.6	56	62.4	95	3	42	101			24		
11	沈　阳	125	54	71		130	8	54				71		
12	郑　州	89.2	46.2		43	41	2	46.2			43			
13	西　安	89	77.4		11.6	66	4	89						
14	苏　州	85.6	60	16.2	9.4	69	2	67.9				17.7		
15	杭　州	81.5	74.9	0.5	6.1	57	8	81.5						
16	宁　波	74.5	39.5		35	51	11	74.5						

续表

序号	城市	运营线路长度（公里）	敷设方式（公里）			场站（座）		制式（公里）						
			地下	地面	高架	车站数	换乘站	地铁	轻轨	单轨	市域快轨	现代有轨电车	磁浮交通	APM
17	长沙	68.7	48.8	0.2	19.7	46	1	50.1					18.6	
18	昆明	63.4	41.5	2.2	19.7	39		63.4						
19	兰州	61			61	6					61			
20	长春	60	4.3	36.4	19.3	84			47			13		
21	无锡	55.7	41.5	0.3	13.9	46	2	55.7						
22	东莞	37.8	33.7	0.4	3.7	15	1	37.8						
23	青岛	33.5	24.5	9	0	34		24.5				9		
24	佛山	33.5	33.5			22		33.5						
25	南宁	32.1	32.1			25		32.1						
26	南昌	28.8	28.8		0	24		28.8						
27	合肥	24.6	24.6			23		24.6						
28	淮安	20		20		23						20		
29	哈尔滨	17.2	17.2			18		17.2						
30	福州	9.2	9.2			9		9.2						
	合计	4152.8	2564	389.7	1199.1	2671	457	3168.7	233.4	98.5	412.2	187.4	48.6	4

表3-10　2016年中国各城市轨道交通运营客运情况统计汇总

序号	城市	客运量（万人次）	日均客运量（万人次）	进站量（万人次）	网络日均出行量（万人次/日）	客运周转量（万人公里）	负荷周转量（万人次/公里日）
1	北京	365929.2	1002.5	193885.1	531.19	3171069.1	1.88
2	上海	340106.2	931.8	197353.1	539.22	3051047.2	1.51
3	广州	248382.7	680.5	147366.4	402.64	1779103.7	2.46
4	深圳	129223.8	354	86399.9	243.06	928904.4	1.24
5	南京	83067.9	227.6	55045.6	150.4	682061.3	1.01
6	武汉	71658.5	196.3	51994.8	161.22	543865.7	1.1
7	重庆	69342.5	190	50275	137.36	652038.4	0.89
8	成都	56217.1	154	40702.9	121.77	468989.9	1.46
9	西安	38909.6	106.6	30294.9	82.77	322533.8	2.09
10	沈阳	30989.7	84.9	24517.7	67.17	234496	0.68
11	天津	30855.1	84.5	22634.8	62.1	379888.3	0.48
12	杭州	26876.8	73.6	22494.4	61.46	251281.9	0.9

续表

序号	城　市	客运量 （万人次）	日均客运量 （万人次）	进站量 （万人次）	网络日均 出行量 （万人次/日）	客运周转量 （万人公里）	负荷周转量 （万人次/ 公里日）
13	长　沙	16033.1	43.9	167	/	114327.3	0.64
14	苏　州	15057.6	41.3	11698.4	31.96	106728.9	0.48
15	大　连	12701.5	34.8	11266.2	30.78	159493.6	0.24
16	郑　州	12375.7	33.9	11188.5	34.9	/	0.73
17	宁　波	9968.1	27.3	7946.2	21.71	80432.9	0.37
18	昆　明	8841.3	24.2	8841.3	24.16	94563.7	0.38
19	佛　山	8736	23.9	5854	15.99	/	0.72
20	无　锡	8267.1	22.6	7084.8	19.36	58917	0.41
21	南　昌	7888.1	21.6	7979.7	21.55	58929.3	0.75
22	长　春	7415.4	20.3	/	/	63581	0.43
23	哈尔滨	6849.9	18.8	6849.9	18.72	44085.1	1.09
24	东　莞	2132	9.7	2123	9.74	29570.8	0.26
25	青　岛	1123	3.1	1123	3.07	5714.8	0.13
26	南　宁	630.5	3.4	630.5	/	2749.5	0.3
27	福　州	188.1	0.8	188.1	0.51	902.7	0.09
28	合　肥	70.2	11.7	70.2	11.71	649	0.48
	合计/平均	1609836.7	158.1	1005975.4	/	13285925.3	0.83

注：不包括 5 条市域快轨 331.2 公里和 8 条有轨电车 97.8 公里共 429 公里运营线路的客运量。

2016 年，中国大陆地区城市轨道交通完成投资 3847 亿元，同比增长 4.5%；在建线路总长 5636.6 公里，同比增长 26.7%。截至 2016 年底，共有 58 个城市的城轨线网规划获批（含地方政府批复的 14 个城市），规划线路总长达 7305.4 公里，可研批复投资累计 34995.4 亿元（见表 3 - 11、表 3 - 12）。在建、规划线路规模进一步扩大，投资额持续增长，建设速度稳健提升。

在建城市轨道交通线路长度，成都以 394.8 公里排名第一，武汉、广州、青岛、北京分列第二至第五，均在 300 公里以上（见表 3 - 11）。

表3-11 2016年中国各城市轨道交通在建线路情况统计汇总

序号	城市	在建线路数量（条）	在建线路长度（公里）	在建线路制式（公里）						建设规模				
				地铁	轻轨	单轨	市域快轨	现代有轨电车	APM	地下（公里）	地面（公里）	高架（公里）	车站（座）	换乘站（座）
1	成 都	16	394.8	351.8	/	/	/	43	/	322.7	47.2	24.9	278	86
2	武 汉	15	327.3	271.2	/	/	/	56.1	/	224.5	49.6	53.2	216	91
3	广 州	12	326.5	326.5	/	/	/	/	/	270.9	8	47.6	156	/
4	青 岛	8	324.1	324.1	/	/	/	/	/	218.9	2.8	102.4	168	59
5	北 京	15	316.6	297.4	/	/	/	9	/	297.4	19.2	/	159	65
6	上 海	12	256.6	219	/	/	/	30.9	6.6	182.7	31.5	42.5	168	47
7	深 圳	15	255.6	243.9	/	/	/	11.7	/	201.1	17.9	36.6	181	57
8	天 津	8	225.5	225.5	/	/	/	/	/	194.4	1.6	29.5	178	53
9	重 庆	8	203.4	203.4	/	/	/	/	/	164.2	2	37.2	126	57
10	南 京	5	199.2	71.2	/	/	118.9	9.1	/	98.6	16	84.6	93	29
11	厦 门	5	198.9	198.9	/	/	/	/	/	164.6	3.9	30.4	125	38
12	杭 州	7	196.6	196.6	/	/	/	/	/	158.6	/	38	128	39
13	西 安	9	195.1	195.1	/	/	/	/	/	164.9	1.7	28.6	127	44
14	苏 州	6	185.1	157.6	/	/	/	27.5	/	160	19.6	5.5	141	37
15	长 沙	8	168.9	150.3	/	/	/	/	/	149	1.5	18.4	121	47
16	昆 明	9	143.5	143.5	/	/	/	/	/	124	1.7	17.7	55	15
17	宁 波	6	136	114.4	/	/	21.6	/	/	77.8	/	58.2	85	24
18	南 昌	5	129	129	/	/	/	/	/	122	0.5	6.6	102	24
19	佛 山	4	123.4	110.3	/	/	/	13.1	/	99.6	4.7	19.1	70	20
20	温 州	2	117.1	/	/	/	117.1	/	/	22.2	3.3	91.6	40	9
21	南 宁	4	105.7	105.7	/	/	/	/	/	105.7	/	/	85	23
22	沈 阳	4	105	100.8	/	/	/	4.1	/	100.8	4.1	/	69	27
23	福 州	4	101.6	101.6	/	/	/	/	/	94.2	0.7	6.8	67	17
24	合 肥	3	89.5	89.5	/	/	/	/	/	85.3	/	4.2	80	17
25	郑 州	3	76.2	76.2	/	/	/	/	/	76.2	/	/	58	38

续表

序号	城市	在建线路数量（条）	在建线路长度（公里）	在建线路制式（公里）						建设规模				
				地铁	轻轨	单轨	市域快轨	现代有轨电车	APM	地下（公里）	地面（公里）	高架（公里）	车站（座）	换乘站（座）
26	哈尔滨	4	74.8	74.8	/	/	/	/	/	74.8	/	/	59	18
27	大连	3	66.5	23.5	/	/	43	/	/	25.5	18	23	18	2
28	徐州	2	64.3	64.3	/	/	/	/	/	63.8	/	0.6	54	15
29	贵阳	2	62.7	62.7	/	/	/	/	/	57.7	1.5	3.5	49	10
30	长春	3	54.7	41.3	13.4	/	/	/	/	41.3	/	13.4	/	/
31	兰州	3	50.1	35	/	/	/	15.1	/	35	15.1	/	/	/
32	济南	2	47.7	47.7	/	/	/	/	/	31.3	0.2	16.2	24	9
33	石家庄	2	43.2	43.2	/	/	/	/	/	43.2	/	/	/	/
34	东莞	1	37.7	37.7	/	/	/	/	/	33.7	0.4	3.6	15	4
35	常州	1	34.2	34.2	/	/	/	/	/	31.6	0.4	2.2	29	8
36	无锡	2	33.7	33.7	/	/	/	/	/	33.7	/	/	24	3
37	南平	1	26.2	/	/	/	/	26.2	/	/	26.2	/	/	/
38	红河州	1	24.6	/	/	/	/	24.6	/	/	24.6	/	/	/
39	太原	1	23.4	23.4	/	/	/	/	/	23.4	/	/	21	5
40	黄石	1	20.6	/	/	/	/	20.6	/	/	20.6	/	26	/
41	天水	1	20	/	/	/	/	20	/	/	20	/	17	/
42	芜湖	1	16.2	/	/	16.2	/	/	/	1.3	/	14.9	12	/
43	渭南（韩城）	1	10.7	/	/	10.7	/	/	/	/	/	10.7	5	/
44	珠海	1	8.9	/	/	/	/	8.9	/	/	8.9	/	14	/
45	三亚	1	8.7	/	/	/	/	8.7	/	/	8.7	/	15	/
46	安顺（黄果树）	1	6.5	/	/	6.5	/	/	/	/	/	6.5	5	/
47	乌鲁木齐	/	/	/	/	/	/	/	/	/	/	/	/	/
48	淮安													
合计		228	5636.6	4925	13.4	33.4	300.6	328.6	6.6	4376.6	382.1	878.2	3463	1037

表 3 – 12　2016 年中国各城市城轨交通规划线路统计汇总

序号	城市	线路长度（公里）	线路制式（公里）							车站数	其中换乘站数	可研批复总投资（万元）
			地铁	轻轨	单轨	市域快轨	现代有轨电车	磁浮交通	APM			
1	武　汉	512.6	456.6				56			319	91	28556616
2	北　京	454.9	423.8				22.1	9		174	65	32569824
3	杭　州	420	333			60.7	26.3			170	39	11680600
4	广　州	417.8	417.8							139		19451800
5	成　都	379.8	320.5				59.3			275	89	22304383
6	青　岛	363.8	363.8							190	63	18870953
7	上　海	277.3	239.8				30.9		6.6	472	157	20455100
8	厦　门	227.5	227.5							125	38	14500000
9	重　庆	214.2	214.2							126	57	12265200
10	西　安	195.2	195.2							143	44	11824974
11	南　京	177.5	159.2				18.3					
12	贵　阳	170.1	109.5			60.6				113	29	11408200
13	合　肥	169	151				18			145	35	10805762
14	长　沙	168.7	150.1					18.6		121	45	10008500
15	苏　州	165.9	138.9				27			128	35	10128800
16	东　莞	164.7	164.7							36	9	4998900
17	温　州	156.5				156.5				40	9	4139300
18	深　圳	148.8	137.1				11.7			93	26	8027421
19	福　州	144.6	144.6							66	17	6450300
20	昆　明	137.7	137.7							94	37	8331100
21	南　宁	132.3	132.3							85	23	6530300
22	沈　阳	123.8	123.8							62	27	6141790
23	佛　山	123.3	102.5				20.8			36	19	6574320
24	宁　波	118.7	97.1			21.6				81	23	7372100
25	天　津	115.8	115.8							65	30	3177900
26	长　春	104	76	28						47		3392891
27	南　昌	100.2	100.2							78	20	6910050
28	郑　州	96	96							81	37	4984900
29	乌鲁木齐	89.7	89.7							72	20	7106900
30	济　南	80.6	80.6							34	4	1190000
31	哈尔滨	72.1	72.1							53	17	4814900
32	合　州	68.5					68.5			87		973000

续表

序号	城市	线路长度（公里）	线路制式（公里）							车站数	其中换乘站数	可研批复总投资（万元）
			地铁	轻轨	单轨	市域快轨	现代有轨电车	磁浮交通	APM			
33	大　连	68.2	68.2							52	18	1799600
34	徐　州	67	67							52	15	4561100
35	红河州	62.3					62.3			83	18	696438
36	常　州	59.9	53.9				6			53	13	3866907
37	石家庄	59.6	59.6							52	16	4441200
38	南　通	59.6	59.6							39	2	3971300
39	渭　南	55			55					5		186800
40	泉　州	53.7					53.7			58		980000
41	呼和浩特	51.4	51.4							42	1	3388100
42	兰　州	50.1	35				15.1			42	10	3172526
43	太　原	49.2	49.2							21	7	1660100
44	芜　湖	46.9			46.9					35	1	1613300
45	包　头	42.1	42.1							32	1	3055200
46	洛　阳	41.3	41.3							32	1	3108800
47	绍　兴	41.1	41.1							29	2	2916300
48	文山州	38.1					38.1			37		588200
49	无　锡	34.5	34.5							24	3	2288700
50	毕　节	28.1					28.1			18		480000
51	南　平	26.2					26.2			9		275800
52	黄　石	20.6					20.6			26		199500
53	天　水	20					20			17		310000
54	海西州	14.8					14.8			20		150000
55	珠　海	8.9					8.9			14		260000
56	三　亚	8.7					8.7			15		147000
57	安　顺	6.5			6.5					5		120000
58	淮　安						(15.9)					
合计		7305.4	6174	28	108.4	299.4	661.4	27.6	6.6	4562	1213	370183655

数据来源：1. 呼和浩特、包头、南通、芜湖、绍兴、洛阳6市数据取自国家发改委相关规划批复文件；

2. 淮安、南平、珠海、红河州、文山州、渭南（韩城）、安顺（黄果树）、三亚、黄石、泉州、合州、海西州（德令哈）、天水、毕节14个城市为地方政府部门批复规划，其中淮安的数据未纳入统计。

目前中国城市轨道交通的建设与发展，主要集中在东南沿海城市与部分省会城市，而中部和西部地区只有较少城市拥有城市轨道交通线路，发展较为缓慢，在地区分布上存在较大的不均衡性。

"十三五"期间我国新增城轨里程数将达到5640公里，到2020年城轨里程总数将达到9000公里。虽然从运营总里程来看，全球前十大城市里面我国占据了四个（北京、上海、广州、深圳），但无论是从人均轨道交通线路拥有量、还是单位面积土地轨道交通线路拥有量看，我国城市轨道交通线路密度与纽约、伦敦、东京等国外发达城市相比仍有不小的差距。此外，东京、巴黎、伦敦等城市的轨道交通客运量占城市公共交通客运总量的比例均在80%以上，而北京、上海、广州轨道交通客运量仅占城市公共交通客运总量的40%～50%，国内其他城市则更低。因此，我国城市轨道交通仍有至少十年的"黄金发展期"，并将出现五大明显的发展趋势。

1. 规模持续扩大

"十三五"期间，我国城市轨道交通发展规模将持续扩大。一是建设和运营轨道交通的城市数量将翻番，全国201个大城市中，已有近100个城市提出了城轨交通发展规划和设想；二是在建和新建里程将大幅度增加，预计"十三五"在建线路近6000公里，新建里程将近3000公里，较"十二五"增加近50%。

2. 发展方向各异

"十三五"期间，基于城轨交通现有水平的不同，各城市的发展方向将明显不同。一是线网建设阶段各异，有的刚起步建设，有的加快主干线路布局，有的开始形成网络，而有的进入线网加密及优化阶段；二是系统制式侧重不同，有的只建设地铁，有的只建设现代有轨电车，很多是几种制式同时建设，但比重各异；三是工作重点不同，有的重点抓建设，有的重点提升运营管理水平，有的两者并重。

3. 系统制式多样

"十三五"期间，超大特大城市将向郊区、卫星城乃至周边城市延伸发展，随着各项技术的不断成熟与发展，市域快轨、轻轨、单轨、有轨电车将迎来良好的发展机遇。从目前近 100 个城市的规划看，到 2020 年地铁与其他制式里程比例约为 6.5∶3.5。预计 2025 年，地铁约占 49%、有轨电车约占 28%、市域快轨约占 17%。

4. 结构网络完善

预计到 2020 年，北京城轨线路将达近 1000 公里，上海将达近 800 公里，广州和深圳将达近 500 公里，各大城市城轨网络将基本形成，结构将更加合理，城轨交通系统将更加完善。同时，将出现一批集城轨、城际铁路于一体的区域轨道交通网络，实现铁路与城轨之间的互联互通。

5. 行业标准规范

"十三五"期间，在先进技术与成功经验的基础上，城轨交通建设与运营的标准化工作将加快，逐渐形成我国自有城轨标准体系，城轨建设与运营将更加规范、统一，经营管理水平与轨道交通"走出去"程度将进一步提高。

据不完全统计，2016 年中国大陆地区城市轨道交通全年完成客运量总计 160.9 亿人次（缺少 5 条市域快轨 331.2 公里和 8 条现代有轨电车 97.8 公里的运营线路客运情况），比上年 138 亿人次增长了 16.6%。其中，北京客运量达到 36.6 亿人次（不含 77 公里市域快轨的客运量），日均客流量 1002.5 万人次；上海（不含 56 公里市域快轨的客运量）、广州、深圳客运量分别为 34 亿、24.8 亿、12.9 亿人次，均创历史新高，上述 4 市的客运量约占全国总量的 67.3%，城市轨道交通已成为一线城市公共交通的主要方式。

全国城市平均日客流量达 158.1 万人次，其中北京、上海、广州、深圳、南京、重庆、武汉、成都、西安日均客运量均超过 100 万人次，城轨交通在城市公共交通中的骨干作用正日益凸显。

城市轨道交通发展快、规模大、水平高，未来在提升城市发展水平和环境质量、方便人民出行和提高生活水准等重大经济社会任务中，城市轨道交通将继续发挥重要作用。

三　中国轨道交通经济分析

在经济效益方面，根据中国铁路总公司披露的信息，2016年铁总基建投资 5850.55 亿元，偿还借款本金 5454.19 亿元，支付利息 752.16 亿元，资产总额为 72512.61 亿元，负债总额为 47153.44 亿元，资产负债率为 65.03%。

（一）轨道交通领域部分企业

2016 年轨道交通领域部分企业的营业收入与利润见表 3-13。

表 3-13　轨道交通领域部分企业的营业收入与利润

单位	项目	2016 年（亿元）	增减（%）	说明
中国铁路	营业收入	9074.48	-0.97	客运收入 2817.47 亿元，逐渐增长，因投入运营的高铁增多；货运收入为 2574.78 亿元，逐年下滑，主要受煤炭需求下降影响。2014 年净利润 6.36 亿元、2015 年净利润 6.81 亿元、2016 年 10.76 亿元，一直在较低的水平运行。
	利润总额	396.45	-34.80	近三年主业运输业务毛利率为负值，其他业务毛利率则高达 40% 左右。经过 10 年的建设和发展，高铁赢利能力正在逐步显现，京沪、沪宁、宁杭、广深港、沪杭、京津 6 条高铁赢利，其中京沪高铁 2015 年净利润 65.8 亿元，被誉为全球最赚钱高铁。而中西部的郑西、贵广、成贵、南广、兰新、兰渝等多条高铁线路均亏损。其主要原因在于城市人口密度、经济发达程度不同所带来的客流量差异
	净利润	10.76	36.7	
中国中车	营业收入	2297.22	-5.04	中国大陆地区营业收入下降 2.17%；受境外订单交付周期影响，当期交付产量减少，海外营业收入下降 28.30%。铁路装备营收减少 17.9%，但城轨及城市基础设施、新产业、现代服务等营收均增加 10% 左右。2016 年，公司新签订单约 2626 亿元（其中国际业务签约额约 81 亿美元，同比增长 40%）
	利润总额	169.35	-0.66	
	净利润	112.96	-4.42	

058

续表

单位	项目	2016 年（亿元）	增减（%）	说明
中国中铁	营业收入	6433.57	3.08	公司铁路建设新签合同额 3340 亿元,同比增长 16.9%,国内铁路一级市场占有率 47.4%。公路建设新签合同额 1262 亿元,同比增长 40.4%,占高速公路基建市场的份额为 12% 左右。公司市政工程和其他建设新签合同额 5225 亿元,同比增长 32.9%,其中,城市轨道工程新签合同额 2523 亿元,同比增长 79%,市场占有率约为 50%。同时,物资贸易业务实现收入 157 亿元,同比减少 15.9%。工程设备和零部件制造业务实现营业收入 123 亿元,同比减少 5.7%。公司在中国地区实现营业收入 6158 亿元,同比增长 3.7%;海外地区实现收入 276 亿元,同比下降 8.6%
中国中铁	利润总额	176.72	8.38	
中国中铁	净利润	125.09	2.06	
中国铁建	营业收入	6293.27	4.79	公司新签合同额 12191 亿元,同比增长 28.5%。其中,国内业务新签合同占 91%,海外业务占 8.9%。铁路工程新签合同额 2651 亿元,同比减少 11.5%;公路工程新签合同额 2619 亿元,同比增长 42.7%;城市轨道工程新签合同额 1713 亿元,同比增长 77.8%;房建工程新签合同额 1526 亿元,同比增长 14.6%;市政工程新签合同额 1395 亿元,同比增长 246.3%
中国铁建	利润总额	189.69	10.85	
中国铁建	净利润	140.00	10.72	
中国通号	营业收入	294.02	22.8	轨道交通建设的投资力度加大,使收入相应随之增加;加大产业结构调整,延伸和补齐产业链,进一步扩大业务规模。新签订单人民币 494.8 亿元,较上年增长 30.8%,其中铁路领域订单人民币 157.8 亿元,同比增长 8.1%;地铁领域订单人民币 77.6 亿元,同比增长 14.7%;海外订单人民币 27.7 亿元,同比增长 143.9%
中国通号	利润总额	38.16	21.4	
中国通号	净利润	30.49	22.1	

数据来源：主要来源于各公司《2016 年年度报告》。

　　城市轨道交通的盈利依赖于高运量、高票价以及多元化经营。目前，除深圳地铁及北京地铁 4 号线、北京地铁机场线、上海地铁 1 号线等个别线路外，中国大陆大部分城市轨道交通网络都处于亏损状态。从香港地铁的经验来看，地铁运营企业的收入除传统票务之外，还会有一定的广告、通信、商铺租赁、地产开发等多元化经营业务。这类业务的赢利能力显著高于传统的票务收入，是地铁运营企业的重要利润贡献来源。据不完全统计，2016 年度大陆地区城轨交通运营收支比平均为 77.7%，较上年提升了 17.7 个百分

点，其中，运营收支比超过 100% 的城市有深圳、武汉、昆明、沈阳、广州、合肥 6 市。从整体看，运营收支比逐年提高，城轨交通运营水平也在逐年提升，但城轨交通运营入不敷出依然是普遍状况。

（二）铁路与国民生产总值

每亿元里程数自 1950 年后急剧下降，铁路在国民经济中的比重减少（见表 3 – 14、图 3 – 11）。

表 3 – 14　新中国铁路里程与 GDP 比较

年份	1950	1978	1990	2000	2005	2010	2015	2020（预估）	2025（预估）
铁路里程（公里）	22200	51700	57800	68700	75400	91200	121000	150000	175000
GDP（亿元）	600	3645.2	19347.8	100300	187300	413000	689100	900000	1320000
每亿元里程数（公里/亿元）	37.00	14.18	2.99	0.68	0.40	0.22	0.18	0.17	0.13

数据来源：预估中的 GDP 数据来源于政府报告。

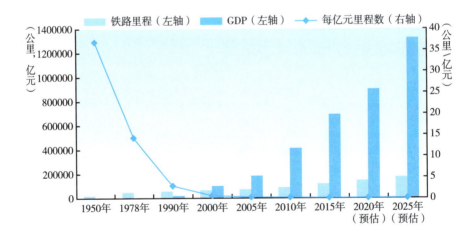

图 3 – 7　新中国铁路里程与 GDP 比较

2010～2016 年国内生产总值增速（平均增速为 10.2%），总体高于铁路运营里程增速（平均增速为 5.1%）。但 2014 年、2015 年，铁路运营里程增速超过了 GDP 增速（见表 3 – 15、图 3 – 8）。

表 3-15　2010～2016 年铁路运营里程及增速与国内生产总值及增速

指标 ＼ 年份	2010	2011	2012	2013	2014	2015	2016
国内生产总值(万亿元)	41.30	48.93	54.04	59.52	64.40	68.91	74.41
GDP 增速(%)	15.5	15.6	9.5	9.2	7.6	6.5	7.4
铁路运营里程数(万公里)	9.1	9.3	9.8	10.3	11.2	12.1	12.4
铁路运营里程增速(%)	6.0	2.2	5.1	4.9	8.0	7.4	2.4

图 3-8　2010～2016 年铁路运营里程增速、GDP 增速与国内生产总值

2010～2016 年人均国内生产总值增速（平均增速为 9.7%），总体大于铁路运营里程增速（平均增速为 5.1%）（见表 3-16、图 3-9）。

表 3-16　2010～2016 年铁路运营里程与人均国内生产总值

指标 ＼ 年份	2010	2011	2012	2013	2014	2015	2016
人均国内生产总值(万元)	3.09	3.64	4.00	4.39	4.72	5.03	5.38
人均 GDP 增速(%)	15.1	15.2	9.0	8.8	7.1	6.1	6.6
铁路运营里程增速(%)	6.0	2.2	5.1	4.9	8.0	7.4	2.4

（三）城市轨道交通与国民生产总值

城市轨道交通密度方面，以单位 GDP 里程数计算，兰州 290.6 米/亿元，北京 282.6 米/亿元，上海 271.7 米/亿元，居前三位，31 个城市（含香港）平均 143 米/亿元（注：GDP 为 2015 年数据）（图 3-10）。

图 3 – 9 2010～2016 年铁路运营里程增速与人均国内生产总值及增速

图 3 – 10 城轨里程数与 GDP 对应关系

四 中国轨道交通社会分析

新中国人口增长较快，但铁路运营里程以更快的速度增加，每百万人铁路里程数自 1950 年至今增长一倍多（见表 3 – 17、图 3 – 11）。

表 3 – 17　新中国铁路里程与人口变化

年份	1950	1978	1990	2000	2005	2010	2015	2020（预估）	2025（预估）
人口（万人）	55196	96259	114333	126743	130756	134091	137500	140300	141300
铁路里程(公里)	22200	51700	57800	68700	75400	91200	121000	150000	175000
人均铁路里程（公里/百万人）	40.2	53.7	50.6	54.2	57.7	67.6	88.0	106.9	123.8

数据来源：预估人口数据来源于《中国人口与劳动问题报告 No.16》，预估铁路里程数据来源于《中长期铁路网规划》（2016 ~ 2030 年）。

图 3 – 11　新中国铁路里程与人口变化

城镇人口与城轨里程具体情况见表 3 – 18、表 3 – 19、图 3 – 12、图 3 – 13。

表 3 – 18　2006 ~ 2016 年人口数量与城镇化率

指　标	2006 年	2008 年	2010 年	2012 年	2014 年	2016 年
乡村人口（万人）	73160	70399	67113	64222	61866	58973
城镇人口（万人）	58288	62402	66978	71182	74916	79298
年末总人口（万人）	131448	132801	134091	135404	136782	138271
城镇化率（%）	44.34	46.99	49.95	52.57	54.77	57.35

表 3 – 19　2006～2016 城镇人口与城轨里程数

年　份	2006	2008	2010	2012	2014	2016
中国城镇人口（百万人）	582.88	624.02	669.78	711.82	749.16	792.98
中国城轨里程（公里）	545	809	1708	2064	3173	4153
城镇城轨密度（公里/万人）	94	130	255	290	424	524

注：数据来源于城轨协会或公开数据。

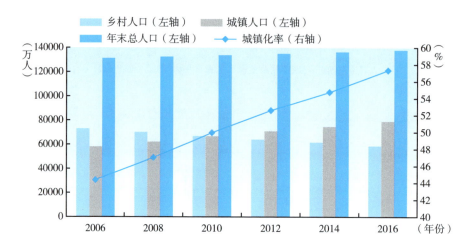

图 3 – 12　2006～2016 年人口数量与城镇化率

图 3 – 13　2006～2016 城镇人口与城轨里程数

以单位面积铁路里程数计算发现,中国与发达国家相比还有较大差距,中国不到德国的1/7、英国的1/5、法国与日本的1/4,约等于美国的一半(见图3-14)。一方面是因为中国区域人口分布不均匀、东西部经济发展不均衡,另一方面也说明我国在铁路建设发展方面还有很大发展空间。

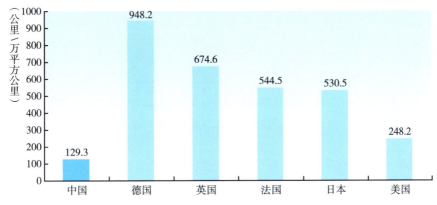

图3-14 中国与部分发达国家铁路网密度(按面积)

以单位人口铁路里程数计算发现,中国与发达国家相比也有较大差距,中国不到美国的1/8、法国与德国的1/4(见图3-15)。

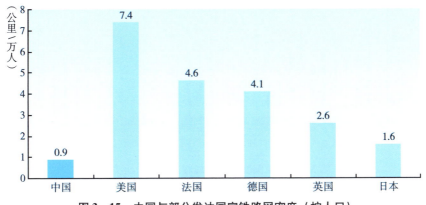

图3-15 中国与部分发达国家铁路网密度(按人口)

城市轨道交通密度方面,以单位面积里程数计算,香港194.3米/平方公里,深圳143.5米/平方公里,上海107.6米/平方公里,居前三位,31个现有城市轨道交通城市(含香港)平均9.9米/平方公里(见图3-16)。

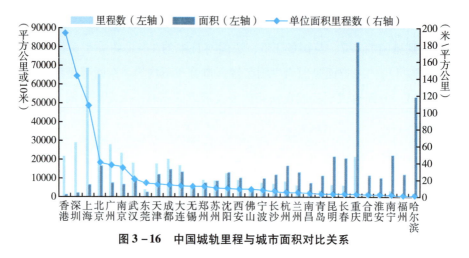

图3-16 中国城轨里程与城市面积对比关系

以单位人口里程数计算，城市轨道交通密度方面，深圳 807.1 米/万人，北京 483.5 米/万人，上海 473.0 米/万人，居前三位，31 个现有城市轨道交通城市（含香港）平均为 163.6 米/平万人（注：人口为 2015 年数据）（见图 3-17）。

图3-17 中国城轨里程与城市人口对比关系

注：重庆市人口为 3371.84 万人，图中无法按比例标出，特此说明。

五 中国轨道交通政策分析

中国轨道交通政策分析详见表 3-20。

表 3-20　中国轨道交通政策分析

关键词	文件原文内容	文件名称	影响分析
科学发展；创新驱动；区域发展协调互动	以科学发展为主题，以加快转变经济发展方式为主线，是关系我国发展全局的战略抉择。把推动发展的立足点转到提高质量和效益上来，着力增强创新驱动发展新动力，着力激发各类市场主体发展新活力，更多依靠现代服务业和战略性新兴产业带动，更多依靠科技进步、管理创新驱动，不断增强长期发展后劲	2012 年 11 月 8 日，中共十八大报告	轨道交通在节约土地与资源、保护环境方面比其他交通方式有优势，在促进区域协调发展与推进城镇化过程中，应重点考虑轨道交通的应用，合理布局基础设施，构建便捷、家居的生活空间。同时，坚持科学发展，提高产品和服务的质量和效益；坚持自主创新，以市场为导向，以企业为主体，促进科技进步与经济社会发展
自主创新；产学研相结合	要坚持走中国特色自主创新道路，以全球视野谋划和推动创新，提高原始创新、集成创新和引进消化吸收再创新能力，更加注重协同创新。着力构建以企业为主体、市场为导向，产学研相结合的技术创新体系		
合理布局建设基础设施	必须以改善需求结构、优化产业结构、促进区域协调发展、推进城镇化为重点，着力解决制约经济持续健康发展的重大结构性问题。强化需求导向，合理布局建设现代基础设施和基础产业，推动战略性新兴产业、先进制造业健康发展，推动服务业特别是现代服务业发展壮大		
构建科学合理的城市化格局	要按照人口资源环境相均衡、经济社会生态效益相统一的原则，控制开发强度，调整空间结构，促进生产空间集约高效、生活空间宜居适度、生态空间山清水秀。加快实施主体功能区战略，推动各地区严格按照主体功能定位发展，构建科学合理的城市化格局		
节约土地；环境保护	要节约集约利用资源，推动资源利用方式根本转变，加强全过程节约管理，大幅降低能源、水、土地消耗强度，提高利用效率和效益；加大自然生态系统和环境保护力度		

续表

关键词	文件原文内容	文件名称	影响分析
创新驱动；科技创新	实施创新驱动发展战略。发挥科技创新在全面创新中的引领作用，加强基础研究，强化原始创新，集成创新和引进消化吸收再创新，着力增强自主创新能力，为经济社会发展提供持久动力		
现代综合交通运输体系；网络化布局；智能化管理；一体化服务；绿色发展；铁路市场化改革	完善现代综合交通运输体系。坚持网络化布局、智能化管理、一体化服务、绿色化发展，建设国内国际通道连通，区域城乡覆盖广泛，枢纽节点功能完善，运输服务一体高效的综合交通运输体系。打造广覆盖的基础网络，加快中西部铁路建设。加快发展城市轨道交通，快速推进高速铁路成网，完善大容量公共交通等多层次城市公共交通，鼓励绿色出行。打造一体衔接的综合交通枢纽。实现不同运输方式协调高效。推进交通运输低碳发展，集约节约利用资源。加强标准化、现代化运输装备和节能环保运输工具推广应用。加快智能交通发展，推广先进信息技术和智能技术装备应用。推进铁路市场化改革	2016年3月17日，中华人民共和国国民经济和社会发展第十三个五年规划纲要	轨道交通是绿色交通的理想方式之一，用高速干线、城际、市域、城轨等高、中速铁路互相衔接，铁路实现一体化、智能化、信息化。轨道交通是长江经济带、"一带一路"等战略发展的重要因素。应加强轨道交通领域的科技创新，并推进铁路市场化改革
高效密集轨道交通网	构建一体化现代交通网络。建设高效密集轨道交通网，强化干线铁路建设，加快建设城际铁路，市域（郊）铁路并逐步成网，充分利用现有能力开行市域、市郊列车，客运专线覆盖所有地级及以上城市		
长江经济带；加快高速铁路建设	推进长江经济带发展。构建高质量综合立体交通走廊。加快高速铁路和高等级公路建设		
"一带一路"；沿线国家间运输便利化	推进"一带一路"建设。推动与沿线国家发展规划、技术标准体系对接，推进沿线国家间的运输便利化安排，开展沿线大通关合作		

续表

关键词	文件原文内容	文件名称	影响分析
安全交通;高效交通;绿色交通;和谐交通	面向建设"安全交通、高效交通、绿色交通、和谐交通"重大需求,大力发展新能源、高效能、高安全的系统技术与装备,完善我国现代化交通运输核心技术体系,培育高端轨道交通等新兴产业。重点发展具有国际竞争力的高速列车、高中速磁浮,研发运输管理前沿技术,提升交通运输业可持续发展能力和"走出去"战略支撑能力	2016年7月28日"十三五"国家科技创新规划	以新架构、新材料、新能源和跨国互联互通为突破,形成以我国轨道交通装备的核心技术、关键装备、集成应用和标准规范,提供安全交通、高效交通、绿色交通、和谐交通
核心技术;关键装备;集成应用;标准规范	在轨道交通系统安全保障、综合效能提升、可持续性和互操作等方向,形成以新架构、新材料、新能源和跨国互联互通为特征的核心技术、关键装备、集成应用与标准规范		
协同式、智能化交通	以提供高效、便捷、可持续交通为目标,突破交通信息精准感知与可靠交互、交通系统协同式互操作、泛在智能化交通服务等共性关键技术		
量力而行、有序发展	坚持"量力而行、有序发展"的方针,按照统筹衔接、经济适用、便捷高效和安全可靠的原则,科学编制规划,有序发展地铁、鼓励发展轻轨,有轨电车等高架或地面敷设的轨道交通制式。把握好建设节奏,确保规模和速度与城市交通需求、政府财力和建设管理能力相适应	国家发展改革委关于加强城市轨道交通规划建设管理的通知(发改基础〔2015〕49号)	城市轨道交通发展应量力而行、规划及调整由国家发改委负责,没有地铁与轻轨的城市有轨电车建设规划由省级发改委负责;应培育关键技术装备认证认证机构,推动城市轨道第三方认证工作
线网规划	城市要结合自身经济、人口、客流需求等情况,根据客流等情况编制5~6年期的建设规划。拟建地铁初期负荷强度不低于每日每公里0.7万人次,拟建轻轨初期负荷强度不低于每日每公里0.4万人次。项目资本金占当年城市公共财政预算收入的比例一般不超过5%。发展地铁和轻轨的城市将有轨电车纳入建设规划做好衔接,其余城市有轨电车建设规划由省级发展改革部门做好衔接		
规划调整	对于因城市规划、工程条件等因素影响,基本走向、敷设方式发生重大变化,线路长度、车站数量、直接工程投资(扣除物价上涨因素)超过建设规划批准规模的15%,或提前开工规划项目,以及投资模式发生重大变化,需将规划调整方案报我委审批		
第三方认证	培育关键技术装备认证认证机构,推动第三方认证工作		

续表

关键词	文件原文内容				文件名称	影响分析
		目标 / 重点产品	2020年	2025年	2030年	
十大重点领域	十大重点领域：新一代信息技术产业、高档数控机床和机器人、航空航天装备、海洋工程装备及高技术船舶、先进轨道交通装备、节能与新能源汽车、电力装备、农业装备、新材料、生物医药及高性能医疗器械					2015 年 10 月 30 日，《中国制造 2025》重点领域技术路线图（2015 年版）	重点研发制造中国标准高速动车组、重载机车、城际快速动车组、现代低速磁悬浮电车、中低速磁浮等机车产品，并在半导体芯片、超级电容、动车组车轴/车轮、列车制动系统、通信信号装备、齿轮、车钩缓冲器等关键零部件上取得突破，实现国产化，力争建成全球领先的现代轨道交通装备产业，实现智能化、体系化，提高创新能力，构建国际标准体系，实现国际化经营。
现代化轨道交通装备产业体系；智能制造；国际领先；主导标准	目标	技术引领	研发能力和主导产品达到全球先进水平				
		市场及结构优化	行业销售额超过6500亿元，境外业务比重超过30%，服务业务比重超过15%，重点产品进入欧美市场	境外业务占比达到40%，服务业务占比超过20%，建成全球领先的现代化轨道交通装备产业体系，占据全球产业链的高端	形成具有持续创新能力的创新体系，在主要领域全面推行智能制造模式，主要产品达到国际领先水平，主导国际标准修订		
中国标准高速动车组；重载电力机车；城际快速动车组；现代有轨电车；中低速磁悬浮	重点产品	中国标准高速动车组	研制中国标准高速动车组 / 中国标准高速动车组"走出去"	完成可互换制产品自主工程化验证和运用考核	形成技术标准体系		
		30 吨轴重重载电力机车	2个主型产品工程化验证和运用考核	30吨轴重重载电力机车技术水平建设、形成技术标准体系			
		城际快速动车组	研制时速120~140、140~160公里/小时两个速度级城际动车，产品系列工程化验证和运用考核	形成我国城际快速动车组技术规范和标准体系			
		100%低地板现代有轨电车	研制出拥有技术和运用的具有自主知识产权的100%低地板现代有轨电车	建立现代有轨电车行业技术标准			
			研制自动100%低地板现代有轨电车板现代有轨电车转向架、液压制动系统以及通信信号				
		中低速磁浮系统	运行验证	建立中低速磁浮系统技术体系和技术标准			
			中低速磁浮系统作为城市综合公共交通的必要补充推广运用				

续表

关键词			文件原文内容			文件名称	影响分析
			2020年	2025年	2030年		
半导体芯片； 超级电容； 车轴/车轮； 列车制动系统； 通信信号装备； 齿轮； 车钩缓冲器		功率半导体器件	研制硅基IGBT、MOSFET等先进功率半导体器件芯片，并批量应用		碳化硅电力电子器件研制及产业化	2015年10月30日，《中国制造2025》重点领域技术路线图（2015年版）	重点研制造中国标准动车组、重载机车、城际动车组、现代有轨电车、中低速磁悬浮电车等产品，并在半导体芯片、超级电容、动车组车轴/车轮、车载电容、动车组车轴/车轮、列车信号动系统、齿轮、车钩缓冲装备、齿轮、车钩等关键零部件上取得突破，实现国产化，力争建成全球领先的现代化轨道交通装备产业体系并实现智能制造。提高创新能力，构建国际标准体系，实现国际化经营
		动力型超级电容器件	研制12000F、3.0V、10Wh/kg、100万次无泄漏超级电容元器件，并规模化运用		研制20Wh/kg能量IDU锂离子负荷超级电容，并推广应用		
	关键零部件	高速动车组车轴/车轮		突破车轴/车轮用钢质量控制技术、材料热处理工艺，开发高速动车组自主化车轴/车轮			
			新一代自主化牵引电机、制动系统研制及批量装车				
		列车制动系统	有轨电车液压制动系统国产化	高速动车组、城际动车组、城轨车辆自主化制动系统			
		通信信号装备	研制自动化轨道交通通信信号装备	形成一整套覆盖高、中、低速轨道交通通信信号领域的技术体系			
		齿轮传动系统	研制高速动车组、城际动车组、有轨电车等不同平台齿轮传动系统				
		车钩缓冲器系统	掌握动车组、车辆钩缓冲器级缓冲技术	国产动车组、城轨地铁车钩、缓冲器	城轨地铁车钩、大规模应用		

续表

关键词			文件原文内容			文件名称	影响分析
			2020年	2025年	2030年		
车体技术； 转向架技术； 电传动系统技术； 储能与节能技术； 列车制动系统技术	关键共性技术	新型车辆车体技术	应用镁铝合金等新型材料，开发适用于城际动车组现代化的轻量化车体			2015年10月30日，《中国制造2025》重点领域技术路线图（2015年版）	重点研发制造中国标准高速动车组、重载机车、城际快速轨道电车、中低速磁悬浮等机车产品，并在半导体芯片、超级电容、动车组车轴/车轮、列车信号动车系统、通信系统、列车制动系统、齿轮、车钩缓冲器等关键零部件上取得突破，实现国产化，力争建成全球领先的现代化轨道交通装备产业体系并实现智能制造。提高创新能力，构建国际标准体系，实现国际化经营
		高性能转向架技术	突破轨道交通车辆重量利用高、动力学性能佳、不同轴系列、不同机型匹配的转向架和应用技术 突破不同车型转向架的电机悬挂方式、动力学性能、减振技术、车轮踏面形式与钢轨协调匹配性技术、二系悬挂装置技术				
		电传动系统技术	突破基于IGBT、MOSFET等先进高压大功率变流及控制半导体器件芯片技术	碳化硅电力电子器件研发			
		储能与节能技术	镁能式变向变流技术突破、推广应用 推广永磁电机驱动技术与无动车直接驱动技术				
			研制大容量超级电容、实现有轨电车、无轨电车全线无供电网运营和储能可循环利用				
		列车制动系统技术	研制开发车辆轻量化、牵引高效率、噪音最省利用、空调有节能等关键技术，提高列车系统能量利用效率 有轨电车液压制动系统自动化、国产化、数字阀液压制动系统应用 高速动车组、城际动车组制动系统自主化、国产化				
		列车网络控制技术	自主开发适用于中国标准准高速动车组、快速动车组的网络控制系统 开发出满足先进、系列化的现代有轨电车用以太网总线网络系统硬件、软件平台	自主化标准规范、系统自主设计与集成			
		通信信号技术	突破列控技术车载ATP、车载ATO、地面ATP、地面RBC/ZC、地面列控中心、地面联锁设备以及无线通信宽带等关键技术				

续表

关键词			文件原文内容			文件名称	影响分析
			2020年	2025年	2030年		
绿色智能工程化样车；基于物联网的轨道交通装备全寿命周期服务体系	创新示范工程	绿色、智能工程化样车	集成储能电源、碳化硅（SiC）新型高效变流器、同步电动机、自动驾驶等的样车			2015年10月30日，《中国制造2025》重点领域技术路线图（2015版）	重点研制造中国标准动车组，重载机车、城际快速电车、现代有轨电车、中低速磁悬浮等机车产品，并在半导体芯片、超级电容、动车组车轴/车轮、列车制动系统、通信信号、车钩缓冲器等关键零部件上取得突破，实现国产化，力争建成全球领先的现代化轨道交通装备产业体系并实现智能制造。提高创新能力，构建国际标准体系，实现国际化经营。
		绿色智能轨道交通系统集成工程		集成绿色智能轨道交通车辆，基于以太网的千兆宽带实时控制与信息网络技术、网络控制技术、双向储能系统技术，实施"绿色智能轨道交通装备集成工程"			
		基于物联网的轨道交通装备全寿命周期服务体系		集成车载智能化状态监测技术、故障灾害监测系统技术，探索建立"基于物联网的轨道交通装备全寿命周期服务体系"			
创新能力；国际标准体系；国际化经营	战略支撑与保障建设	提高创新能力	以企业为主体，产学研用相结合，加强技术的基础研究、前瞻性研究				
		构建国际标准体系	建立和完善电力机车、城轨车辆国家工程实验室、国家级研究研发基地				
			培育建立第三方专业检验检测和认证机构，建立和完善轨道交通装备产品认证制度				
		支持国际化经营	加强轨道交通装备标准的研究和制修订工作，鼓励有实力的单位率先制定国际标准				
			引导有实力的制造企业抓住全球产业重新布局机遇，有序走出去，开展绿地投资、并购投资、联合投资，在境外设立研发机构、生产制造基地和市场营销网络，开拓资源和价值链整合。				

073

续表

关键词	文件原文内容	文件名称	影响分析
内外互联互通；区际多路畅通；省会高铁连通；地市快速连通；县域基本覆盖	到2020年，一批重大标志性项目建成投产，铁路网规模达到15万公里，其中高速铁路3万公里，覆盖80%以上的大城市，为实现全面建成小康社会目标提供有力支撑。到2025年，铁路网规模达到17.5万公里左右，其中高速铁路3.8万公里左右，网络覆盖进一步扩大，路网结构更加优化，骨干作用更加显著，更好发挥铁路对经济社会发展的保障作用。展望到2030年，铁路网更加完善，科学确定高速铁路建设标准，基本实现内外互联互通，省会高铁畅通、区际多路畅通，地市快速连通、县域基本覆盖。		
八纵八横；高速铁路网；因地制宜	高速铁路网 为满足快速增长的客运需求，优化拓展区域发展空间，在"四纵四横"高速铁路的基础上，增加覆盖面广的高速铁路，发展需要的高速铁路，城际铁路补充衔接，城际铁路补充无有的高速铁路之间高效便捷相连。 因地制宜、科学确定高速铁路建设标准。高速铁路主通道规划新增项目原则采用时速250公里及以上标准（地形地质条件复杂等困难地区可以适当降低），其中沿线人口城镇稠密、经济比较发达，贯通特大城市的铁路可采用时速350公里及以上标准。区域铁路连接线原则采用时速250公里及以下标准。城际铁路原则采用时速200公里及以下标准。 八纵 ①沿海通道。大连（丹东）—秦皇岛—天津—东营—青岛（烟台）—连云港—盐城—南通—上海—宁波—福州—厦门—深圳—湛江—北海（防城港）高速铁路。 ②京沪通道。北京—天津—济南—南京—上海（杭州）高速铁路，包括南京—杭州、蚌埠—合肥—杭州高速铁路，北京—天津—东营—潍坊—临沂—淮安—扬州—南通—上海高速铁路。 ③京港（台）通道。北京—衡水—菏泽—商丘—阜阳—合肥（黄冈）—九江—南昌—赣州—深圳—香港（九龙）高速铁路；另一支线为合肥—福州—台北高速铁路，包括南昌—福州（莆田）铁路。 ④京哈—京港澳通道。哈尔滨—长春—沈阳—北京—石家庄—郑州—武汉—长沙—广州—深圳—香港高速铁路，包括广州—珠海—澳门高速铁路。	2016年7月国家发展改革委、交通运输部、中国铁路总公司联合发布《中长期铁路网规划》(2016~2030年)	为适应经济发展需要，扩大铁路有效供给，发挥铁路绿色骨干交通运输优势，未来一段时间，还是铁路发展的高峰时期。相应的高基础建设、装备制造、运营维护等都有较大发展空间。

续表

关键词	文件原文内容	文件名称	影响分析
八纵八横；高速铁路网；因地制宜	⑤呼南通道。呼和浩特—大同—太原—郑州—襄阳—常德—益阳—邵阳—永州—桂林—南宁高速铁路。 ⑥京昆通道。北京—石家庄—太原—西安—成都(重庆)—昆明高速铁路，包括北京—张家口—大同—太原高速铁路。 ⑦包(银)海通道。包头—延安—西安—重庆—贵阳—南宁—湛江—海口(三亚)高速铁路。 ⑧兰(西)广通道。兰州(西宁)—成都(重庆)—贵阳—广州高速铁路。连接西北、西南、华南地区，贯通兰西、成渝、黔中、珠三角等城市群。 八横 ①绥满通道。绥芬河—牡丹江—哈尔滨—齐齐哈尔—海拉尔—满洲里高速铁路。 ②京兰通道。北京—呼和浩特—银川—兰州高速铁路。 ③青银通道。青岛—济南—石家庄—太原—银川高速铁路(其中绥德至银川段利用太中银铁路)。 ④陆桥通道。连云港—徐州—郑州—西安—兰州—西宁—乌鲁木齐高速铁路。 ⑤沿江通道。上海—南京—合肥—武汉—重庆—成都高速铁路，包括南京—安庆—九江—武汉—宜昌—重庆、万州—达州—遂宁—成都高速铁路。 ⑥沪昆通道。上海—杭州—南昌—长沙—贵阳—昆明高速铁路。 ⑦夏渝通道。厦门—龙岩—赣州—长沙—常德—张家界—黔江—重庆高速铁路。 ⑧广昆通道。广州—南宁—昆明高速铁路。	2016年7月国家发展改革委、交通运输部、中国铁路总公司联合发布《中长期铁路网规划》(2016~2030年)	为适应经济发展需要，扩大铁路有效供给，发挥铁路绿色骨干交通运输优势，未来一段时间，还是铁路发展的高峰时期。相应的基础建设、装备制造、运营维护等都有较大发展空间

075

根据 2016 年《中长期铁路网规划》，到 2020 年，中国铁路网规模将达到 15 万公里，其中高速铁路 3 万公里，覆盖 80% 以上的超百万人口大城市。到 2025 年，铁路网规模将达 17.5 万公里左右，其中高速铁路 3.8 万公里左右，形成以"八纵八横"主通道为骨架、区域连接线衔接、城际铁路补充的高速铁路网。

六　中国轨道交通主要机构

由于行政管理划分的历史原因，中国的轨道交通主要分为大铁路与城市轨道交通两大类，另外市郊铁路、区域轨道交通等目前还处于模糊地带，有待相关部门进一步明确。其中大铁路中的国家铁路、高铁一般归属中国铁路总公司管理，地方铁路一般由当地政府管理，个别线路由专门的合资公司或单位管理，对接的政府部门是交通部所属的国家铁路局。城市轨道交通一般归属当地城轨企业管理，建设部分对接的政府单位是当地城建部门，运营部分对接的政府单位是当地交通管理部门。

（一）国家铁路局

国家铁路局是由原铁道部部分机构更名改组设置（其他机构保留于中国铁路总公司）的，由国家交通运输部管理，属国务院部委管理的国家局，行政级别为副部级，于 2014 年 1 月挂牌成立。其主要职责包括：起草铁路监督管理的法律法规、规章草案，参与研究铁路发展规划、政策和体制改革工作，组织拟订铁路技术标准并监督实施；负责铁路安全生产监督管理，制定铁路运输安全、工程质量安全和设备质量安全监督管理办法并组织实施，组织实施依法设定的行政许可，组织或参与铁路生产安全事故调查处理；负责拟订规范铁路运输和工程建设市场秩序的政策措施并组织实施，监督铁路运输服务质量和铁路企业承担国家规定的公益性运输任务的情况；负责组织监测分析铁路运行情况，开展铁路行业的统计工作。

（二）中国铁路总公司

中国铁路总公司（简称"中铁总"）是经国务院批准，由中央管理的正部级国有独资企业，注册资金 10360 亿元，于 2013 年 3 月 14 日正式成立。中铁总以铁路客货运输服务为主业，实行多元化经营。其主要职责包括：负责铁路运输统一调度指挥；负责国家铁路客货运输经营管理；承担国家规定的公益性运输，保证关系国计民生的重点运输和特运、专运、抢险救灾运输等任务；负责拟订铁路投资建设计划，提出国家铁路网建设和筹资方案建议；负责建设项目前期工作，管理建设项目；负责国家铁路运输安全，承担铁路安全生产主体责任。

中国铁路管理机构的具体组织架构见表 3-21。

表 3-21　中国铁路管理机构

国家铁路局	中国铁路总公司	管辖区域与铁路线	运营里程（公里）	备注
国家铁路局（直管）	北京铁路局	所辖线路分布在北京、天津、河北两市一省及山东、河南、山西等省部分地区	7876	是全国铁路网重要枢纽,处于路网中枢位置
沈阳铁路监管局	沈阳铁路局	管辖线路跨及辽宁、吉林省全部,内蒙古自治区东南部,黑龙江省南部,河北省东北部部分地区	12915	2005 年至今,在 18 个铁路局当中,全年营业额始终保持前三名（沈阳铁路局、上海铁路局、北京铁路局）
	哈尔滨铁路局	线路覆盖黑龙江省全境绝大部分,兼跨内蒙古自治区呼伦贝尔市	8246	位于全国路网东北端,其中漠河站是全路最北端车站,抚远站是全路最东端车站
西安铁路监管局	西安铁路局	管辖区有郑西高铁、西宝高铁、陇海、宝成、宝中、包西、宁西、西康、侯西、太中（银）、襄渝、阳安等重要干线,覆盖陕西全省,辐射甘肃、宁夏、内蒙古、河南、山西、四川、湖北、重庆等省区市部分地区	4764	是承东启西、连接南北的咽喉要道,进出西南地区的运输通道,全国重要客货流集散地和转运枢纽之一

续表

国家 铁路局	中国铁路 总公司	管辖区域与铁路线	运营里程 （公里）	备注
西安 铁路 监管局	呼和浩特 铁路局	管辖区有京包、京通、包兰、集二、集通、包西线6条干线,7条支线	6119	地处内蒙古自治区中西部,外接蒙古、俄罗斯及东欧国家,承担着服务边疆草原、稳固祖国北部边疆的重要任务
	太原 铁路局	管辖同蒲、大秦、侯月、石太、侯西、太焦、太中（银）、京原、京包、迁曹、石太客运专线、大西客运专线等12条干线和西山、东晋、云冈、京唐港等13条支线,横跨晋冀京津两省两市,线路总长8682公里,营业里程3328公里	4772	18个铁路局中货运量最大、重载技术最先进的铁路局,也是全路唯一运输主业整体改制上市的铁路局
武汉 铁路 监管局	武汉 铁路局	管辖铁路范围大致跨越湖北省,河南省信阳市、周口市、漯河市、驻马店市及平顶山市。管理线路39条,包括京广铁路、京九铁路、焦柳铁路、汉丹铁路、襄渝铁路、孟宝铁路、宁西铁路、武九铁路、宜万铁路9条干线	4915	辖内武汉铁路枢纽为全国四大铁路枢纽之一（其余为北京、上海、广州）
	郑州 铁路局	管辖郑州及周边,营业线路16条（包括支线）	3715	位于全国路网中心,素有"中国铁路心脏"之称
上海 铁路 监管局	上海 铁路局	下辖徐州、合肥、南京、杭州共4个铁路办事处,管辖地区、线路主要分布在安徽、江苏、浙江等省和上海市	9759	地处东南沿海长江中下游地区,工农业生产发达,内外贸易兴旺,人口稠密,旅游资源丰富,是全国客货运输最繁忙的铁路局之一
	济南 铁路局	下辖济南和青岛两个铁路办事处,管辖京沪、京九干线中段,以及胶济线、胶新线、菏兖日线等干支线	5334	是中国东部经济发展和外贸运输的重要通道
	南昌 铁路局	主要经营江西、福建两省全部和湖南、湖北省境内部分铁路运输及其相关产业,管辖京九、沪昆、合福、武九、铜九、皖赣、鹰厦、峰福、赣龙、温福、福厦、厦深、昌福、昌九城际、吉衡、赣韶等干线和60多条支线	7460	

续表

国家 铁路局	中国铁路 总公司	管辖区域与铁路线	运营里程 （公里）	备注
广州 铁路 监管局	广州铁路 （集团） 公司	主要管辖广东、湖南、海南三省铁路，公司下辖52个运输站段	8858	中国铁路目前唯一一家在内地、香港和纽约挂牌上市的股份制企业
	南宁 铁路局	管辖运营湘桂、黔桂、南昆、益湛、焦柳、黎湛等14条普速铁路干线和8条支线，以及衡柳、邕北、钦防线和柳南客专、南广、贵广高铁6条高铁，跨越广西、广东、湖南、贵州4省区	5901	
成都 铁路 监管局	成都 铁路局	管理四川省、贵州省、重庆市、2个地级市（云南昭通、湖北恩施）的国家铁路干线、国家铁路支线以及合资铁路，有宝成、成渝、成昆、遂渝、遂成、襄渝、川黔、渝怀、内六、黔桂、沪昆、宜万、渝利等13条国铁干线	8817	
	昆明 铁路局	管理昆明以及开远铁路办事处，直属铁路大致跨越云南省（不含昭通）、四川省（攀枝花以南区间）以及贵州省	2964	
兰州 铁路 监管局	兰州 铁路局	横跨甘、青、宁三省（区），管辖以兰州为枢纽，由陇海、包兰、兰新、宝中、兰青、青藏、兰新二线、干武7条普速干线和1条高铁干线及10余条支线构成的西北铁路基本框架	4667	是亚欧大陆桥在我国境内的重要区段
	乌鲁木齐 铁路局	管辖东起甘肃境内安北站、西至阿拉山口站的兰新线，和东起吐鲁番站、西至喀什站的南疆线2条干线，下辖乌鲁木齐、哈密、南疆三个铁路办事处	6098	地处西北边陲的多民族地区，属全国铁路网末端边缘
	青藏铁路 公司	管辖跨青海、西藏两省（区）的兰青铁路、青藏铁路、拉日铁路等，东至兰青线海石湾站，西抵西藏日喀则站，下辖西宁、格尔木两个铁路办事处	3059	
合计			116239	

（三）中国铁道学会

中国铁道学会成立于 1978 年 4 月 1 日，是经国家民政部批准注册，由中国科协和中国铁路总公司（原铁道部）双重领导的全国铁道行业科学技术性的群众组织。

中国铁道学会的宗旨是团结、动员和组织广大铁道科学技术工作者，以经济建设为中心，倡导献身、创新、求实、协作的科学精神，促进铁道科学技术的繁荣和发展，促进铁道科学技术的普及和推广，促进铁道科学技术人才的成长和提高，促进铁道科学技术与铁路科技进步及发展的结合，反映科学技术工作者的意见，维护科学技术工作者的合法权益。

中国铁道学会的主要任务包括开展国内、国际铁道学术交流，举办铁道行业科普与培训，承接铁道行业技术咨询，制定行业团队标准，从事技术资格认证、科技成果鉴定、重点项目研究，出版发行铁道科技期刊，组织业内机构合作，表彰奖励科技成果与人才，组织会员活动，收集与反映会员建议，等等。

中国铁道学会的最高权力机构为全国会员代表大会，代表大会选举理事会。理事会闭会期间，常务理事会行使理事会职责。学会的常设办事机构为秘书处。目前，中国铁道学会第六届理事会共设立 5 个工作机构（委员会）和 25 个分支机构。

目前，已有 31 个省、自治区、直辖市设有铁道学会，业务上受中国铁道学会指导，并受中国铁道学会委托发展和管理个人会员。中国铁道学会会员分为个人会员（含：普通会员、高级会员、学生会员）和单位会员。目前，铁道学会共有个人会员 6.5 万多名，其中高级会员 201 名，单位会员 133 个。

（四）中国城市轨道交通协会

中国城市轨道交通协会是由与城市轨道交通有相关业务的发展规划、设计咨询、投资融资、工程建设、运营管理、装备制造、科研院校等单位和个人自愿结成的全国性、行业性、非营利性社会组织，接受业务主管单位国家发展和改革委员会及社团登记管理机关民政部的业务指导和监督管理，同时接受住房和城乡建设部、交通运输部、工业和信息化部的行业指导。

中国城市轨道交通协会的宗旨是：遵守法规加强自律，发挥桥梁纽带作用，诚为政府企业服务，推动行业科学发展。

2011 年 10 月 14 日中国城市轨道交通协会在北京举行了成立大会暨第一次会员代表大会。原机械工业部部长、原国家计委副主任、重庆市原市长包叙定同志当选为会长。2016 年 10 月 24 日协会在北京召开了第二届会员大会，确定协会采用会长轮值制和会长负责制相结合的领导体制，选举产生了第二届理事会和上海、北京、广州、重庆、深圳地铁公司 5 位董事长为轮值会长。同时选举了常务副会长和秘书长。

协会现有单位会员 491 家，涵盖了中国城市轨道交通行业中的发展规划、设计咨询、投资融资、工程建设、运营管理、装备制造、科研院校等各种类型的企事业单位。协会下辖专家和学术委员会，设计咨询、工程建设、运营管理、技术装备、安全管理、资源经营、信息化等七个专业委员会，现代有轨电车分会、单轨分会。协会秘书处设办公室、业务部、培训部和标准部。

中国城市轨道交通协会的主要任务包括开展城市轨道交通发展的调研与建议，规范行业行为及纪律，开展行业统计并定期发布分析报告，组织行业人才培训与交流，制定行业团队标准，开展城轨装备认证、科技评估评审、技术咨询，举办国内、国际行业交流、研讨与展览，等等。

专 题 报 告

Special Topic Report

B.4

第 1 章

项目篇：青藏铁路工程

摘　要：　青藏铁路东起西宁市，南至拉萨市，全长 1956 公里，对促进
青、藏两省区经济社会持续发展影响深远。其中，西格段于
1984 年建成通车，格拉段（格尔木至拉萨）全长 1142 公里，
2001 年 6 月 29 日开工建设，2006 年 7 月 1 日建成通车。青藏
铁路攻克了"多年冻土、高寒缺氧、生态脆弱"三大世界性
工程难题，修建技术达到同期国际领先水平，同时在环境保
护等方面创举颇多，实现了人与自然和谐相处。青藏铁路工
程荣获 2008 年度国家科学技术进步特等奖，2013 年获得国
际"菲迪克"百年工程项目优秀奖。

关键词：　青藏铁路　多年冻土　高寒缺氧　野生动物通道　高原卫生
保障

一 概述

青藏铁路起点为青海省西宁市，终点为西藏自治区拉萨市，线路分两阶段建设，全长 1956 公里。其中，西宁至格尔木段（简称西格段）814 公里，于 1984 年建成通车。格尔木至拉萨段（简称格拉段）全长 1142 公里，2001 年 6 月 29 日开工建设，2006 年 7 月 1 日建成通车。格拉段经过海拔 4000 米以上地区的线路长度占全线的 50%，达 965 公里，全线最高海拔点唐古拉山垭口为 5072 米，因此，青藏铁路是世界上海拔最高的高原铁路；同时，格拉段沿线多年冻土连续分布长度达 550 公里，自然环境特殊且脆弱，是当今世界高原极具挑战性、最富创造性的工程项目。

二 工程技术难题

1. 多年冻土。青藏铁路沿线多年冻土，地温变化复杂，高温不稳定冻土区分布范围广，高含冰量冻土区段长。受外界因素影响，多年冻土出现冻融问题会导致路基产生裂缝，各种建筑会产生较大变形，降低线路平顺性，影响工程正常使用和列车安全运营。而外界气温变化、天降雨雪、植被退化、人为活动、地应力变化、地表水流变化等复杂因素，都会造成多年冻土温度变化而影响其稳定性。国内外现有的多年冻土区铁路病害严重，行车速度普遍较低，缺乏成功经验可资借鉴。

2. 高寒缺氧。青藏铁路穿越高原腹地，沿线高寒缺氧、紫外线辐射强。人在缺氧环境下易产生肺水肿、脑水肿等急性高原病，这对建设者的身体健康和生命安全构成威胁。在青藏铁路建设期间，沿线每年都存在动物间鼠疫疫情。鼠疫传染性强，病死率高，一旦疫情传至人间，危害极为严重，后果不堪设想，因此，鼠疫防控工作极为重要。

3. 生态脆弱。青藏高原在特殊的自然环境下形成了独特的生态系统，拥有丰富的珍稀特有物种，但该高原生态系统对外界扰动的承受能力极

差，一经破坏恢复难度大。因此，铁路建设保护植被、保护野生动物的生境连续性和自由迁徙是一个全新的课题，在国际上也无成熟经验可资借鉴。

4. 其他技术难题。相关人员在高原大坡道长距离铺轨架梁和耐久性混凝土应用技术方面取得了重大突破。针对高原低氧的运行环境专门研制了供氧客车，实现了35千伏长距离供电，首次在国内采用铁路移动通信系统，系统集成建成行车安全综合监控系统。

三　技术创新主要成就

为把青藏铁路建设成世界一流高原铁路，在充分研究借鉴美国、加拿大、俄罗斯多年冻土工程及我国青藏公路等成果的基础上，工作人员立足高起点、高标准，坚持依靠科技创新。项目从1956年开展工程咨询，至2006年建成通车，前后三代中国咨询工程师历时整整半个世纪，通过不懈奋斗，成功攻克了"多年冻土、高寒缺氧、生态脆弱"技术难题，技术创新成效显著，其主要标志包括如下几个方面。

1. 形成了冻土工程理论。确立的主动降温、冷却地基、保护冻土设计理念进一步深化了冻土设计理论，提高了高原冻土铁路的安全稳定性，提升了我国铁路的设计水平，形成了以冻土区路基、桥梁、隧道设计为主的成套冻土技术体系，为铁路建成以来保持安全运行提供了保障。

2. 绿色环保理念充分体现。青藏铁路建设与环境保护同时进行，水土保持治理与环境保护同步协调。为减少对可可西里、三江源等自然保护区的扰动和影响，充分开展线路多方案比选，确立了对自然景观影响最小的线位。青藏铁路在建设过程中首次引入环保监理制度，形成的环保管理体系为有效控制水土流失、保护植被、保护野生动物提供了制度依据。

3. 卫生保障以人为本。全线设有等级齐全、设施完备、布置科学的卫生保障体系，有效地预防了高原病、鼠疫病等特殊病害，为广大铁路建设人员身体健康提供了强有力的保障，实现了高原病零死亡、鼠疫零传播的目标。

4. 运营设备创新实用。首次运用铁路综合移动通信系统，并自主研发了调度集中系统，实现了远程调度指挥。建立综合监控系统，实现了对设备的远程监测、诊断和环境监测，保证了运输的安全畅通。

青藏铁路运营十年来，各种工程处理措施得到了时间的检验。冻土工程、高原病防治达到国际先进水平，环境保护工作居国内重点工程建设项目领先水平。2009年，青藏铁路工程荣获2008年度国家科学技术进步特等奖（见图4-1），胡锦涛总书记在国家科学技术奖励大会上亲自向青藏铁路建设者代表孙永福颁奖。2013年青藏铁路获得国际"菲迪克"百年工程项目优秀奖。青藏铁路运营之后，随着高原冻土铁路的发展，青藏铁路冻土工程设计技术得到了更多的应用和推广。随着对冻土工程认识的不断加深，我国的冻土工程技术也长期处于世界领先地位。

四　冻土地区铁路修建技术创新成果

青藏铁路建设充分借鉴国内外多年冻土工程实践的经验教训，系统制定科技创新规划，以试验工程为切入点，开展了大量的科研试验工作，涉及铁路路基、桥梁、涵洞、隧道等各个专业领域，形成了一套完整的具有创新性的冻土工程技术，并成功地将其运用到青藏铁路建设中。之后，通过进一步的系统研究和工程实践，建立了多年冻土工程设计技术体系，形成了以多年冻土为核心内容的青藏铁路冻土工程关键技术，为建设世界一流高原铁路提供了可靠的技术支撑。

（一）青藏铁路多年冻土区设计原则

根据不同的冻土工程地质条件，设计原则如下。

1. 对于年平均地温低的稳定型多年冻土区应设计使地基处于冻结状态。

2. 对于年平均地温较高、含冰量低的多年冻土区，可在路基沉降量允

图 4 - 1　国家科学技术进步特等奖

许范围内采用允许融化设计原则。

3. 对于年平均地温高的极不稳定多年冻土区，可对路基采用片石、碎石护坡、热棒、通风管、保温层等主动保护措施，必要时以桥代路。

4. 对于不融沉或弱融沉的少冰、多冰冻土区，可采取常规设计方法。但考虑寒区气候因素，建筑物防冻胀措施需要加强。

5. 各类冻土地区都必须加强对冻土的环境保护。

（二）冻土工程关键技术

青藏铁路冻土工程设计，结合了青藏高原的气候条件、冻土环境，以及长期科研试验成果，采取了以"保护多年冻土"为核心的工程措施。主要冻土工程关键技术如下。

1. 路基工程

（1）控制路基高度

铁路路基修筑后，会破坏地表土体并导致基底土层压缩，使地表层的水热交换平衡重新调整，导致冻土活动层的深度随之发生变化。当路基很低时，热阻降低，会导致天然上限下降，引起路基下沉，随着路基高度的增加，热阻不断增大，天然上限会上升，其中保持路基下多年冻土天然上限不变的最小填土高度称为路基的临界高度。当设计路基高度大于临界高度时，天然上限会上升，路基稳定性会较强；当设计路基高度小于临界高度时，天然上限会下降，路基易产生融沉病害。合理控制路堤填土高度是保护冻土最有效、最经济的方法，但当通过控制路基高度无法满足稳定性需求时，则需要增加补强措施，一般称之为主动保护措施。

（2）片石气冷路基

在高温、高含冰量多年冻土地区可用片石气冷路基，即在路基底部先填筑一层片石层，厚度 1~1.5 米，利用片石层的通风透气性形成自然对流环境，使寒冷季交替作用下每年地基吸入的冷量大于热量，从而起到降温作用（见图 4-2）。

青藏铁路多年冻土区片石气冷路基的长度累计为 117.69 公里。实践证

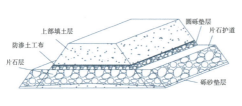

图 4 - 2　片石气冷路基结构示意图及工程实例

明，在多年冻土区采用片石气冷路基，路基基底地温降低效果明显，多年冻土得到了保护。不过从长期效果来看，单纯的片石气冷路基，前期工后沉降大，路基稳定期长，基底地温长期发展则会出现不均衡的现象。在实施中，应该结合综合治理措施，比如配套增加热棒措施、碎石护道、碎石护坡等。

（3）碎石护坡路基

碎石护坡路基就是在路基边坡上铺设一层碎石层，碎石层厚度 0.8 ~ 1.6 米，利用碎石层的通风透气性，将其作为冷却地基的一种有效的工程措施。青藏铁路多年冻土区碎石保温护坡路基的长度累计约为 149 公里。试验表明，碎石护坡可以明显降低路基和基底多年冻土地温，提高路基的稳定性。这种措施适用于高温、高含冰量多年冻土区。同时，可以大量应用于铁路运营期间的路基养护和病害治理（见图 4 - 3）。

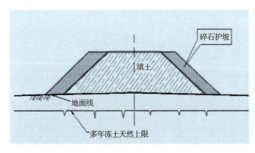

图 4 - 3　碎石护坡路基结构示意图及工程实例

（4）热棒路基

热棒就是一种密封的中空管，内部充满了工质（如：液态氨）。利用工质的汽液相变原理，将地层中的热量传送至大气中，从而降低多年冻土的地温，防止多年冻土的融化。青藏铁路多年冻土区热棒路基的长度累计为32.6公里。

运营实践证明，热棒路基可以明显降低路基和基底多年冻土地温，在热棒周围形成明显的"冻结柱"，提高路基的稳定性。这种措施适用于高温、高含冰量多年冻土区。同时，热棒措施可以大量应用于铁路运营期间的线路养护和各种病害治理（见图4-4）。

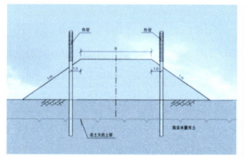

图4-4 热棒路基结构示意图及工程实例

（5）通风管路基

通风管路基是在路基本体中的一定高度横向布置一排通风管道，通过通风管的通风作用，扩大空气与路堤的接触面，利用青藏高原冻土区年平均气温低的特点，增加空气冷量向路堤及地基的传输，达到冷却地基的目的。通风管传入路堤及地基的冷量大于传入的热量，可增加多年冻土地基的冷储量，降低基底地温，抬升路堤下多年冻土上限，对保护多年冻土有良好的工程效果。通风管路基适用于多年冻土区新建的路基工程。在青藏铁路多年冻土区试验工程中采用了通风管措施的长约802米。鉴于施工工序问题、造价成本问题、材质老化问题等，最终该方法在青藏铁路正线施工中未予采纳（见图4-5）。

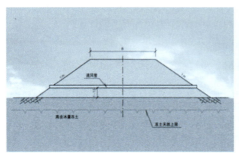

图4-5 通风管路基结构示意图及工程实例

（6）隔热保温材料

保温材料因其低热导性具有很好的隔热作用，通过在路基内铺设保温材料，可以阻止上部热量传入路基基底土层，从而起到保护多年冻土的作用。路基中铺设隔热保温材料，有利于减少地温波动、减轻周期性的冻胀变形，在冻土路基工程中合理应用能够起到保护冻土的作用，可以在路堑、低路堤等工程的综合处理措施中选用。

2. 桥涵工程

在年平均地温高、含冰量高的多年冻土区，或不良冻土现象发育地区，为保证工程的可靠性，一般不采用路基方式通过，宜采取桥梁方式通过（简称为"以桥代路"）。青藏铁路楚玛尔河高平原地区热融湖塘分布广泛，并兼有高含冰量冻土、高温冻土，地层以细颗粒土地层为主。青藏铁路在该段多处采用了以桥代路的工程措施，例如：清水河以桥代路特大桥长11.7公里，为全线最长的桥梁，有效减弱了大段落冻土不良地质问题对线路的影响。

多年冻土区桥梁的桩基础设计深度除应满足承载力要求外，还应考虑冷季冻胀作用产生的冻拔力的影响。青藏铁路的桩基础一般选用钻孔插入桩或灌注桩，并以钻孔灌注桩为主。桥梁结构优先选用了简支梁结构。台背填料满足了防冻胀的要求，并做好了路桥过渡段处理，防止桥后"跳车"。

冻土区的涵洞宜选择钢筋混凝土矩形涵等整体性好的结构类型（见图4-6）。

090

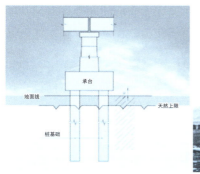

图4-6　桥梁桩基础设计示意图及工程实例

3. 隧道工程

多年冻土隧道开挖面暴露以后，冻土易发生热融失稳，造成围岩剥落、滑塌。为此，隧道支护应具有及时封闭、防水、减少热交换和为敷设隔热保护层及防水板提供圆顺基面的特点，并作为隧道结构的组成部分。隧道结构宜采用"初衬混凝土支护＋复合防水板＋隔热保温层＋防水保温层＋二衬"的形式。支护类型可选用模筑混凝土。青藏铁路多年冻土隧道共有2座，为昆仑山隧道和风火山隧道。冻土隧道衬砌设计必须考虑防冻胀作用，采用钢筋混凝土结构（参见图4-7）。

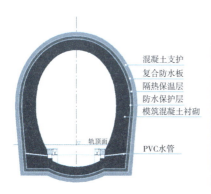

图4-7　冻土隧道结构设计示意图及工程实例

4. 房建工程

在人类活动作用下产生的热量，会改变原地表的水热平衡状态，致使房

屋基础下的冻土层发生融化而导致房屋出现破坏或变形问题。房屋地基的最大融化深度受很多因素的影响，如房屋功能、基础形式、多年冻土地温及含冰量等。为保证房屋稳定性，常采用类似路基主动保护措施的基础型式，如热棒基础、架空通风基础、通风管基础等，以提高地基基础的冷储量，达到保护多年冻土的目的（见图4-8）。

图4-8 通风房屋基础

五 高原环境保护与恢复技术

青藏铁路由北向南跨越青藏高原腹地，沿线经过山地荒漠、高寒草原、高寒草甸、沼泽湿地、高寒灌丛等不同地表植被生态系统，分布有大量的国家级自然保护区，如可可西里国家级自然保护区、三江源国家级自然保护区、色林错国家级自然保护区。自然保护区珍稀野生动物、植物种类多、数量大，具有独特的自然生态类型及景观分布，但在特殊的气候条件下对人为扰动的承载能力差，生态环境脆弱、敏感，一旦破坏很难恢复。通过优化线路，青藏铁路实际通过可可西里国家级自然保护区实验区边缘100公里，通过三江源国家级自然保护区实验区328公里，紧邻西藏色林错国家级自然保护区约31公里，不连续穿越湿地约65.49公里。工程建设解决了高原高寒植被及自然景观保护、珍稀野生动物栖息及迁徙（移）环境保护、自然保护区及江河源头区生态环境保护、高原冻土及高原湿地环境保护、江河源水质保护、水土流失等一系列重大环境问题。

1. 野生动物栖息、生存环境和迁徙条件的保护技术

青藏铁路穿越高原腹地，这里分布有藏羚、藏野驴、藏原羚等高原特有野生动物群。在铁路修建过程中工作人员对藏羚、藏野驴、藏原羚等野生动物的迁徙特性开展了系统研究，根据动物习性在铁路沿线创造性地结合工程措施设置的动物迁徙通道，实现了工程开发与自然生态环境保护的和谐发展。根据对沿线100公里野生动物通道的监测分析结果，设置野生通道使动物种群的正常迁徙和交流未受到影响，充分起到了对野生动物的保护作用（参见图4-9、图4-10、图4-11）。

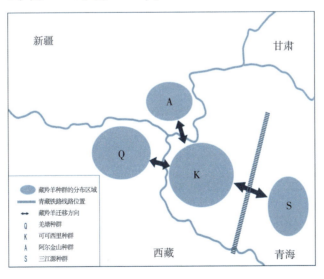

图4-9　青藏高原地区藏羚羊种群分布及迁徙情况示意图

图 4 - 10　可可西里通道通过的羊群

图 4 - 11　铁路路基下等待通过的羊群

2.高寒植被恢复技术

高原植被脆弱、敏感，受人为扰动时极易出现退化，进而影响整个生态系统。为减少对高原原始地貌的影响程度，在青藏铁路建设期间相关人员同时开展了高寒植被恢复研究工作和工程实践。通过研究土壤基质条件、植物种类适应性及耐受性，运用生态学理论并充分利用当地植被的自然演替规律，相关人员对取土场、路基边坡等开展了现场植被恢复试验，形成了以草种选择、土壤整治、植被管护等为主的青藏高原取土场、路基边坡等裸地植被恢复成套技术，全面有效地保护了沿线自然景观（参见图4-12、图4-13、图4-14）。

图4-12 安多播种50天试验场植被情况

3.车站低温缺氧污水集成处理技术

为有效保护铁路沿线的江河源水环境，工作人员对污水处理工艺技术和工艺进行了创新。第一，针对高寒缺氧条件下低温生活污水的深度处理要求，在研究新型电催化阳极和反应器中固体活性催化填料的基础上，首次自主研发了不受高原低温缺氧影响、对处理水质变化适应性较强、能使污水中低浓度污染物彻底分解，且不产生二次污染的催化电氧化技术，在较低能耗

图 4 – 13　草皮移植养护区

图 4 – 14　路基植被恢复效果

的情况下取得良好效果，解决了低温缺氧条件下污水深度处理的难题。第二，研究提出了膜生物反应器处理低温生活污水高处理效果的强化技术。在生物反应池中装填生物膜载体，结合应用活性污泥法与生物膜法，提高生化反应的生物量。膜生物反应器低温运行取得了满意、稳定的处理效果。第三，研究低温生活污水氨氮深度处理技术。研制出具有工程实用价值的折点加氯除氨氮装置，去除氨氮效果稳定可靠。经处理后的污水达到了生活饮用水水源水质标准，该成果也填补了我国高寒缺氧地区低温污水深度处理技术空白。

2007年5月，青藏铁路环保验收监测结果表明，那曲、当雄、羊八井、拉萨西、拉萨等站以及羊八井隧道出口、拉萨桥南、拉萨桥北等守护营地污水处理设施的排水均满足《污水综合排放标准》（GB8798－1996）一级标准要求。沱沱河站污水处理后的各项指标达到了《生活饮用水水源水质标准》（CJ3020－93）二级标准。

4. 高原环境下固体废弃物处置技术

青藏铁路的固体废物主要源于车站、机务段、车辆段和旅客列车，车站、机务段、车辆段的固体废物又分为工业固体废物和生活垃圾固体废物。针对青藏高原特定环境，通过对青藏铁路运营垃圾构成、数量、分布情况的预测分析，相关人员提出了源头减量、分类收集、终点下交、统一处理的车上垃圾处置方式，确定了高原车站垃圾收集转运、集中处置的管理原则和规范。并根据现场调查和试验数据，完成了青藏铁路固体废物控制技术规范的研究。对青藏铁路的垃圾管理与处置、提高铁路垃圾管理和处置水平具有重大社会意义。

经环保总局评定，青藏铁路沿线环保设计提出的自然生态环境保护措施和污染防治措施具有环境可行性，环保工作符合国家环保要求。铁路建设不以牺牲自然环境为代价，实现了人与自然的和谐相处。青藏铁路也是我国第一条实现环保设施与主体工程同时设计、同时施工、同时投产的环保型铁路。

六　高原卫生保障技术

青藏铁路沿线低气压、低氧分压环境易引起人体发生高原缺氧反应，严重者会发生高原肺水肿、脑水肿等高原病，抢救不及时极易造成死亡。建设工地地处鼠疫自然疫源地，通过旱獭传播的鼠疫毒性强，感染后发病重、传

染性强、病死率高。同时，高原严寒、干燥、强紫外线辐射的环境，以及安全饮用水的缺乏，都对人体健康有很大威胁。在青藏铁路建设领导小组的领导下，在卫生部、青藏两省区政府等部门的支持下，铁道部组织专业人员深入现场调查研究，认真学习国内外高原医学研究成果，总结以往青藏高原工程建设中劳动卫生和卫生保障的实践经验，确立了"以人为本、保障先行"的卫生保障工作方针。从科学决策、综合预防、医疗救治、鼠疫防控四个方面研究卫生保障工作。突出高原病、鼠疫病两大防治重点，着重解决低压低氧、鼠疫疫源、恶劣气候、饮水供应、生活保障、卫生资源匮乏六个主要问题，提出了卫生保障规划和工作目标。

1. 卫生保障决策与过程管理技术

根据青藏铁路沿线高寒低压缺氧自然环境、无人区医疗资源短缺的状况，管理部门结合国内外健康防护措施，按以人为本、预防为主的工作原则，将职业健康纳入工程建设目标体系，实行专家咨询、行政推动、现场实践相结合的科学决策机制。铁道部统筹规划全线卫生保障工作，组织制订了专门的规定和措施：《青藏铁路卫生保障若干规定》《青藏铁路卫生保障措施》，建立了制度化、规范化、程序化、系统化管理体系和高原铁路职业卫生标准体系；通过有效控制施工人群进驻高原、高原施工、高原病急救过程等三个环节，实现了高原卫生保障的全过程管理（见图4-15）。

2. 高原病综合预防技术

按照预防为主、重在预防的原则，相关人员科学运用综合防病技术，系统建立并科学运用职业健康方法，从高原劳动环境监测、职业性疾病监测、健康监护信息管理三个方面，形成了《高原作业环境健康监护技术》《青藏铁路职业健康监护技术》。研究掌握了高原低氧环境与人体劳动能力、体力劳动强度、高原发病率的相关关系，提出海拔1500米以上每升高1000米，劳动能力下降10%的研究成果。明确高原职业性危害的主要病种和危害因素，建立了职业性高原病危害因素的主要评价方法。建立了工前、工中、工后高原适应人群健康筛查指标体系，提出了生理生化指标、临床指标和心理

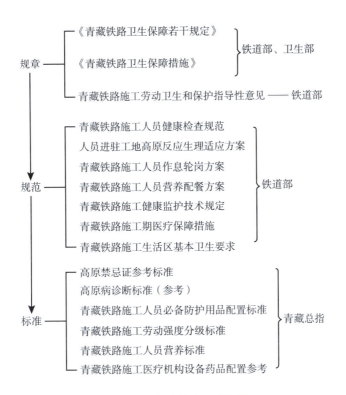

图 4 – 15　规章制度管理体系

指标相结合的高原铁路职业体检指标，制订了 12 项高原禁忌症、高原病的
早期诊断标准和工后恢复指征。揭示了制氧设备气源容量、制氧效率随海拔
高度变化的规律，创制了直接用于高海拔地区变压吸附制氧的气源容量曲线
和效率曲线，保证了建设人员的用氧需求。

3. 高原病早期治疗技术

急性高原病发病急、变化快、临床症状重、死亡率高，急性高原病患者
应在 1 小时之内得到初级医疗处理和基本药物治疗，不能控制的危重症病人
要转入设备技术完善的综合医院治疗，这是早期治疗策略。据此策略，相关
人员创建了布局合理、能级清晰的三级医疗卫生保障体系，工地设一级医疗
点，项目部人员集中区设二级工地医院，沿线及后方重点地区设三级基地医
院。二级以上医疗机构设高压氧舱并配置呼吸机、心电监护等医疗设备，实

行跨行业、跨系统、跨地区的综合管理系统，形成分工明确、功能完善、反应迅速的医疗救治机制，创建高原一流的医疗服务模式。实行施工现场就地初步诊治、早期高原病患者低海拔转送措施，采用以高压补氧、脱水为主的综合疗法，研究运用 180～200 千帕和 200～220 千帕氧压治疗，确定低流量氧气疗法的科学参数，研究应用一氧化氮治疗技术，抢救急性高原病有效率达100%（见图 4－16、图 4－17、图 4－18、图 4－19）。

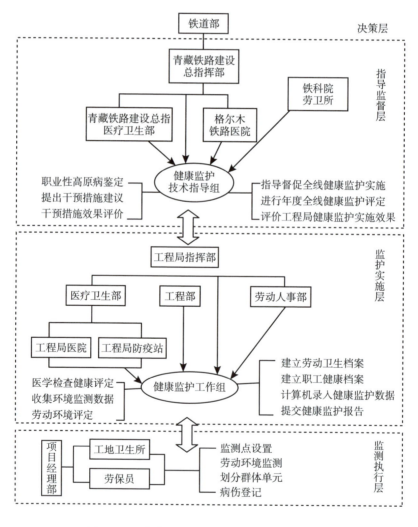

图 4－16　青藏铁路施工职业健康监护组织系统

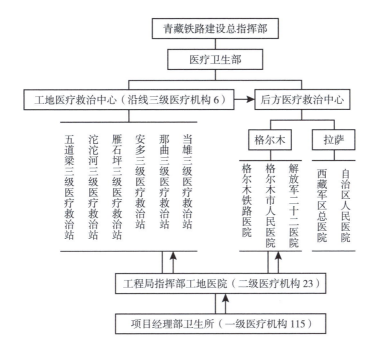

图4-17 青藏铁路建设三级医疗救治网络示意图

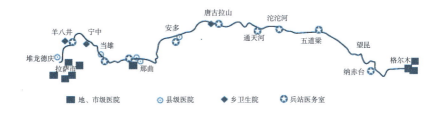

图4-18 铁路沿线可利用卫生资源分布情况

4. 鼠疫疫源地防控技术

调研掌握鼠疫疫源地疫病流行状况，创建鼠疫自然疫源地施工现场鼠防体系。实行路地联控措施，开展专业鼠疫疫情免疫学监测。工程指挥部选址避开疫情流行高发区，开展疫情监控和信息通报，有效推广鼠防技术。研究野外施工生活区防护技术，实行不捕捉、不剥食、不接触易染动物及其皮张的防控措施。在施工集中生活居住区，实施防鼠沟、

101

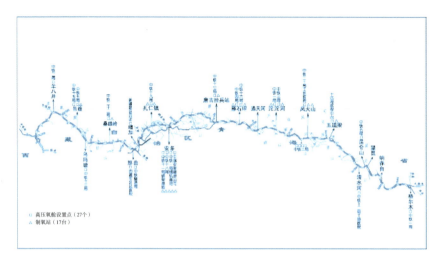

图 4 – 19　青藏铁路高压氧舱设置点与制氧站位置示意图

防鼠网、挡鼠板等防鼠措施，实行专业化防疫管理，开展保护性灭鼠措施，控制獭密度低于 1 洞/100 平方米。建立鼠疫疫源预防监测网络和紧急处置技术方案，进行沿线工区卫生检疫，形成全方位、立体鼠防系统。在施工沿线连年发生动物间鼠疫的情况下，避免了人间鼠疫发生（见图 4 – 20）。

图 4 – 20　灭鼠与灭獭

青藏铁路在建设期间，创造了"特高海拔、特大人群、长期作业高原零死亡的世界奇迹"。青藏铁路高海拔、特大群体工程建设卫生保障所取得的成果，丰富了世界高原医学研究的内容，提升了世界高原医学研究的水平，推动了世界高原医学的发展，为青藏铁路建设做出了重要贡献，达到了国际领先水平。

七　社会经济效益

1. 综合运输体系中发挥重要作用

青藏铁路通车前，综合交通体系不完善，旅客和货物进出西藏主要依靠公路和航空运输，受高原特殊气候和自然灾害影响全天候运输不能得到保障，导致运输能力小。交通条件成限制西藏与内地之间的人员广泛往来和大宗物资交流发展的瓶颈。2005 年，公路、民航和管道合计完成社会进出藏货运量 144.61 万吨，其中公路占 90.6%，管道占 8.3%，民航占 1.1%。青藏铁路建成通车后，为进出西藏提供了全天候、大能力、快速度的运输方式。2005～2014 年，全社会进出藏货运总量年均增长 18.1%。2014 年总量达到了 647.8 万吨，其中青藏铁路完成进出藏货运量 508.97 万吨，占比 78.6%，在货物运输中发挥了重要作用。

青藏铁路通车后，极大提高了西藏与内地陆路联系的便捷性，大幅压缩了旅客陆路进藏的旅行时间，减少了路途中转。目前，北京、上海、广州、成都、兰州等全国重点城市前往拉萨实现了列车直达，通过铁路运输带进带出大量客流，带动了客运量的快速增长。2005～2014 年，全社会进出藏客运总量年均增长 13.2%。2014 年全社会进出藏客运总量达到了 629.14 万人，其中青藏铁路完成进出藏客运量 216.6 万人，占全社会进出藏客运总量的 34.4%（见图 4 - 21）。

青藏铁路通车运营十年，诱增大量客货运输需求（见图 4 - 22、图 4 - 23），并与公路、航空等运输方式一并促进了自治区综合运输体系的快速构建，大大推进了地区交通总量迅速发展。青海省境内西宁至格尔木复线电气化改造工程完成，使铁路运输能力从客运 4 对、货运 370 万吨提高到客车 20 对、货运 5000 万吨。

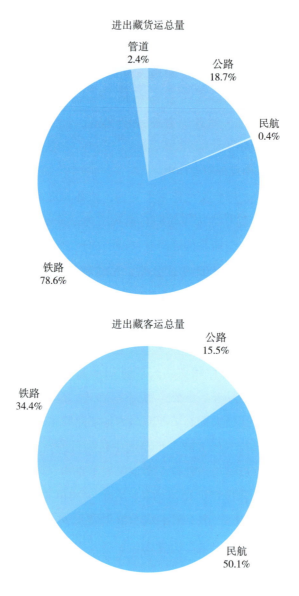

图 4–21　2014 年各种运输方式在进出藏运输中的比重

青藏铁路构筑了西藏铁路的主骨架，为加快西藏铁路发展创造了条件。2014 年 8 月全长 253 公里的拉萨至日喀则铁路建成通车，2014 年 12 月全长 436 公里的拉萨至林芝铁路开工建设。2030 年前，以青藏铁

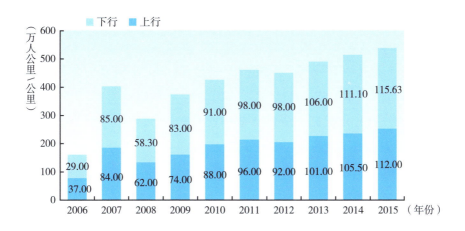

图4-22 青藏铁路各年实际完成客运密度

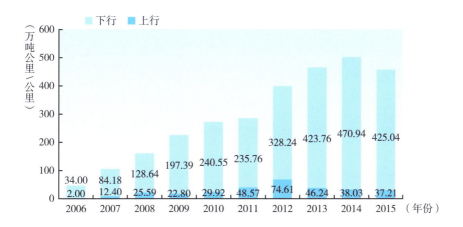

图4-23 青藏铁路各年实际完成货流密度

路为主骨架的西藏、青藏铁路网还将加快发展，进一步扩大铁路网覆盖面。

2. 对地区经济发展的促进作用

2005年，在青藏铁路建成以前，西藏自治区生产总值仅为248.80亿元，其中，第一产业增加值48.04亿元，第二产业增加值63.52亿元，第三产业增加值137.24亿元。2006年，青藏铁路建成运营以后，进出西藏物资

的运输成本大幅降低，提高了西藏产品的市场竞争力，对西藏自治区产业结构的优化和调整起到了极大的促进作用。2015 年，西藏实现生产总值 1026.39 亿元，其中第一产业增加值 96.89 亿元，第二产业增加值 376.19 亿元，第三产业增加值 553.31 亿元。青海省生产总值也实现了大幅增长，2015 年达到 2417.05 亿元，是 2005 年的近 4 倍。

青藏铁路提升了沿线地区吸引外商投资的能力。铁路建成以后，来藏投资外商逐年增加，2015 年，有 258 户外商企业来藏投资，投资总额达 13.98 亿美元。依托青藏铁路，西藏成为内地市场与南亚市场的重要中转地，使西藏由封闭的内陆省区逐步转变为与南亚经济交流的前沿。

青藏铁路的建成拓展了沿线旅游产业的快速发展，青藏铁路通车后赴藏游客大幅增加，旅游也迅速成长为西藏的主导产业。西藏自治区历年国民经济和社会发展统计公报结果显示，2005 年，西藏接待旅游总人数仅为 180 万人次，旅游收入 19 亿元，在西藏自治区生产总值中占比极少。2015 年西藏接待国内外游客达 2017.53 万人次，旅游总收入 281.92 亿元，占全区生产总值的 27.5%，已成为全区重要的经济收入来源（见图 4-24）。同时，拉萨作为西藏自治区旅游中心的地位得到了强化，2015 年接待游客总人数达到了 1179 万人，是 2005 年游客人数的 11 倍。拉萨旅游总收入 155 亿元，为 2005 年旅游总收入的 13 倍。

3. 对地区社会进步的促进作用

青藏铁路通车前沿线地区城镇化水平低，城镇经济基础较为薄弱，经济中心对周围地区的辐射效应不强，吸引范围小。青藏铁路通车，促进了沿线城镇化率的提高。西藏全区城镇化率从 2005 年 20.85% 提高到了 2015 年 27.74%。

青藏铁路运营为西藏地区居民提供了生存物资保障，带动了流动人口的增加。2014 年西藏全区人口比 2006 年通车前净增长 37.24 万人，增幅为 13.3%。青藏铁路提供铁路就业岗位，拓展了多个领域的就业，提升了沿线地区人民的生活水平。青藏铁路的通车运营为解决西藏自治区社会就业、贫困区改造起到了重要作用，2014 年，西藏自治区职工总人数较 2006 年增长

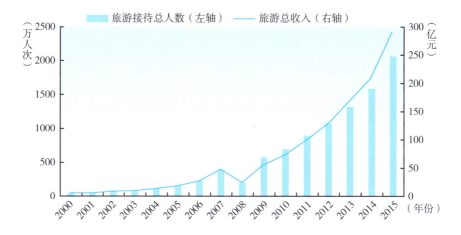

图 4 - 24　西藏旅游接待总人数与旅游总收入变动情况

数据来源：西藏自治区历年国民经济和社会发展统计公报。

了 70%。那曲地区 2006 年恩格尔系数为 63.3%，属极度贫困地区，2014 年恩格尔系数降到了 56.3%。拉萨市的恩格尔系数也从通车前的 44.4% 降到了 40.9%。

八　结语

　　青藏铁路征服了难以跨越的世界屋脊，成功解决了"多年冻土、高寒缺氧、生态脆弱"三大世界性工程难题，是人类铁路建设史上的一次伟大壮举。青藏铁路已成为国家铁路骨干网的重要组成部分，它构成了内地与西藏紧密联系的全天候运输大通道，大幅度降低了运输成本，惠及青、藏两省区 854 万人口，对促进青、藏两省区经济社会持续发展产生了深远影响，是中国实施西部大开发战略、造福高原人民的标志性工程。

　　十年多来的运营实践证明：青藏铁路修建技术达到同期国际领先水平，技术装备先进适用，工程措施安全可靠，铁路运输畅通无阻，社会经济效益十分显著，并且为西藏地区的社会政治稳定提供了坚强的运力保障，创造了

人与自然和谐相处的新景象。青藏铁路就像一件艺术品一样，充分体现了人与自然的和谐相处，是工程咨询业奉献给人类工程建设史的最伟大成就之一，是 21 世纪的建筑奇迹。

（作者：中铁第一勘察设计院集团有限公司——王争鸣、马继良、张波）

第2章
城轨篇：现代有轨电车

摘　要：　1879年德国工程师西门子首次在柏林工业博览会上尝试使用电力带动轨道车辆。此后，有轨电车飞速发展。1930~1960年，由于汽车产业高速发展及技术变革的冲击，有轨电车逐渐退出历史舞台。20世纪70年代至今，有轨电车迎来全面复兴。经过全面技术改造后，现代有轨电车性能全面提升。运量大、换乘方便、运行速度快、低噪音等优点使现代有轨电车在城市交通中扮演着重要的角色，对发展交通、缓解城市拥堵具有重要的意义。

关键词：　现代有轨电车　路权　低地板氢能源列车　超级电容

一　现代有轨电车概述

（一）现代有轨电车的概念

有轨电车是采用电力驱动并在固定轨道上运行的轻型轨道交通车辆，是一种新的路面公共交通工具，现代有轨电车是与现代化轨道交通新技术融为一体，通过低地板、编组化，在适当的运营控制系统下沿轨道运行，具有多种路权方式的安全、高效、便捷、绿色的中低运量城市轨道公共交通系统。

（二）现代有轨电车的分类

现代有轨电车主要可根据地板高度、制式和供电方式来划分种类。

1. 按地板高度分

现代有轨电车系统多采用低地板车辆，以满足人性化设计和适应有轨电车的发展趋势。现代有轨电车因受传动系统和电气设备布置的限制，低地板有轨电车又分为50%～70%低地板、100%低地板和超低地板有轨电车，划分依据主要为低地板部分的面积占客室面积之比。通常低地板部分的面积占客室面积之比等于1，则为100%低地板，小于1则为部分低地板。图5-1为70%低地板有轨电车基本结构图，图5-2为100%低地板有轨电车基本结构图。

图5-1　70%低地板有轨电车基本结构

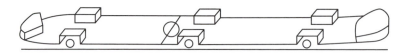

图5-2　100%低地板有轨电车基本结构

现国内低地板有轨电车的形式基本以70%和100%两种为主，两种低地板车辆各有优缺点，70%低地板现代有轨电车在国内长春、大连等城市已经有成熟的生产和运营经验，车辆的购置费为1200万～1700万元/编组，全生命周期维修保养费平均每年为60万～100万元/编组（因编组模块数量不同及车辆结构及性能不同，费用有所不同），国产化率高，可以达到90%以上，车辆价格相对较低。100%低地板有轨电车提高了车辆的舒适性和服务水平，且在国内100%低地板有轨电车也已成为新建线路选型的主流趋势。但由于国产化率相对较低，一般在70%左右，车辆的购置费为1600万～2200万元/编组，维修保养费每年为80万～120万元/编组，采购及运营维护价格相对较高。70%低地板及100%低地板现代有轨电车比较见表5-1。

表5-1　70%低地板及100%低地板现代有轨电车比较

系统	70%低地板现代有轨电车	100%低地板现代有轨电车
驱动特性	交流旋转电机	交流旋转电机
动力转向架	轮对转向架	轮对转向架或独立车轮转向架
非动力转向架	独立车轮转向架	轮对转向架或独立车轮转向架
设计速度	80公里/小时	80公里/小时
运营最高速度	70公里/小时	70公里/小时
最小曲线半径	25米	18米
爬坡能力	60‰	60‰
供电方式	接触网+储能装置	接触网+储能装置
编组	基础3模块，可扩编为5模块	基础3/4/5模块，可扩编为6~9模块
国内应用情况	沈阳	苏州、广州、珠海、南京等
最大载客量	300人左右	350人左右

2. 按走形制式分

根据走形制式的不同，现代有轨电车主要分为钢轮钢轨式和胶轮+导轨式两种制式。例如广州海珠有轨电车示范线为钢轮钢轨制式有轨电车（见图5-3），天津新交通试验线为胶轮+导轨式有轨电车（见图5-4）。钢轮钢轨制式有轨电车建设成本为1亿~1.8亿元每正线公里；胶轮+导轨式建设成本仅为0.7亿元左右每正线公里。

钢轮钢轨制式有轨电车与胶轮+导轨制式的技术特点比较具体见表5-2。

胶轮+导轨式有轨电车有着加速度大、爬坡能力强等优点，但也尚存一些缺点，例如橡胶轮胎较易磨损且产生的橡胶颗粒易污染环境，需要定期对路面进行维护保养等。

钢轮钢轨式有轨电车车辆在性能方面与之不相上下，但车体较宽较长，载客量增加。同时钢轮钢轨系统历经一百多年发展，工艺已经非常成熟，性能相对可靠，维护保养也相对较易。因此，国内绝大多数城市都选择钢轮钢轨制式。

轨道交通蓝皮书

图 5 - 3　钢轮钢轨式有轨电车

图 5 - 4　胶轮 + 导轨式有轨电车

表 5 - 2　钢轮钢轨制式有轨电车与胶轮 + 导轨制式的技术特点比较

车辆参数 ＼ 车辆制式	导轨电车	钢轮钢轨有轨电车
制式原理	胶轮承载 + 单轨导向	钢轨(双轨)导向及承载
最大加速度(米/秒²)	≥1.3	≥1.0
紧急减速度(米/秒²)	≥5	≥2.5
40 公里/小时运行,车内噪声(分贝)	≤69	≤71
40 公里/小时运行,车外7.5 米噪声(分贝)	≤74	≤78
最小转弯半径(米)	10.5	18
最大坡度(%)	10	6
设计速度(公里/小时)	80	80
供电方式选择(种)	多种	多种
运营速度(公里/小时)	15 ~ 25	20 ~ 35
地板形式	100% 低地板	50% ~100% 低地板
车辆宽度(米)	2.2 ~2.4	2.3 ~ 2.65
车辆长度(米)	25 ~ 38	22 ~ 45

3. 按供电制式分

按照供电制式分，主要分为接触网供电、地面供电和储能式供电，而地面供电又分为阿尔斯通 APS 系统、庞巴迪 PRIMOVE 系统、安萨尔多 TramWave，储能式供电又分为蓄电池、超级电容以及氢燃料电池（见图 5 - 5）。

（1）阿尔斯通 APS 系统：APS 系统原理是第三轨（分为供电段和绝缘段）接触式供电，即当有轨电车通过中央轨供电分段时，中央轨才带电并通过安装在车底两个转向架的集电靴获得供电。而电车上安装有蓄电装置，通过绝缘段时电车则靠蓄电装置供电行驶至下一个供电分段。地面供电由于不能适应雨雪等自然环境，对运营存在很大影响（见图 5 - 6）。

（2）庞巴迪 PRIMOVE 系统：PRIMOVE 系统在车辆处于运行或静止状态时均可充电。该技术基于非接触感应电能传输，加上该公司的 MITRAC 节能系统，使电车能存储在操作过程中获得的能量并进行制动。供电设备在车底和轨道下隐形，使其能适应任何天气，不受地面条件的影响（见图 5 - 7）。

（3）安萨尔多 TramWave：是由安萨尔多公司研制的一种地面供电系统，主要是通过正处于该区段的、处于运动状态的车辆激活设置在地面的内部供

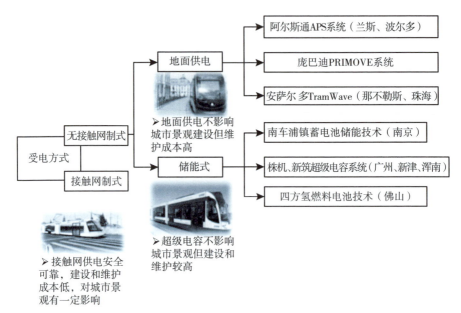

图 5 – 5　按供电制式分类

图 5 – 6　波尔多 APS 供电有轨电车

图 5 - 7　庞巴迪 PRIMOVE 系统

电模块来传输电流，达到供电的目的。此种供电方式除与车辆对应的区段带电外，其余区段均不带电，在工程施工有保障的前提下，属于较安全的供电方式（见图 5 - 8）。

图 5 - 8　珠海 TramWave 供电有轨电车

（4）蓄电池供电方式：通常是结合接触网供电的形式使用，当线路途经点无法架设架空线时，可采用蓄电池短距离供电以通过该区段，再通过接触网供电为蓄电池充电。虽然蓄电池在不满足架设架空线时是一种可靠的解决供电办法，但也存在一定的问题，例如充电时间过长等（见图 5 – 9）。

图 5 – 9　南京河西蓄电池供电有轨电车

（5）超级电容供电方式：是指以电车超级电容作为电源系统供电，以满足电车在无触网路段的运行，超级电容最大的优点是快充快放，随着超级电容能量技术的提升，超级电容已经逐步在有轨电车上使用（见图 5 – 10）。

（6）氢燃料电池供电：车载储氢瓶采用碳纤维材料，最高可承受相当于 1000 公斤的高气压，其智能检测系统还可对氢燃料电池系统进行两级保护。此外，氢燃料电池在整个反应过程中最高温不超过 100℃，不会产生氮氧化合物，唯一的产物是水，既安全又环保，作为有轨电车的储能装置，一次性充氢 15 分钟，即可连续运行 100 公里（见图 5 – 11）。

综合来看，多种供电制式各有优缺点，综观国内有轨电车线路及车辆，在安全性和可靠性的基础上，多以接触网供电形式为主，由于接触网影响整

图 5 – 10　广州超级电容供电有轨电车

图 5 – 11　青岛四方蓄电池有轨电车系统

体城市景观，国内有轨电车线路规划时也都在研究取消接触网的方案，而无论是蓄电池、超级电容还是氢燃料电池，现阶段均有明显的安全隐患，在能够充分保证安全的基础上，随着技术的进步，有轨电车必然会向着车载储能供电的方向发展。

（三）有轨电车的优势分析

据不完全统计，目前国内已有超过 93 个城市在规划或修建有轨电车，现代有轨电车正处于复兴、大发展时期。之所以出现目前这种欣欣向荣的状态，主要归功于现代有轨电车具有节能、环保、运能较大、造价较低、适应性较强等诸多特点。

1. 能源消耗低。将现代有轨电车与汽车、公交车、地铁三种交通方式的耗油量做比较。由表 5-3 可知，有轨电车折算出的耗油量仅为 0.34 升，为四种交通方式中最节能的一种。

表 5-3　能耗对比

人均百公里能耗（汽油）	不同交通方式			
	汽车	公交车	有轨电车	地铁
	3.74 升	0.54 升	0.34 升	0.5 升

2. 无尾气污染。近几年来，雾霾几乎成了北京、成都等城市最主要、最迫切需要解决的环境问题，汽车尾气无疑是造成城市雾霾天气的因素之一。除了采用电力或其他新能源的交通方式之外，现行的小汽车、公交车会排出大量有害废气，导致全球变暖、空气污染。现代有轨电车采用电力牵引，无尾气排放，绿色环保。

3. 节省工程投资。节省工程投资主要是相对于地铁和轻轨系统来说的。有轨电车线路主要敷设在路面上，只有特殊环境条件下可能存在高架或地下线路；绝大多数线路修建在既有的道路上，需要改迁的市政管线量小，工程量和施工难度都相对较小。而地铁系统几乎全部为地下线路、地下车站，轻轨则几乎全部为高架线路，不仅施工难度大，还可能存在大量的拆迁和赔偿。

4. 建设周期短。现代有轨电车线路敷设于路面，车站设备设施简单，工程量和施工难度较小，建设周期一般为地铁的 1/3～1/2，一条长 10～20 公里的有轨电车项目一般只需 1～1.5 年的建设周期。

5. 运营费用低。多数有轨电车公司在运营时选择的售检票方式为投币刷卡（统一票价或分段计费），因此所需为乘客服务的工作人员较少，人工成本较低；现代有轨电车能耗低，广州海珠有轨电车平均每车公里综合能耗7.3 度，而地铁每公里耗电在 11 度左右；有轨电车车站简单，设备设施少，设备设施维护维修难度小，维修费用低。

6. 舒适、方便。现代有轨电车运行在专用的轨道上，虽然在部分路段可能与其他路面交通工具存在交叉点，但不会存在骤停、突起和急速转弯的情况；车窗宽大，视觉效果好；现代有轨电车采用低地板车辆，地板与站台高度平齐，乘客上下车方便、安全，同时也方便了使用残疾轮椅、携带行李箱的乘客。

7. 较好地适应地形。现代有轨电车采用小半径、大坡度的技术标准——最小转弯半径为 18 米，最大坡度为 6%，能够很好地适应城市各种地形。

（四）有轨电车在城市交通系统中的地位和作用

现代社会，随着出行方式的多样化（见图 5 – 12），在已经建成城市轨道交通系统的城市中，人们更愿意选择轨道交通，因为其运量大、速度快、具有较高的可靠性和准时性，许多大城市均已建成轨道交通网络，居民更愿意乘坐轨道交通车辆出行，轨道交通在城市交通运输系统中的作用日益突出。在不同的轨道交通系统中，目前又以地铁、轻轨（含单轨）和有轨电车为主要类型。

我国城轨交通已进入平稳增长期，"十二五"末期地铁和轻轨占比降低至 80%，有轨电车占比攀升至 5%。如图 5 – 13 所示，据中国城市轨道交通协会统计，截至 2016 年末，全国城轨运营里程达 4152.8 公里，其中地铁为3168.7 公里，占比 76.3%；轻轨为 232 公里，占比 5.6%；单轨 99.7 公里，占比 2.4%；有轨电车 187 公里，占比 4.5%；磁浮交通为 49 公里，占比1.2%；市域快轨为 411 公里，占比 9.9%；APM 为 4 公里，占比 0.1%。

从图 5 – 13 不难看出，大运量的城轨车辆地铁、轻轨和市域快轨仍然是主流，而在中低运量车辆中有轨电车异军突起。现代有轨电车从 2010 年始

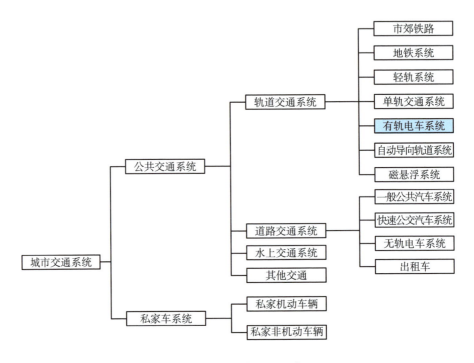

图 5 - 12　城市交通系统

建 46 公里到 2016 年的 187 公里，所占比例也上升至 4.5%。"十三五"期间，在政策扶持和审批流程简化的条件下，有轨电车必将继续保持快速增长、良性发展的势头，在城轨系统中占据更加重要的地位。

有轨电车发展到现在，已经成为当今世界最先进的城市交通系统之一。在交通越来越便捷的时代，现代有轨电车的地位和作用也日益突出，它是位于常规公交和轻轨之间的中低运量的轨道交通系统，既可作为中小城市或者新兴卫星城的骨干交通方式，承担大量的公共交通客流，缓解中小城市的交通压力；又可在旅游城市充当特色公交线路，提供便利的交通服务，提升城市的整体形象；同时它又可作为大城市的地铁系统在城市特殊地区的延伸和加密，形成覆盖全城的轨道交通网络；更难能可贵的是，有轨电车的碳排放和能耗都很低，对于保护和改善地区环境质量以及建设低碳城市具有重要意义。

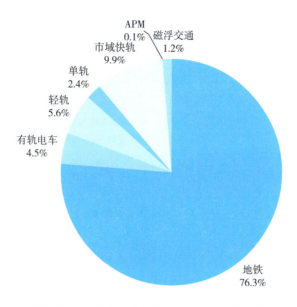

图 5 – 13　2016 年末全国城轨运营里程分类统计

二　有轨电车发展历程与技术演变

（一）有轨电车的发展历程

有轨电车自 19 世纪末发展至今，经历了蓬勃兴起、广泛应用、停滞废弃和重新快速发展 4 个阶段。（见表 5 – 4）

表 5 – 4　有轨电车发展历程

	四个阶段	发展	历史事件
1	有轨电车的兴起	最初的有轨电车是在轨道上运营的马车开始的	1807 年在英国出现了世界上第一条用马车牵引的客运轨道公交车。1881 年，维尔纳·冯·西门子发明了世界上第一台电力牵引的有轨电车。柏林市附近的西特菲尔建设的有轨电车线路开通运营，标志着有轨电车作为客运交通工具投入使用

续表

四个阶段	发展	历史事件
2 有轨电车发展高峰期	20世纪20～30年代,全世界掀起有轨电车高速发展建设黄金时代	1895年,美国有轨电车运营线路达到12100公里。1930年,法国共有70个城市开通了3400公里的运营线路。1920年,英国有轨电车线路总长达到5000公里,有轨电车车辆数量达到1.44万辆
3 有轨电车的衰落	第二次世界大战后,汽车工业的迅猛发展,对有轨电车行业造成重大冲击	1952年,美国停止了所有的有轨电车生产,而欧洲则继续生产改进的PCC有轨电车。至1960年,美国有轨电车系统基本被公共汽车取代,仅保留了12个城市的有轨电车系统
4 有轨电车的复兴	有轨电车系统获得了全面的提升	使用现代化、大容量的铰接式车辆,修建分离的有轨电车线路,使用特殊信号控制,修建地铁、公共汽车的换乘枢纽等。提升后的有轨电车在速度、可靠性、舒适性和安全性的各个方面都更加类似于快速轨道交通,而不是传统意义上的有轨电车,因此赋予了这种系统新的名词——现代有轨电车,并开始在欧美洲诸国和许多发展中国家中得到广泛应用

（二）国内外有轨电车发展现状

当前世界上很多城市都已开始改建或扩建现代有轨电车线路。现代有轨电车作为一种新兴的城市轨道交通形式,在完成从传统型到现代化的转变后,在世界范围内普遍推广。

1.国外有轨电车运营发展现状

欧洲作为有轨电车的诞生地,城市历史悠久、人口密集,有着发展有轨电车的良好条件。目前欧洲各国的大中城市中,有轨电车的运营里程数已经超过9000公里。在欧洲现代有轨电车线路定位如下。

（1）作为大中城市公共交通的骨干网络。

在欧洲一些50万～200万人口的大中城市,现代有轨电车在城市公共交通系统里占据着举足轻重的位置。例如克罗地亚的首都萨格勒布,人口约为77万人,总面积约为1291平方千米,目前拥有15条日线和4条夜线有轨电车，全网络长 142 公里，日客流量可达 56 万人次。其线路车站的典型特点是一个站点普遍有 3 条及以上线路停靠（见图 5-14）。

图 5-14　萨格勒布有轨电车

（2）在大城市与地铁、公共汽车相互补充。

在欧洲人口基数大的大型城市中，地铁、有轨电车、公共汽车形成有层次的立体公共交通网络，大型城市现已基本采用地铁、轻轨等形式构建城市公共交通的主体骨架形式，利用有轨电车和公共汽车来弥补"最后一公里出行"问题。例如荷兰的鹿特丹，RET 公司负责主要公共交通服务，运营着 5 条地铁线、11 条有轨电车线和 35 条公共汽车线路，日发送旅客超过 60 万人。

德国首都柏林，居民汽车保有量（358 辆/1000 人）远低于德国平均水平（570 辆/1000 人），原因即在于其庞大的公共交通系统，德国公交系统主要包括 U-Bahn（地上铁）、S-Bahn（地下铁）、Tram（有轨电车）、Bus（公共汽车），其主要运营者为 DB 和 BVG 两家公司，柏林的有轨电车系统有 22 条线路、

173 个站点，总运营里程 147 公里，高峰时期柏林的有轨电车数量达到 1000 辆，随后低地板大运量的新型有轨电车开始引入，现保有 600 辆左右（见图 5 – 15）。

图 5 – 15　德国柏林有轨电车

（3）作为中小城市的快速联络线。

欧洲一些中小城市 21 世纪初开始建设有轨电车线路。例如法国的蒙彼利埃，城区人口约只有 25 万人，总面积为 57 平方千米，于 2000 年建成第一条有轨电车 L1 线，之后又逐步建成通车了 L2、L3、L4 有轨电车线路。

2. 国内有轨电车的运营发展

有轨电车在国外得到广泛应用，但在国内的应用尚属于起步阶段。截至 2017 年 3 月，我国 10 个城市共有 17 条有轨电车线路投入运营，其中沈阳、大连、长春等地是全国最早运营有轨电车的城市。我国有轨电车发展情况如表 5 – 5 所示。

表 5 - 5　我国有轨电车发展情况

序号	城市	线路数量	运营里程（公里）	车辆类型	供电方式
1	沈阳	浑南新区现代有轨电车 1 号线	12.2	70% 和 100% 低地板车辆	架空接触网供电
		浑南新区现代有轨电车 2 号线	14.8		
		浑南新区现代有轨电车 5 号线	21.1		
		浑南新区现代有轨电车 3 号线	7.9		
2	大连	202 路有轨电车	12.6	日式 3000 型的单节车与 70% 低地板车辆	架空接触网供电
		201 路有轨电车	10.6		
3	长春	54 路有轨电车	7.46	70% 低地板钢轮钢轨式车辆	架空接触网供电
		55 路有轨电车	5.1		
4	天津	开发区现代导轨电车 1 号线	8	法国劳尔 100% 低地板胶轮 + 导轨式车辆	架空接触网供电与电池包供电
5	上海	张江有轨电车项目 1 期	9	法国劳尔 100% 低地板胶轮 + 导轨式车辆	架空接触网供电
6	南京	河西有轨电车 1 号线	8	南车浦镇 100% 低地板钢轮钢轨式车辆	车载蓄电池供电
7	广州	广州新型有轨电车海珠试验段	7.7	南车株机 100% 低地板钢轮钢轨式车辆	车载超级电容供电
8	淮安	淮安有轨电车 1 号线	20	100% 低地板钢轮钢轨式车辆	车载超级电容供电
9	苏州	高新区有轨电车 1 号线	17.7	南车浦镇 100% 低地板钢轮钢轨式车辆	架空接触网供电
10	青岛城阳区	城阳区现代有轨电车	9	南车四方 100% 低地板式车辆	车载储能装置供电
11	武汉	武汉车都 T1 线	16.86	中车长客造 100% 低地板车辆	接触网 + 超级电容
12	珠海	珠海有轨电车 1 号线	8.8	大连机车厂 100% 低地板车辆	TramWave 地面供电系统
13	深圳	深圳龙华新区现代有轨电车	8.59	中车株洲电力机车有限公司	超级电容供电
合计	13 座	18 条线路	205.41		

（1）我国首个现代有轨电车网络。

2013年8月6号，我国首个现代有轨电车网络沈阳浑南现代有轨电车网开始投入运营。线网由4条线路组成，主要连接城区、机场、车站等地区，全长约为60公里。车辆采用中车长客股份研制的70%和100%低地板现代有轨电车，并且利用"无承力索柔性牵引网+超级电容"技术。现代有轨电车线路尽可能采用独立路权，轨道线路敷设在草坪带上，以草坪绿化带与其他交通隔离（见图5-16、图5-17）。

图5-16 浑南70%低地板3模块有轨电车

（2）世界首列超级电容100%低地板有轨电车。

广州海珠有轨电车示范线采用的纯超级电容100%低地板有轨电车在世界上属首创（见图5-18）。车辆运行全靠车载超级电容技术，到站充电，站间不设充电桩，一次充电30秒后能在AW3工况下行驶4公里，具有节约架空接触网、符合城市美观等优势。在建的武汉东湖高新区有轨电车采用的48度电的超级电容可以满足隔站充电需求，48度电的超级电容是目前全球投入有轨电车车辆的最大储电量。2015年3月19日，世界首列氢能源有轨电车在青岛四方机车车辆股份有限公司下线（见图5-19）。

图5-17 沈阳浑南100%低地板5模块有轨电车

图5-18 广州100%低地板4模块有轨电车

（3）我国现代有轨电车市场规模。

现代有轨电车在控制、车辆技术、牵引供电、通信信号等方面都有了大

图 5 - 19　世界首列氢能源有轨电车

的质变。其运量大、舒适安全、快速便捷、节能降噪、环保零污染、造价低的特点日益彰显。现代有轨电车在国内外都受到推崇。

自 2012 年之后，我国建设和规划了庞大的现代有轨电车市场。最新市场调研统计发现，目前我国有近百座城市提出了建设有轨电车的意见和规划，超过 40 座城市已经开始行动，形成了巨大的市场需求。城市轨道交通继地铁、轻轨之后，又掀起新一轮的发展热潮。根据不完全统计，2020 年我国有轨电车规划超过 2600 公里，工程总投资超过 3000 亿元，车辆市场需求达 600 亿元。

（三）有轨电车的技术演变

近几年来，现代有轨电车因具有高效、灵活、节能、环保、乘坐安全舒适、运量大等特点而受到青睐。国外很多城市掀起了复兴有轨电车的热潮。现代有轨电车是在传统有轨电车的基础上改进和发展起来的新式交通方式。老式（传统）有轨电车和现代有轨电车的技术特征主要有以下几个方面。

1. 传统有轨电车仅采用钢轮钢轨，现代有轨电车不仅如此，也引入了橡胶轮与导向轨技术，增加了胶轮导轨的制式。

2. 低地板程度：传统的有轨电车与公交车相似，采用高地板和台阶方式，这种形式不利于残疾人，影响乘客的上下车速度。现代有轨电车可采用独立旋转车轮转向架，合理布置车内坡度，达到100%低地板效果，极大便利了乘客上下车。

3. 车辆运行振动和噪声：现代有轨电车运行振动和噪声均较低，其主要原因是采取新的制造工艺和新的技术，例如使用弹性车轮和隔音材料。目前成都市新筑路桥机械股份有限公司研发出嵌入式连续支持无砟轨道系统，该系统可实现连续支撑，非连续锁固，可有效降低噪声3~5分贝。

4. 车辆外观和内饰：现代有轨电车外观和内饰相较于传统有很大改变，可结合线路性质、周围环境、营销需要进行专门设计。现代有轨电车配以一体化接触网、支柱、照明和草坪设计，与线路周边环境融为一体，形成一道亮丽风景线。

5. 牵引动能：现代有轨电车电力传动系统多采用VVVF牵引控制技术。

6. 制动系统：有轨电车制动一般分为机械制动及电制动，为增加舒适稳定性，在低速制动时增加了液压制动。

7. 运载能力：模块化设计的现代有轨电车连挂更加灵活，可根据实际客流量需要增减车辆模块。

8. 行驶速度：传统有轨电车速度较低，实际运行速度在15公里/小时左右。现代有轨电车运行最高速度可达70公里/小时，设计速度可达80公里/小时，在市区旅行速度不低于20公里/小时，在郊区旅行速度可达30公里/小时以上。

9. 供电方式：传统有轨电车采用传统架空线供电，现代有轨电车除了接触网供电外还有多种供电方式。在部分空间限制区域或景观区域，可采用超级电容或蓄电池供电，除此之外，还发展了电磁感应、氢燃料电池等多种供电方式。

传统的有轨电车与现代有轨电车存在比较明显的差距，例如行驶速度、供电方式、车辆性能等。虽然70%低地板现代有轨电车在国内技术已经成熟，但国内认可程度较低，100%低地板有轨电车虽然在国内处于使用初期，但其发展潜力巨大。我国本土企业，如中车大连、中车长客、中车唐车、中

车四方、中车浦镇、中车株机、新筑股份、湘电集团、中辆科技等也在积极推进现代有轨电车国产化进程，并已经取得卓越的成果。

（四）有轨电车的发展瓶颈

现代有轨电车属于经济型城市轨道交通，建设投资小、建设周期短、能源消耗少、运输效率高、易被批复。现代有轨电车采用司机可视驾驶方式，操作简便，极少发生交通事故。但是现代有轨电车的特殊性也限制了其发展。现代有轨电车主要有以下几个发展瓶颈。

1.平交道口安全风险

部分有轨电车需在城市街道中铺设轨道，平交道口处，会占用道路资源，同时有轨电车必须按照规定路线运行，机动性差，车辆速度与汽车相比较慢，在混合路权的情况下，通过平交道口时，可能会造成交通堵塞，严重时可能会出现交通事故（见图5-20、图5-21）。

图5-20　2010年德国爱尔福特有轨电车事故

2.技术选择多样化

目前国内有轨电车制造厂家多达10家，并且每个车辆制造商设计的车

图5-21 2014年苏州高新区有轨电车与大货车事故

辆都有自身优点，供电也有多种方式可以选择，如架空接触网供电、地面供电、氢能源供电、超级电容供电、蓄电池供电等。在路权权限上也有专用路权和混合路权的方式。但是因为技术选择的多样化，国内暂未出台统一标准，也给目前有轨电车的发展带来不利的因素。

3. **收益困难**

现代有轨电车运营成本较高，包括牵引电力费用、车站动力及照明能耗费用、车辆修理费用、固定设备维修费用、人员工资福利、综合管理费用和其他费用等。仅靠有轨电车票价收益无法达到收支平衡。如上海张江年运营成本3041万元，而票务加上其他收入总共1000多万元，年亏损2000多万元。目前，全国新建现代有轨电车运营线路均在持续亏损。

4. **国家政策尚不明确**

目前国内颁布了相关城市轨道交通国家标准，但是大部分是针对地铁、轻轨的，有轨电车行业目前只发布了《低地板有轨电车车辆通用技术条件》。目前国内有轨电车行业也在积极制订相关标准。这需要国家层面统一

政策、标准规范来指导行业发展，建立自上而下、先总体后部分、先亟须后完善的标准体系。

三　中国有轨电车应用现状与市场预测

（一）有轨电车的应用模式及现状

与其他交通制式相比，现代有轨电车以其高效灵活、节能环保、造价运营成本低等特点被广泛应用于各种规模的城市，并取得了良好的交通应用效果。表5-6列举了几种公共交通的特点对比。

现代有轨电车作为城市公共交通的一种，根据其与城市交通的关系可主要分为骨干型、辅助补充型和旅游特色型，但在实际中还需根据其与城市常规公交、大运量轨道交通、机动车、自行车等运输系统之间的关系，兼顾近期需求和远期发展具体细分，不能笼统地将其作为城市轨道交通的补充和延伸。由于城市规模、城市发展布局，客流特征、有轨电车线网层次以及现代有轨电车的技术经济特征的影响，其不同运用模式在不同城市各有特点，表5-7为几种典型的应用模式及其特点。

1. 城市骨干型

现代有轨电车系统可以很好地作为城市公共交通的骨干，应用于人口在50万~150万人的中等规模城市，也可以形成网络，由常规公交车提供补充。大城市周边、卫星城或规模与中小城市相当的工业开发区，大运量轨道交通线路的客流覆盖不强，且在郊区新城，客流量适中、可利用道路资源多、便于规划建设，在这些区域有轨电车的运用前景较好。在这些地区现代有轨电车可作为城市公共交通骨干，同时引导城市的发展，促进地区经济，加强卫星城与主城区的联系。

2. 辅助补充型

在特大城市可利用有轨电车中低运量的特点，使其协同地铁和常规公交共同构成多层次的城市综合公共交通体系。在人口密度高的核心区，出行需求大、

表5-6　公共交通特点对比

内容	现代有轨电车	地铁	轻轨	BRT	传统公共汽车
工程造价	0.7亿~1.8亿元/公里	5亿~15亿元/公里	2.5亿~4亿元/公里	0.4亿~1.0亿元	0.2亿元
载客量	300~350人/列(5模块)	1800~2500人/列(6编组)	750~1024人/列(6编组)	100~160人/组(单铰接)	60~80人/辆
运能	合理运能:0.6万~1.2万人次/小时,3~7个模块(22~60米)	合理运能:大于3万人次/小时,4~8个模块,容易实现大运能	合理运能:大于1万人次/小时,3~6个模块,容易实现大运能	合理运能:0.2万~1.2万人次/小时,车辆长度12~28米,大运能要求密集的发车间隔	合理运能:0.1万~0.3万人次/小时,车辆长度10~18米
道路资源及平均运营速度	使用地面交通资源,平均运营速度25~35公里/小时	大部分为地下,不用占道路资源。平均运营速度35~45公里/小时	使用地面交通资源,为专有路权。平均运营速度25~40公里/小时	高架或隔离道路为主,为专有路权,20~35公里专有路权/小时	使用地面交通资源10~20公里/小时
环境	能耗约0.07千瓦时/座席乘客,低废气排放,最大噪声约78分贝,较汽车低5~10分贝	地铁车辆系统能耗略高于现代有轨电车,但地下照明等,站、配套系统能耗巨大,低废气排放,噪声约80分贝	轻轨车辆系统能耗与现代有轨电车相当,但高架系统能耗较低,站相关系统能耗较大;低废气排放,噪声约79分贝,高架部分约75分贝	能耗0.28千瓦时/座席乘客,CO_2排放约15克乘客·千米,噪声约75分贝	能耗大于0.28千瓦时/座席乘客,CO_2排放约15克乘客·千米,噪声约75分贝
形象	突出的交通形象,模块化设计,与周边环境协调性好,成为城市风景线	线路多为地下敷设,基本无城市景观影响	线路多采用高架形式,对城市景观有影响	较好的交通形象,与道路协调较好,与城市景观的协调灵活性稍差	传统的城市公共交通形象,与城市景观的协调灵活性差
沿线物业开发	能够较好地带动沿线物业开发和升值	能够较好地带动沿线物业开发和升值	能够较好地带动沿线物业开发和升值	能够带动城市的发展,但效益受形象、运营车速等因素影响,引导作用稍弱	能够一定程度上带动城市的发展,但受形象、运营车速等因素影响,引导作用弱
使用寿命	使用年限30~50年;设计年限30年	使用年限30~50年;设计年限30年	使用年限30~50年;设计年限30年	使用年限6~8年;设计年限8年(电动车)	使用年限6~8年;设计年限15年(燃油车)
无障碍通行	容易实现	容易实现	容易实现	不易实现	难以实现
建设周期	1~1.5年	4~5年	3~4年	2年	1~2年

表5-7 现代有轨电车应用模式分类及特点

	应用模式	模式特点	应用城市
大城市	快速轨道交通线网延长补充型	一般不独立成网,线路分布在快速轨道交通线网服务盲区,在大运量轨道交通端部向城市外围延伸,线网呈放射状与大运量城市轨道交通系统协调配合,形成分工合理的多层次综合交通系统	上海张江有轨电车苏州高新有轨电车1号线天津洞庭路有轨电车
	独立成网型	在市内形成较大规模网络,并向市郊延伸,承担城市主要交通流	沈阳浑南新区现代有轨电车
	组团间联络型	作为城市外围组团间的快速公共交通,连接外围组团与主城区,在各卫星城之间、重要客流枢纽站场与新老城区间形成骨干线网,加强外围组团之间,新老城区之间的联系。在城市外围形成圆弧形或环形线路	天津滨海新区泰达有轨电车新津现代有轨电车R1线
中小城市	公共交通骨干型	在城市形成较大规模的线网,承担城市大部分公共交通出行量	淮安现代有轨电车
	交通主骨架型	线路在需求最大的几条客流走廊上布设,作为城市交通大动脉	宜宾现代有轨电车
特殊区域	旅游客运专线型	线路连接城市交通枢纽和各大景区,为景区快速集散客流,或布设于旅游区内作为各个景区间的快速通道,为游客提供良好的出行体验	北京现代有轨电车西郊线武夷新区旅游观光线广州海珠区有轨电车都江堰M-TR旅游客运专线

土地开发强度大、道路资源紧缺,可将轻轨地铁作为城市快速轨道交通的骨干网络,有轨电车作为大运量轨道交通的补充,辅以低运量的常规公交线网。三级交通网络相互依存,以清晰的定位、合理的分工共同构成城市综合的公共交通系统。有轨电车作为轻轨或地铁的补充,可在大运量轨道交通的端部形成外延,一方面为大运量快速轨道交通接驳客流,提高其运输效益,另一方面可以为城市外围的居民提供快速舒适的出行方式,促进城市协调发展。

3. 旅游特色型

现代有轨电车具有爬坡能力强、运量大、速度快、节能环保、车型美观、舒适性强等特点，可在一些客运枢纽站场为景区快速集散游客，而在景区内部又可以很好地融入景点，作为整个环境的交通风景线，串连各个景点为游客提供良好的出行体验。该模式下客流结构以旅游客流为主，线路连接城市对外交通枢纽和各大景区，方便游客快速到达或离开景区，如武夷新区旅游观光有轨电车；在景区内部作为各景点的联络线，为游客提供舒适的出游体验，如广州海珠区有轨电车、北京现代有轨电车西郊线。

随着有轨电车线网的不断扩张，其在城市中的应用模式和作用也将发生改变，线网未成规模时其功能特色单一，随着城市新区规模的不断扩大，应用模式也会从辅助补充、旅游特色型转变为网络骨干型。

（二）有轨电车路权形式及应用

1. 现代有轨电车的路权形式

根据现代有轨电车在城市线路中所处的空间位置不同，其敷设方式有地面线、高架线、地下线三种。高架和地下均属于独立路权，地面线根据其与路面交通的混行程度可分为半独立路权和共享路权（见表5-8）。

（1）独立路权。有轨电车以高架或地下敷设的形式采用独立路权可与其他路面交通方式分离。线路不受交叉口和城市其他交通的干扰，能有效提高运营效率，提高有轨电车的旅行速度，一般可达30公里/小时以上，并且行车安全性和乘客舒适性较高，但土建成本相对较高。

（2）半独立路权。该方式主要存在于地面线中，区间采用物理隔离的方式与路面公共交通进行隔离，在平交道口与路面交通混行。采用该方式区间可保证较高的行驶速度，在平交道口可采用信号绝对优先、相对优先或不优先的方式限速通过，在一定程度上也可满足20公里/小时以上的旅行速度。但采用这种模式电车区间会与路面公共交通抢占资源，在平交道口存在交通流冲突，路口安全性较专用路权低。

（3）共享路权。有轨电车与地面交通混行，共用路权，该模式下有轨电车行驶速度较低，一般不高于20公里/小时，系统运输能力低，服务水平相对较差。

表5–8　有轨电车不同路权特点对比

	独立路权	半独立路权	共享路权
敷设方式	对所有干扰路段均采用立交	对重要路口采用立交,其余均为地面线	全为地面线
旅行速度	25~35公里/小时	20~25公里/小时	15~20公里/小时
行车安全性	受外界干扰小,安全性高	受外界干扰较小,存在安全隐患	受外界干扰较大,安全性较差
对慢行系统的影响	分隔性强,需专门设置天桥或地下通道解决行人、非机动车与有轨电车的冲突	对慢行系统影响较小,行人、非机动车可与路面平交	对慢行系统影响较小,行人、非机动车可与路面平交
道路资源占用	道路资源占用最少	占用道路资源较多	共享道路资源
景观效果	需做专门的景观设计	景观效果较好	景观效果差
工程规模	规模大,造价高	规模较小,造价适中	规模小,造价最低
乘客舒适性	基本无突发紧急制动,舒适性较高	存在突发制动现象,舒适度较差	随时有制动现象,舒适度差
服务质量	独立运营,准点率高	受路口交通干扰影响,延误率较高	受路面交通干扰,难以保证准点率

2. 路权形式应用选择

采用何种路权形式要根据线路的具体情况、有轨电车项目定位、运营安全性工程可实施性、建设经济性等方面综合考虑。现代有轨电车由于建设的特殊性,在设计阶段保证线路可实施的情况下,就应该明确地方政府对有轨电车的定位,再综合考虑线路建设的经济性等线路实际情况。

(1)项目定位。现代有轨电车项目在规划建设初期就应明确其定位和运用模式,若规划线路位于旅游城市,且道路资源充足,项目定位为以提升城市形象为主,解决城市交通压力为辅,则可采用半独立路权,在交通量不大的路段可考虑混合共享路权形式;若项目位于经济较发达的城市,定位为以缓解城市交通压力为主,提升城市形象为辅,以提高有轨电车的运营效率,解决公共交通的压力为目标,可采用独立路权,在交通量不大的路段允许出现信号优先的半独立路权形式;在考虑运输效率且不重点考虑工程造价的基础上,应优先考虑独立路权形式。

(2)运营安全性。国内现行法律对机动车驾驶采取了严格的管理制度,但对行人和非机动车进行约束的较少，普遍存在行人不走斑马线、不看红绿灯、非机动车抢占机动车道等不遵守交通法规的现象。有轨电车采用专有路权可以最大限度地和其他交通形式分离，行人、机动车、非机动车的行驶都不会对有轨电车的运营产生干扰，因此从运营安全性角度考虑，最优应采用独立路权，困难段可采用半独立路权，特殊困难地段则采用共享路权。

（3）工程可实施性。现代有轨电车一般布设于道路中央、道路单侧或道路两侧，而现代有轨电车的引入必然对城市现有道路产生影响，线路敷设方式不同其占用城市道路的宽度也有区别（见表5－9）。对于既有道路资源偏窄的线路，修建有轨电车涉及道路拓宽改造，而对市政道路进行改造时，往往存在拆迁等社会问题，建设现代有轨电车成本过高。在既有道路资源充足的路段，可通过压缩机动车道或改造绿化带修建有轨电车设施。因此从工程建设可实施角度，结合其他考虑因素，最优应采用高架或地下敷设的独立路权形式，困难地段采用半独立路权，特殊困难地段可考虑共享路权形式敷设。表5－9显示了不同敷设方式的占地宽度。

表5－9　敷设方式占地宽度

敷设方式	区间	车站
地面(米)	8～10	10～12
高架(米)	2～3	3～15
地下(米)	0	0

（4）建设经济性。在国家对城市轨道交通审批权限下放，有轨电车兴起的大背景下，很多城市纷纷上马有轨电车项目。但很多修建城市在设计之初地方政府盲目追求设计的高标准，以地铁轻轨的标准修建现代有轨电车，大大增加了项目投资，而后期运营客流不足，造成运能浪费，亏损补贴严重。综上所述，从建设经济性和实际线路客流方面综合考虑，最优应采用半独立路权，困难地段采用共享路权，特殊困难地段再考虑独立路权。

（三）有轨电车的投融资建设模式与现状

在现代有轨电车兴起的大背景下，我国已有上百个城市正在规划建设现

代有轨电车，目前正在建设和已经建成的有轨电车项目主要采用市场化的投融资模式和以政府为主的投融资建设模式。伴随着城市轨道交通线网的不断扩展，其高昂的建设费用也给政府带来不小的压力，近年来国家也在公共交通等城市基础设施建设领域大力推广市场化的建设投融资模式，很多城市也在积极探索。

除旅游景区等个别类型外，现代有轨电车作为以解决居民出行为主的准公共交通产品，主要为政府市政性项目。传统以政府为主的投融资模式除了政府财政直接出资建设外，还包括政府债务融资、政府担保融资，通过发行政府债券或政府直接向银行借钱进行项目建设。市场化的投融资模式下企业以获取利润为目的，以企业信用或项目收益为基础，以商业贷款、发行债券股票等商业化融资为手段筹集资金进行项目建设，非国有独资公司制企业是市场化融资的主体，其投融资模式主要有 BT、PPP、BOT 等。

1. BT（Build-Transfer）模式，即建设－移交模式，政府利用非政府资金来进行非经营性基础设施项目建设的一种融资模式。轨道交通项目的建设及运营，具有生命周期长、初期投资巨大、后期运营成本高、技术复杂、线路建成不可逆等特点，采用 BT 方式运作要经过确定项目、项目准备、招标、谈判、签署与 BT 有关的合同、移交等阶段，涉及政府许可、审批以及外汇担保等诸多环节，牵扯的范围广，复杂性强，操作的难度大，障碍多，不易实施，最重要的是融资成本也会因中间环节多而增高。从沈阳浑南现代有轨电车、南京麒麟、河西低地板有轨电车的建设情况看，此种商业模式融资成本过高，对于新建的有轨电车项目不太适用。

2. PPP（Public-Private Partnership）模式，即政府和社会资本合作（见图 5－22）。其是指政府与私人组织之间，为了合作建设城市基础设施项目，或是为了提供某种公共物品和服务，以特许权协议为基础，彼此之间形成一种伙伴式的合作关系，并通过签署合同来明确双方的权利和义务，以确保合作的顺利完成，最终使合作各方达到比预期单独行动更为有利的结果。

PPP 模式是一种优化的项目融资与实施模式，以各参与方的"双赢"

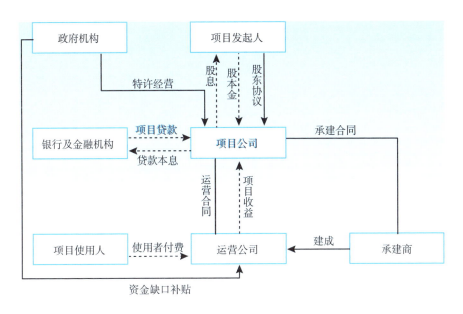

图 5 – 22　轨道交通 PPP 模式

或"多赢"作为合作的基本理念。采用这种融资形式的实质是：政府通过给予私营公司长期的特许经营权和收益权来加快基础设施建设及有效运营。

　　PPP 作为一种新型的项目融资模式在一定程度上保证了民营资本"有利可图"，可最大限度地吸引民间投资，使更多的民营资本参与到项目中，减小政府的投资资金压力，减少政府性债务，使政府部门由基础设施公共服务的提供者转变为监管者，对公共产品的建设运营等进行监督管理，从而对运输产品的质量进行监管，使其更有保证，同时也有利于政府转换职能。项目发起人通过公平、公开、竞争的方式选择合适的私人合作伙伴，通过竞争，提高轨道交通建设、运营效率，降低工程造价，减少政府的总体成本和补贴。项目投资人亦可通过加强管理、严控成本等方式实现车辆、机电设备、轨道工程建设等方面的利润回报。

　　PPP 模式不是一种固定的模式，而是包含多种操作形式，主要包括外包类、特许经营类和私有化类（见图 5 – 23）。

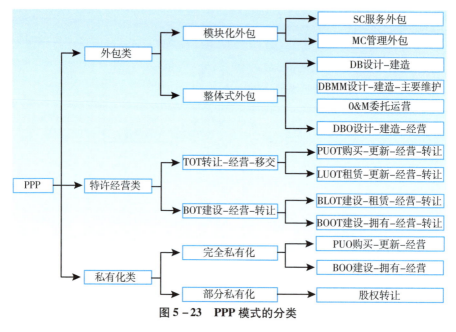

图 5 – 23　PPP 模式的分类

　　现代有轨电车作为准经营性或经营性项目，通常在实际操作中又主要以建设 – 运营 – 移交（BOT）、民间主动融资（PFI）、建设 – 拥有 – 经营 – 移交（BOOT）、建设 – 移交 – 运营（BTO）、重构 – 运营 – 移交（ROT）、设计建造（DB）、设计 – 建造 – 融资及经营（DB – FO）、建设 – 拥有 – 运营（BOO）、购买 – 建设 – 运营（BBO）、委托运营合同维护（O&M）、转让 – 运营 – 移交（TOT）、股权转让、合资合作特许经营等方式运作。

　　BOT 模式是指政府部门就某个基础设施项目与私人企业（项目公司）签订特许权协议，授予签约方的私人企业（包括外国企业）来承担该项目的投资、融资、建设和维护，在协议规定的特许期限内，许可其融资建设和经营特定的公用基础设施，并准许其通过向用户收取费用或出售产品以清偿贷款，回收投资并赚取利润。政府对这一基础设施有监督权、调控权，特许期满，签约方的私人企业将该基础设施无偿或有偿移交给政府部门。在BOT 模式下，投资者一般要求政府保证其最低收益率，一旦在特许期内无法达到该标准，政府应给予特别补偿，BOT 具有市场机制和政府干预相结合的混合经济的特色（见图 5 – 24）。

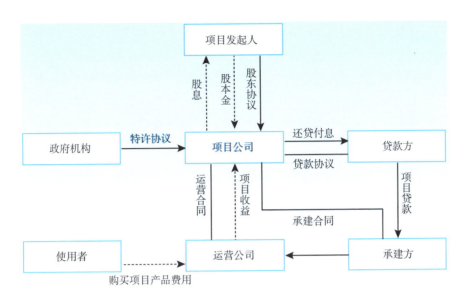

图 5 – 24　BOT 模式

近年来 PPP 模式也成为国家发改委在城市轨道交通等基础设施建设行业大力推介的一种项目运作模式。目前很多城市在建设有轨电车项目时，也优先选择这种新模式，大多数城市已开工或即将开工的现代电车项目都拟采用 PPP 模式（见表 5 – 10），通过引进社会资本方以期降低政府的财政压力，保证公共利益和私人利益的最大化，实现政府与社会资本方的双赢。

表 5 – 10　采用 PPP 模式在建的有轨电车项目

序号	城市	项目名称	里程（公里）	项目总投资（亿元）	政府参与方式	拟采用 PPP 操作模式
1	南平	武夷山东站至武夷山景区线	23.94	26.08	股权、特许经营	BOT
2	池州	池州九华山旅游轻轨	31.2	18	股权、特许经营	BOO
3	成都	九寨沟县城至永竹空轨	50	100	特许经营	BOT
		T1 有轨电车	10.8	13	特许经营	区域特许经营
4	西宁	轻轨 1 号线	29.7	182.6	特许经营	BOT
5	兰州	兰州新区轨道交通	37.3	52	其他	委托运营（O&M）

续表

序号	城市	项目名称	里程 （公里）	项目总投资 （亿元）	政府参与 方式	拟采用PPP 操作模式
6	深圳	龙华新区现代有轨电车 示范线工程	11.72	24.20	特许经营	BOT
7	三亚	三亚有轨电车示范线	8.37	14.77	特许经营	BOT
8	云南	滇南中心城市群 现代有轨电车示范线	60.8	60	特许经营	BOT
9	佛山	佛山市高明区现代有轨 电车示范线首期	6.5	7.6	特许经营	BOT

3. 轨道+物业综合模式，"轨道+物业"综合开发模式是指政府将拟建轨道交通项目的建设权、运营权与轨道交通周边的土地开发使用权同时授予轨道交通公司，轨道交通公司将轨道交通与物业同步规划，同步建设。通过轨道交通建设使物业实现快速增值；通过物业发展为轨道交通带来新的客流，实现"1+1＞2"的协同效应。以出售或出租优质物业所创造的资本收益弥补轨道交通的建设和运营成本，并取得合理的投资、运营回报。这一模式对于政府部门来说，既解决了有轨电车项目的建设与运营问题，又解决了沿线土地开发的问题，是一个值得推广的模式，但这一模式对投资人的要求非常高，要求投资人不仅要有非常高的资金能力，还要求投资人有丰富的土地开发经验。在目前严峻的房地产形势下，国家对土地的供应数量和供应方式在法律法规上还有一定限制，此模式推广有一定难度，但相关政策正在探索制定，国家和相关行业企业也在积极推动。

4. 混合集成多种投融资建设模式，混合集成模式主要有PPP+EPC+股权回购、PPP+EPC+TOD土地一二级开发、PPP+BOT+EPC+项目捆绑打包。

PPP+BOT+EPC+项目捆绑打包模式：该模式下政府将多个项目捆绑打包，由投资联合体分别承担不同项目的效益和风险，实现政企双方诉求的平衡。项目采用BOT+EPC的模式可以发挥联合体设计建造的优势，从而节约成本预算，提高项目包的财务抗风险能力和项目的盈利能力。项目发起人在招标时，同时对投资人和设计施工总承包单位一起进行招标。该模式适用于同步开发多个特许经营项目，对投资人的资金实力和设计施工单位的综合能力都有较高要求，可以通过组建投资联合体的方式获得项目的建设和特许经营权。

PPP + EPC + 股权回购模式：该模式用 BOT 立项，利用社会资本启动项目，项目建成后由市政府或其代表企业在一定时间内完成对项目的股权收购，使政府财政实现平滑过渡，政府回购完成后自行负责运营管理。PPP + EPC + 股权回购模式以政府投入为导向，以市场化的方式运作，可充分发挥市场机制在资金筹措中的作用，吸引社会资本建立起多元化、多渠道的长线筹融资体系。

PPP + EPC + TOD 土地一二级开发：TOD 是以公共交通运输为导向的土地开发模式，将土地利用与公共交通紧密结合，为交通基建项目提供了一种新的投资模式。该模式为社会资本方进入土地开发领域提供了政策支持和宝贵机遇。项目公司根据政府对城市的发展规划，通过 TOD 模式进行特定土地的二级开发和概念性城市设计，引导对周边用地进行具体的规划建设，带动周边地价，实现社会效益与经济效益的最大化。该模式投资强度大、周期长、流程复杂，对参与企业的资金实力、专业能力、风险管理和控制水平要求较高，适合大型集团化企业运作。

（四）现代有轨电车工程线路及产业市场预测

随着城市轨道交通进程的加快，地铁高昂的建设成本使很多大城市面临巨大的财政压力，而很多中小城市由于其人口规模、财政收入都达不到发改委批复轨道交通的条件，对于发展轨道交通只能望而却步。2007 年，我国第一条现代有轨电车在天津滨海新区开通，2009 年上海开通第二条，2013年沈阳浑南开通第三条现代有轨电车，其间大连、长春等城市纷纷对原有有轨电车车辆线路进行了升级改造。通过这些城市和国外成熟线路的良好示范效应，现代有轨电车逐渐被人们熟知，2014 年后中国有轨电车市场迎来了

一个新的发展时期。

截至 2017 年 10 月，我国已有 10 多个城市开通有轨电车，线路多达 19 条，运营里程超过 210 公里（见表 5－11），已开工在建有轨电车的城市 18 个，在建线路 450 多公里（见表 5－12）。2016 年底发改委已批复的现代有轨电车项目里程已达 661.4 公里。预计 2018 年、2019 年将是现代有轨电车开通运营的密集期，到 2020 年现代有轨电车实际开通运营里程将达 640 多公里（见图 5－25）。据不完全统计，截至 2017 年 8 月，已有 93 个城市规划了现代有轨电车线路，且有轨电车线路规划城市仍在持续增加，远期总规划里程已超过 10000 公里（见图 5－26）。

表 5－11　中国各城市有轨电车运营线路统计（截至 2017 年 10 月）

序号	城市	线路名称	里程（公里）	载客运营时间
1	天津	开发区现代导轨电车 1 号线	8	2007 年 5 月
2	大连	202 路有轨电车	12.6	2002 年改造
		201 路有轨电车	10.6	2007 年改造
3	上海	张江有轨电车项目 1 期	9	2010 年 1 月
4	长春	54 路有轨电车	7.46	2012 年改造
		55 路有轨电车	5.1	2014 年 12 月
5	沈阳	浑南新区现代有轨电车 1 号线	12.2	2013 年 8 月
		浑南新区现代有轨电车 2 号线	14.8	
		浑南新区现代有轨电车 5 号线	21.1	
		浑南新区现代有轨电车 3 号线	7.9	2015 年 6 月
6	南京	河西有轨电车 1 号线	8	2014 年 8 月
		麒麟科技创新园区现代有轨电车 1 号线	9.10	2017 年 10 月
7	苏州	高新区有轨电车 1 号线	17.7	2014 年 10 月
8	广州	广州新型有轨电车海珠试验段	7.7	2014 年 12 月
9	淮安	有轨电车 1 号线	20	2015 年 12 月
10	青岛	城阳区现代有轨电车	9	2016 年 3 月
11	珠海	珠海有轨电车 1 号线	8.8	2017 年 6 月
12	武汉	武汉车都 T1 线	16.86	2017 年 7 月
13	深圳	深圳龙华新区现代有轨电车	8.59	2017 年 10 月
合计	13 座	19 条线路	214.51	

144

表 5－12　中国各城市有轨电车已开工（含筹划开工）线路统计

序号	城市	线路名称	里程（公里）	投资额（亿元）	建设周期
1	北京	现代有轨电车西郊线	8.9	35	2011.01～2017.12
		亦庄现代有轨电车 T1 线	13.3	27.72	2017.06～2018.06
		顺义有轨电车 T2 线	19.8	36	2017.04～2018.12
2	上海	松江现代有轨电车 T1 线	15.6	38.50	2015.11～2018.06
		松江现代有轨电车 T2 线	15.3		2015.11～2018.06
3	佛山	南海新型公共交通系统实验段	13.1	33.00	2012.03～2017.12
		高明区现代有轨电车示范线首期	6.5	9	2017.02～2018.06
4	苏州	高新区有轨电车 2 号线	17.2	35.36	2014.07～2017.12
		高新区有轨电车 3 号线（1 号线延伸）	10.2	17.39	2015.09～2017.12
		高新区有轨电车 2 号线延伸	1.30	3.90	2016.05～2017.12
5	武汉	东湖国家自主创新示范区有轨电车 T1 线	15.82	27.74	2014.12～2017.12
		东湖国家自主创新示范区有轨电车 T2 线	19.59	24.50	2014.12～2017.12
6	成都	新津现代有轨电车示范线 R1 线	9.30	13.01	2015.04～2018.12
		有轨电车蓉 2 号线工程（IT 大道有轨电车）	39.04	54.58	2015.12～2018.12
		都江堰 M-TR 旅游客运专线	20.33	30.32	2017.10～2019.12
7	宜宾	临港区示范线	9.8	20.6	2017.12～2019.12
8	沈阳	浑南区现代有轨电车三期 1 号线新南山支线	0.83	1.90	2015.07～2017.03
		浑南现代有轨电车二期 6 号线	3.30	4.70	2013.08～2017.05
9	天水	有轨电车示范线	20	31.00	2015.10～2017.12
10	黔南州	平塘大射电天坑景区有轨电车	22.00	55.00	2015.12～2017.12
11	南平	武夷新区旅游观光轨道交通 1 号线	26.2	26.08	2015.12～2018.08
12	三亚	现代有轨电车 T1 线	8.7	20.52	2016.07～2018.12
13	兰州	1 号线一期	15.11	26.46	2016.07～2018.12
		2 号线一期	7.2		2016.07～2018.12

轨道交通蓝皮书

续表

序号	城市	线路名称	里程（公里）	投资额（亿元）	建设周期
14	红河州	滇南中心城市群现代有轨电车示范线（5 条）	66.27	92.71	2016.08～2019.12
15	弥勒	弥勒市轨道交通 1 号线	18.85	28.06	2017.04～2018.12
16	文山州	1 号线一期	17.19	29.92	2017.03～2018.12
17	德令哈	德令哈市新能源现代有轨电车	15	15	2016.11～2018.12
18	东莞	华为松山湖有轨电车	2.7		2016.10～2017.12
合计	18 座	29 条	458.43	737.97	

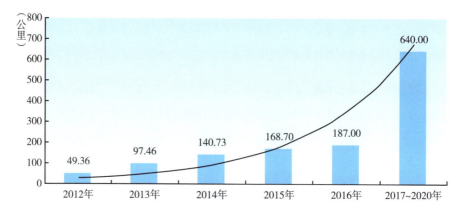

图 5-25 现代有轨电车运营里程增长趋势

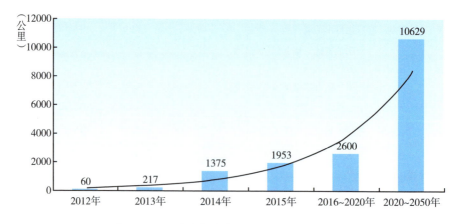

图 5-26 现代有轨电车规划建设里程增长趋势

146

从产业角度分析，截至 2020 年我国现代有轨电车规划里程数已超过 2600 公里，每公里造价按 1.2 亿元计，建设投资总额将达 3000 多亿元，年均需求 375 亿多元。轨道交通产业链上的土建、整车、机电设备等相关产品的需求也将迎来爆发式的增长。根据有轨电车产业构成，2020 年有轨电车土建工程投资高达 1050 多亿元，车辆、轨道供电通信信号等产品的制造业市场规模将达 1500 多亿元。而有轨电车远期规划已超过 10000 多公里，将有 12000 多亿元的市场有待开发（详见表 5 - 13）。

表 5 - 13　有轨电车市场空间预估

城市类型	城市数量 （个）	平均里程 （公里）	每公里造价 （亿元）	总里程 （公里）	总造价 （亿元）
一线城市	4	70	1.2	280	336
二线城市	45	60	1.2	2700	3240
三、四线城市	160	45	1.2	7200	8460
合计	209			10180	12036

现代有轨电车为综合性产业，其自身的发展必将带动整个产业的发展，现代有轨电车产业链从全生命周期角度主要分为：产品制造、规划设计、建设施工、运营维保等，而每个环节又可以进一步细分（见图 5 - 27），各产业占比如图 5 - 28 所示。

根据目前已开通运营及在建有轨电车项目，按年均 35% 的增长率计，至 2020 年，全国开通运营的有轨电车线路将从 2017 年的 260 公里攀升至 640 公里。假设 2017～2020 年已运营有轨电车密度保持不变，即每公里 1.2 列，则 2017 年、2018 年、2019 年、2020 年将新增有轨电车 99 列、109 列、145 列、202 列，2017～2020 年有轨电车车辆市场将新增 550 多列的需求，总量将达 770 列左右（见表 5 - 14）。

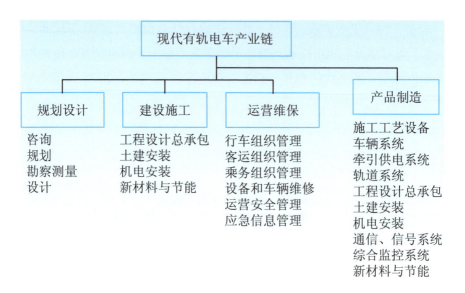

图 5-27　现代有轨电车产业链

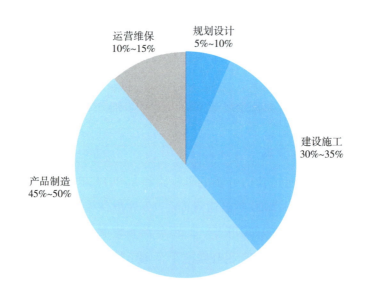

图 5-28　现代有轨电车产业占比

表 5 – 14　有轨电车车辆市场需求预测

年份	运营里程（公里）	新增运营里程（公里）	列车数量密度（列/公里）	列车保有量（列）	新增运营列车数(列)
2013	98		1.2	118	
2014	141	64	1.2	169	51
2015	169	18	1.2	203	34
2016	177	8	1.2	213	10
2017	260	83	1.2	312	99
2018E	351	91	1.2	421	109
2019E	474	123	1.2	566	145
2020E	640	166	1.2	768	202

据统计，在整个产品制造链中（不含土建），车辆系统占比最高，约为41%，轨道系统占比约为11%，供电系统占比约为24%，信号系统占比约为10%，工艺设备占比约为10%（见图 5 – 29）。按 2020 年 3000 亿元的市场产值估算，有轨电车车辆市场规模将达到 610 多亿元，牵引供电产品市场规模可达 360 多亿元，轨道市场可达 160 多亿元。

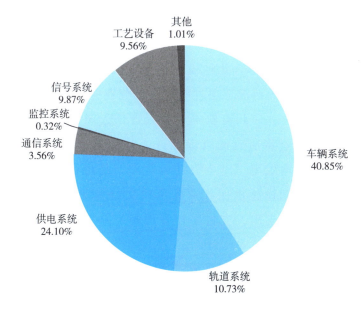

图 5 – 29　现代有轨电车产业制造环节产值占比

（五）有轨电车运营模式及服务市场分析

现代有轨电车在运力规模、建设及运营成本方面介于地面常规公交和地铁系统之间，在中等城市及大城市周边具有较大的发展潜力。在路面交通中，与 BRT 系统相比，现代有轨电车虽然前期一次性投入较大，但从长远看，有轨电车在节能环保、交通品质、使用寿命等方面都要优于 BRT 系统，可作为中运量公共交通系统中首选的交通运输方式。

国内已开通的有轨电车线路的运营模式主要可分为自主运营、部分委托运营、完全委托运营。自主运营是由专门的运营公司将运营管理与基础设施维护管理一体化，按车辆、机电设备、工务、信号等各专业分工管理，根据相关法律规定和现代企业制度组建专业化的轨道交通管理公司，负责现代有轨电车的建设、运营、维护和沿线多元化的经营。此种运营模式适用于线网具备一定规模，行车组织、维保管理等各项能力完善的成熟运营公司。部分委托运营模式是将运营组织管理和基础设施维护相分离，轨道公司负责线网的行车调度指挥、客运组织管理、运输收入清分结算等工作，而将运输设备设施的维护保养委托给专业机构，现代有轨电车公司与其清算维保成本，支付委托管理费，并对其实行监管。此种模式适用于有轨电车公司运营初期，在运营团队能力不足的情况下通过剥离一部分业务，减少公司的投入，减轻运营公司的压力。广州有轨电车有限责任公司是这种运营模式的典型代表，公司通过将所有的维保业务委外托外包、简化组织机构、精减人员，提高运输效率。完全委托运营模式是将行车组织、调度指挥、客运组织、基础设施维保等业务全权交给专业的运营管理机构，业主方与其清算成本支出，支付委托管理费，并对其行使监管权的一种运营模式。

城市轨道交通属于公益性质的政府项目，政府在组建期间就要综合考虑经济效益和社会效益。票务、广告收入和物业开发是运营的主要收入来源，但相比于轨道交通高昂的运营成本，公益性质的票价收入则是杯水车薪，因此我国轨道交通的运营主要靠政府的财政补贴。目前新建的现代有轨电车项目大多采用 BOT 的模式，以特许经营的方式委托项目建设方在固定年限内负责线路的运营管理，通过票价收入和财政补贴实现建设成本的回收，这就要求 PPP 项目投资方具备专业的城市轨道交通运营管理能力。

经历了传统有轨电车的衰败，国内现代有轨电车正迎来井喷式发展。线路的密集开通对运输市场也是巨大的考验。现代有轨电车属于新兴轨道交通行业，作为一个系统复杂、技术密集的行业，对有轨电车司机、调度等高素质复合型人才的需求也是巨大的。目前国内已开通有轨电车的城市也在积极完善规章制度，建立运营行业标准，储备运营人才，对外开展咨询等服务。根据《我国城市轨道交通人才培训体系建设报告》中关于人才培养和供给的分析数据，2016～2020 年中国城市轨道交通从业人员职前教育需求 18 万人，供给量仅为 8.94 万人，缺口约为 9 万人，年均缺口 1.8 万人；在职培训需求量为 57.03 万人，供给量约为 33.79 万人，缺口约为 23 万人，年均缺口 4.6 万人，由此可见无论是职前教育还是在职培训，能力均严重不足。据调查国内已开通的有轨电车线路每公里从业人员配置参数经验值为 20～25 人，按 22 人的标准计，至 2020 年 640 公里的线路，有轨电车运营人员需求将达 14080 人。

随着轨道交通产业的不断发展，这个数千亿价值的产业链，正在吸引众多的企业参与进来，不断丰富和完善产业链的各个环节。国内企业在工程建设、轨道、车辆等机电设备制造方面都积累了非常雄厚的实力，而且形成了一定的竞争态势。但也应该看到，现代有轨电车的上下游产业，即产品研发、运营维保等以其高昂的投入成本和严重的亏损现状成为很多企业不愿涉足的领域，而这些领域往往是高附加值产品聚集区（见图 5 - 30）。现代有轨电车车辆还未完全国产化，其核心部件依然掌握在国外厂商手中。有轨电车成熟的运营团队也是当前的薄弱环节，而国家大力推介的 PPP 项目合作模式中必须要有运营方的参与。近年来随着轨道交通线网的不断开通，城市轨道交通特别是运营领域的人才缺口数量巨大。因此培

育和发展成熟的有轨电车运营商，不断丰富和完善轨道交通产业链各个环节是当务之急。

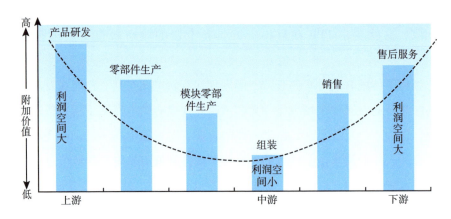

图 5-30　产业价值链附加价值

（作者：成都市新筑路桥机械股份有限公司——杨永林、孙屹、蒲克友、熊荣辉、黄琪、汤国富）

B.6

第3章
技术篇：CBTC系统

摘　要：　信号系统担负着路网上各种行车设备、运行列车的实时控制及状态监督任务。随着列车运行速度提高、追踪间隔加密，完全靠人工瞭望、人工驾驶列车已不能保证行车安全。因此，必须装备列车运行控制系统，以实现对列车间隔和速度的自动控制，提高运输效率，保证行车安全。基于通信的列车运行控制系统（CBTC）是利用通信技术，通过车载设备、现场的通信设备与车站或列车控制中心实现信息交换完成速度控制的，可保证行车安全、保护和辅助乘客、辅助列车运行、辅助驾驶、提供技术支持。中国自主化CBTC研发团队经历了长达10年的不懈努力，终于在2008年底完成了工程样机的研制工作。2009年底，由北京交控科技股份有限公司负责的自主知识产权CBTC列车运行控制系统示范工程——亦庄线——运行。相对于传统CBTC系统而言，车车通信信号系统有着性能高、可靠性高、成本低、易于建设与维护、模块化、支持互联互通等优势，将成为今后CBTC系统的发展方向。

关键词：　CBTC技术　列控系统　ATC系统　全自动运行信号系统
FAO系统

一　信号系统概述

（一）信号系统的作用和意义

信号系统（即列车运行控制系统）是传统的"信号、联锁、闭塞"的总称，是由各类信号显示、轨道电路、道岔转辙机等设备及其他附属设施构成的完整的体系。信号系统担负着路网上各种行车设备、运行列车的实时控制及状态监督任务。形象地说，它犹如人的耳目和中枢神经，在轨道交通运输中发挥着重要的作用。

信号系统最早用于保护铁路运输中运行的列车，使其安全运行，信号系统的作用中，保证列车的运行安全是最为重要的。延伸到城市轨道交通中后，在保证列车安全的前提下，信号系统更是发挥了自动化控制、双向大容量传输等特点，使城市轨道交通的列车运行不但安全可靠，而且稳定高效。

信号系统的主要作用可概括为以下几点。

1. 确保行车安全。
2. 缩短运行间隔，提高线路通过能力。
3. 提高列车运行自动化水平。
4. 提高运输组织效率。
5. 改善职工劳动条件。

（二）列车运行控制系统简介

随着列车运行速度提高、追踪间隔加密，传统的司机人工驾驶，通过目视进行安全防护的方式已经不能适应新的运营需求。信号系统以其自动化程度高、安全防护到位等特点，不仅能够自动维护列车安全，更能够提高运输效率和旅行速度，因此逐步成为城市轨道交通必不可少的组成部分。CBTC信号系统以车－地间双向、大容量无线通信技术为媒介，结合列车测速定位、列车自动防护、列车自动运行、列车精确停车等核心控制技术，在城市轨道交通运营中，发挥着越来越重要的作用。

城市轨道交通系统作为大容量、高密度的公共交通工具，由于不受地面交通情况制约，准点、快速、高效，在公共出行方式中所占的比例逐年提升。作为大容量的公共交通方式，城市轨道交通系统的运行安全必须保证，同时，更加高效、便捷、快速地为公众提供出行服务也是必须考虑的因素，因此，需要有一套安全可靠的列车自动控制（Automatic Train Control，简称 ATC）系统。

城市轨道交通 ATC 系统是保证行车安全、提高区间和车站通过能力、实现行车指挥和列车运行控制自动化、提高运输效率的关键设备的总称，一般由中央控制自动列车监督系统（Automatic Train Supervision，简称 ATS）、列车自动防护系统（Automatic Train Protection，简称 ATP）、自动驾驶系统（Automatic Train Operation，简称 ATO）、计算机联锁 CI 系统等四个部分组成（注：为便于描述，下方中提到的 ATC 包含 ATS、ATP、ATO、CI 四部分）。

城市轨道交通 ATC 系统属于目前技术比较先进的轨道交通安全控制系统，其中最核心的子系统是列车自动防护 ATP 系统。目前代表 ATP 安全控制技术的先进系统是基于通信的列车运行控制系统（Communication Based Train Control，简称 CBTC）。采用 CBTC 实现移动闭塞（称为 CBTC 级别）变得更为简单和可行。目前一般将基于点式的 ATP 系统作为 CBTC 系统的后备模式，称为点式级别。这些系统之间的关系如图 6 – 1 所示。

城市轨道交通系统作为大城市公共交通的重要组成部分，对于缓解大城市交通拥堵、方便老百姓出行具有重要意义。安全、快捷、可靠、准点、舒适、节能、人性化是城市轨道交通发展的目标。这些目标很大程度上需要城市轨道交通 ATC 系统来实现，具体体现为如下几个方面。

1. "安全"，即任何影响因素不能导致超速、撞车、翻车等涉及安全的事故，安全完善度达到最高的 SIL4 级。

2. "快捷"，即可以实现列车追踪为 90 秒的设计间隔。

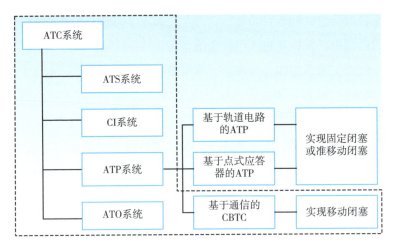

图 6-1　ATC 系统的组成关系概念

3. "可靠"，即要求系统全天候不间断运行，任何一个小故障都将影响效率。

4. "准点"，即通过系统自动调整，保证列车准点到发，误差 5 秒内。

5. "舒适"，即列车自动驾驶，运行中不用抓扶手，停车精度为 30 厘米。

6. "节能"，即通过线路节能坡，单列车和列车群优化控制，节约能源 10% 以上。

7. "人性化"，即提高系统自动化程度，完善自动驾驶，推进无人驾驶，解放司机与调度员烦琐重复性劳动，通过实现多线路间的互联互通，减少乘客换乘次数和换乘时间，最终提供更优质的服务。

（三）基于移动闭塞的 CBTC 系统

信号系统的发展经历了固定闭塞、准移动闭塞及移动闭塞三个主要阶段。为了进一步压缩列车的追踪间隔，发展了移动闭塞。后续列车基本上以前行列车车尾为跟踪运行的目标点。在移动闭塞系统中，关键是需要地-车大容量、双向的信息传输和列车的准确定位。

20 世纪 80 年代，随着地车信息传输量的增加、自动控制技术的完善和微电子技术的发展，列车运行控制系统的车载设备功能不断扩大，如实时计

算速度 – 距离模式曲线、自动实施常用制动和紧急制动、自动驾驶、节能运行等。20世纪90年代的城市轨道交通ATC系统采用数字化ATC技术，以钢轨或轨道间的交叉环线作为信息传输媒体，采用信息编码传送目标速度、目标距离和轨道电路长度等信息，实现列车与地面之间的通信。列车运行的安全性得到增强，效率得到提高，效益明显改善。

CBTC系统摆脱了用地面轨道电路设备判别列车占用和信息传输的束缚，实现了移动闭塞。在CBTC系统中充分利用通信传输手段，实时或定时地进行列车与地面间的双向通信，后续列车可以及时了解前方列车运行情况。通过实时计算，后续列车可给出最佳制动曲线，从而提高了区间通行能力，且能减少频繁减速制动，改善旅客乘车舒适度。地面可以及时向车载控制设备传递车辆运行前方线路限速情况，指导列车按线路限制条件运行，大大提高了列车运行的安全性。

CBTC系统不是通过轨道电路来确定列车的位置，向车载设备传递信息，而是利用通信技术，通过车载设备、现场的通信设备与车站或列车控制中心实现信息交换，完成速度控制。随着技术的发展和需求的增加，人们开始采用基于无线通信的列车运行控制系统。在列车和轨旁设置无线电台实现列车与地面控制系统之间连续的双向通信，做到真正的双向"车 – 地通信"，从而实现基于通信的列车运行控制。其技术体制属于移动闭塞系统，与传统的基于轨道电路的信号系统相比，CBTC系统具有下列优势。

1. 运行间隔缩短。
2. 硬件数量相对减少，施工维修也更为简单。
3. 传输方式更为优越。
4. 系统的灵活性和安全性更高。

二　CBTC系统介绍

基于通信的列车运行控制（Communication Based Train Control，简称

CBTC）集先进的控制技术、计算机技术、网络技术和通信技术于一体，具有系统化、网络化、信息化、智能化的特点。随着系统功能的强大，其结构组成越来越复杂，与线路、运输组织、车辆等的关系越来越密切。为了实现复杂的系统功能，需要对系统的组成结构进行合理划分。

（一）CBTC 系统的总体组成

CBTC 系统是一个复杂的分布式控制系统，主要由控制中心设备、车站设备、轨旁设备、车载设备及网络通信设备五大部分组成，整个系统的组成结构如图 6－2 所示。

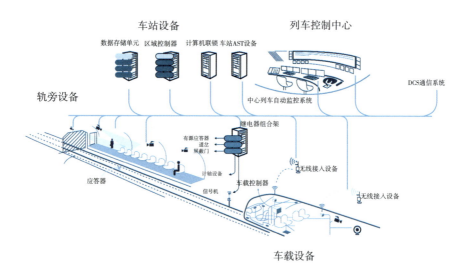

图 6－2　CBTC 系统组成结构示意图

1. 控制中心设备主要是 ATS 系统设备，负责列车整体运行的控制及调整工作。

2. 车站设备主要包括区域控制器设备、数据存储单元设备、计算机联锁设备及车站 ATS 设备，负责联锁逻辑处理、临时限速管理、移动授权计算、车站级运行控制等工作。

3. 轨旁设备主要包括应答器设备、计轴设备等，负责列车位置矫正、后备级别下的移动授权授予、轨道空闲/占用状态监测等工作。

4. 车载设备主要包括车载 ATP 设备、车载 ATO 设备、MMI 设备等，负责列车运行中的安全防护、列车自动驾驶以及系统与司机间的人机交互等工作。

5. 网络通信设备由有线网络设备与车 – 地无线通信网络设备组成，负责 CBTC 系统各部分设备间的网络连接，其中控制中心设备、车站设备及轨旁设备通过有线骨干网进行连接，而上述三部分设备与车载设备间的通信通过沿线布置的车 – 地无线通信网络设备实现。

这五大部分设备协同工作，组成了完整的 CBTC 信号系统。

（二）控制中心设备

ATS 子系统，用于对列车运行的自动监督，是信号系统的控制中心设备。ATS 子系统是 CBTC 系统的重要组成部分，主要负责对站场信息、列车信息的监督和对列车运行的控制。为了实现上述功能，ATS 系统在控制中心设置了应用服务器、数据库服务器、通信前置机、运行图/时刻表编辑工作站、调度员工作站、ATS 维护工作站等一系列设备，控制中心的设备布置情况如图 6 – 3 所示。

各设备的功能及组成如下。

1. 应用服务器

应用服务器是中心 ATS 的核心处理设备。它从其他系统获取现场信号设备状态数据和列车状态数据，从调度员工作站接收控制指令，并进行相应处理。应用服务器具有自动功能，包括：自动列车追踪、自动进路办理、自动运行调整、自动分配运营任务。

应用服务器由应用服务器应用软件和双机热备平台组成。应用服务器应用软件运行在双机热备平台上。

2. 数据库服务器

数据库服务器是 ATS 子系统的中心数据库。它所存储的数据至少包括：线路数据、列车数据、运行图数据、ATS 子系统设备数据、报警数据、日志

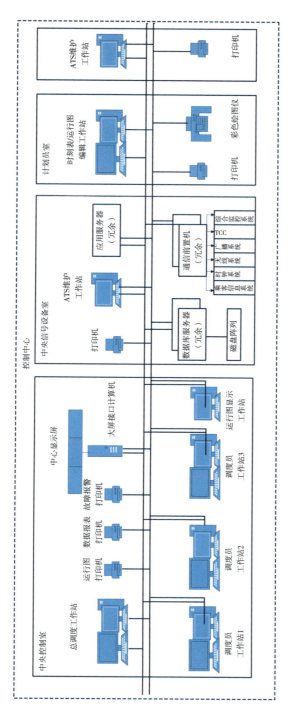

图 6 - 3　控制中心设备布置示意图

数据、用户数据。数据库服务器能够保存 180 天的系统运行数据。

数据库服务器由数据库服务器应用软件、数据库软件和商用双机热备平台组成。数据库服务器应用软件和数据库软件都运行在商用双机热备平台上。

3. 通信前置机

通信前置机是中心 ATS 与外部系统的接口设备，例如：时钟系统、无线系统、乘客信息系统、广播系统、综合监控系统等。同时，通信前置机也是 ATS 子系统的时钟服务器。利用通信前置机，可以完成 ATS 子系统各个设备的校时。

通信前置机由通信前置机应用软件和双机热备平台组成。应用软件运行在双机热备平台上。

4. 运行图/时刻表编辑工作站

运行图/时刻表编辑工作站是地铁运营计划的管理平台。它提供计划运行图/时刻表的编制、修改、删除、上传、下载、导入、导出、查询、浏览、打印等功能。该工作站提供人工和自动两种编图方式。所编制的计划运行图/时刻表在上传到数据库服务器之前，会自动进行冲突检查、有效性检查，确保正确有效。利用计划工作站，可以方便地查询数据库中的既有计划运行图/时刻表。

时刻表/运行图编辑工作站由时刻表/运行图编辑工作站应用软件和一台计算机组成。应用软件运行在计算机上。

5. 调度工作站

调度工作站是中心调度人员和系统的人机接口设备。它向调度员显示站场状态、列车运行信息、当日计划运行图/时刻表和实际运行图/时刻表信息。调度人员可以在调度工作站上操作，控制现场信号设备和列车运行。调度工作站还具有控制区域管理、系统设备连接状态监视、历史数据备份与恢复、列车运行信息查询等功能。

调度工作站由调度工作站应用软件和一台计算机组成。调度工作站应用软件运行在计算机上。

6. ATS 维护工作站

ATS 维护工作站是 ATS 子系统的维护平台。在 ATS 维护工作站上，可以像在调度工作站上一样监视全线现场信号设备状态和列车运行情况，进行接口状态监视、设备状态监视、报警管理与查询等；可以对整个系统的参数进行配置；可以对 ATS 维护工作站所显示的站场状态、列车运行和操作日志等历史数据进行回放；可以对系统保存的历史数据进行查询和备份。

ATS 维护工作站由 ATS 维护工作站应用软件和一台计算机组成。应用软件运行在计算机上。

控制中心是线路各处信息集中汇总处理的平台，而为了获取线路各处的信息，必须依靠分散于沿线各站的车站设备。

（三）车站设备

CBTC 信号系统的车站根据设备布置和功能需求的不同，分为设备集中站和非设备集中站两种类型。绝大多数的车站设备位于设备集中站里，因此以设备集中站（以下简称为集中站）为例，对车站设备进行介绍。

集中站设备涉及多个子系统设备，包括计算机联锁子系统设备、区域控制器子系统设备、数据存储单元子系统设备、ATS 车站分机设备等，典型集中站的设备布置如图 6 - 4 所示。

各设备的功能及组成如下。

1. 计算机联锁设备

设备集中站配置的计算机联锁设备包括联锁机、驱采机、现地控制工作站、维护工作站。

联锁机是进行联锁运算的计算机设备。

驱采机用于对所辖区域内车站的道岔、信号机、计轴设备、紧急停车按钮等信号设备进行状态采集和控制。

现地控制工作站是所辖区域的人机接口设备，采用显示器与鼠标相结合的操作方式。现地控制工作站具有列车进路办理、引导进路办理、关闭信号重复开放、列车进路取消、进路人工解锁、区段故障解锁、道岔自动监控、

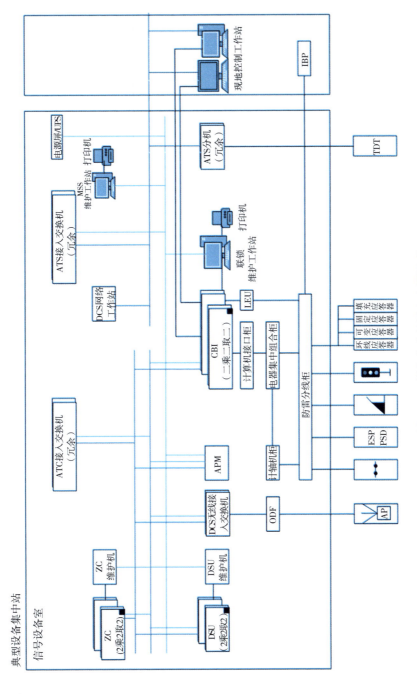

图 6 - 4 设备集中站设备布置示意

163

道岔单独操作、扣车等功能。

维护工作站实时监视车站、联锁系统的运行情况，记录车站值班人员的操作情况、车站运行情况及故障等信息，通过友好的操作界面，为故障分析、事故分析、信号维护人员维修计算机联锁系统提供帮助。

各部分间的连接关系及层级结构如图 6 - 5 所示。

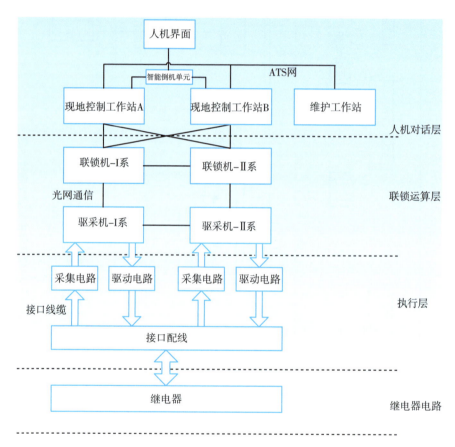

图 6 - 5　计算机联锁设备分层结构及连接关系

作为 SIL4 级要求的安全设备，计算机联锁必须采用安全计算机平台作为载体，目前联锁设备一般采用"二乘二取二"安全计算机平台。

2. 区域控制器

区域控制器（Zone Controller，简称 ZC）是基于通信的 CBTC 系统

ATP 子系统的核心控制设备，是车－地信息处理的枢纽，与联锁一样，作为 SIL4 级安全产品，区域控制器采用"二乘二取二"冗余结构的安全计算机平台。区域控制器的主要工作职责是根据 CBTC 列车所汇报的位置信息以及联锁所排列的进路和轨道占用/空闲信息，为其控制范围内的 CBTC 列车计算生成移动授权（MA），确保在其控制区域内 CBTC 列车的安全运行。

区域控制器设备主要由主机处理单元、通信控制器、容错安全管理单元（Fault Tolerant and Safety Management，简称 FTSM）、维护机等部分组成，如图 6 - 6 所示。

区域控制器同样采用了"二乘二取二"安全计算机平台。

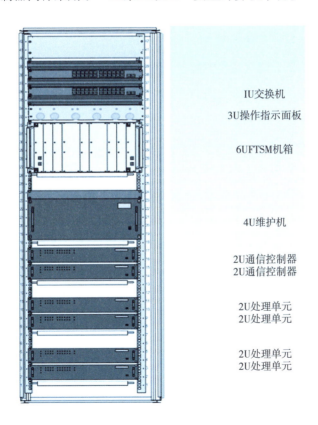

图 6 - 6 区域控制器组成示意图

3. 数据存储单元

数据存储单元（Data Storage Unit，简称 DSU）子系统是 CBTC 系统中重要的地面控制设备，主要负责全线临时限速命令的存储和下载功能，以及数据存储和数据库版本管理等功能。

在 CBTC 控制级别下，ATP 子系统需要对数据库版本进行管理，通过策略保证车载设备与地面设备、地面设备与地面设备之间使用的数据库是一致的，以保证系统运行的安全。

需对 ZC 与 DSU 进行数据库版本号比较，确认数据库版本号一致后，才允许对其管辖范围内的列车进行控制，并将数据库版本号作为与列车的交互信息进行发送，用于保证车地使用相同的数据库。

同样，对于车载 ATP 子系统需确认其数据库版本与其控制设备是一致的，才允许列车在 ATP 模式下运行。

数据存储单元与区域控制器、计算机联锁一样，采用了二乘二取二安全计算机平台，下面对此平台进行介绍。

车站设备中，联锁子系统设备、区域控制器设备及数据存储单元设备均采用了"二乘二取二"安全计算机平台。平台采用双系并行工作的方式进行二乘，每一系均为二取二安全结构，满足信号系统所要求的"故障导向安全"检验原则。同时，为提高整体可用性和可靠性，保证一系工作时即可提供全部功能，此安全计算机平台的内部通信接口及对其他子系统的外部通信接口均采用了冗余设计和交叉互联的连接方式。得益于此种平台架构，两系系统间相互独立且隔离，可以在设备运行中对其中一系进行维修与替换，此时另一系二取二设备仍可实现系统全部功能。同时由于接口冗余且交叉连接，单个通信网络或单个二取二设备的故障均不会对其他与本设备接口的系统造成影响。二乘二取二安全计算机平台的结构如图 6-7 所示。

二乘二取二安全计算机平台包括两个安全容错管理（FTSM）单元，每个 FTSM 单元负责控制一个系内双机的运行，与另一个 FTSM 单元共同控制两个通信控制器。两个 FTSM 单元相互作用来维持整个二乘二取二结构的正常运行。两个 FTSM 单元之间的互锁/自锁逻辑完成"主""备"转换，所

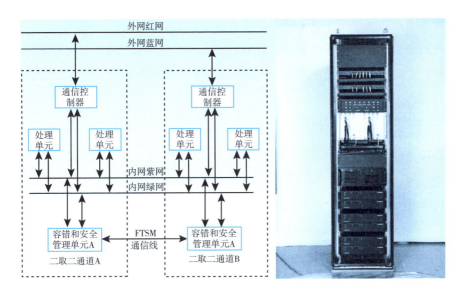

图 6 - 7   二乘二取二平台结构示意

以只要有一个二取二通道处于"正常"模式，两个 FTSM 单元之间的互锁/
自锁逻辑就可以"判决"出"主"通道。两个 FTSM 单元之间的互锁/自锁
逻辑原理框图如图 6 - 8 所示。

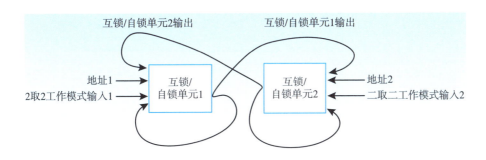

图 6 - 8   FTSM 单元之间的互锁/自锁逻辑原理框图

上述各部分协同工作，构成了完整的二乘二取二安全计算机平台，为计算
机联锁、区域控制器、数据存储单元的安全性、可靠性和可用性提供了保障。

4. ATS 车站分机设备

ATS 车站分机是设备集中站的核心处理设备。它负责处理本集中站所辖

线路范围内的现场信号设备状态数据和列车状态数据，接收现地控制工作站的控制指令，并进行相应处理，保证内部逻辑控制对象的属性与实际现场一致。它主要实现对本集中站范围内列车的追踪、进路自动办理、车次号的自动分配功能。

ATS 车站分机由 ATS 车站分机应用软件和双机热备平台组成。应用软件运行在双机热备平台上。

车站设备向控制中心设备发送线路相关信息，而这些信息的基础采集来自轨旁的基础设备，下面对轨旁设备进行介绍。

（四）轨旁设备

轨旁设备主要包括计轴系统和应答器系统，主要功能为区段占用/空闲状态监测、列车定位及向列车发送后备模式下的移动授权信息等。

1．计轴系统

计轴系统是负责进行区段占用/空闲状态监测的轨旁系统，一般而言，由室内设备和室外设备组成，其组成框图如图 6－9 所示。

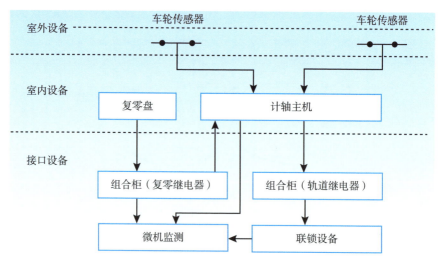

图 6－9　计轴系统组成框图

计轴系统的室外设备主要为安装在轨道上、用于感应列车车轮的车轮传感器。室内设备则由计轴机柜内的各类板卡组成（例如电源板、放大板、计轴板、输出板、复零板等）。计轴系统的主要单元有车轴监测单元和计轴运算单元，其中车轴监测单元由车轮传感器与放大板共同组成，计轴运算单元由计轴板与输出板共同组成。其功能框图如图6 – 10所示。

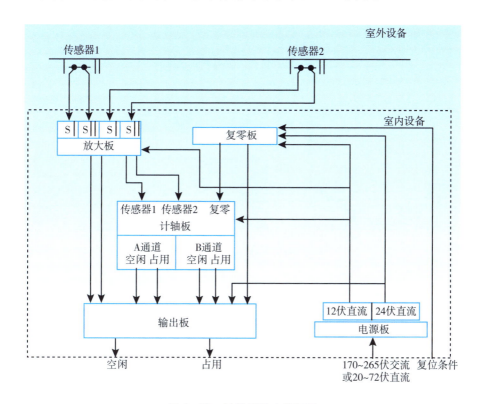

图6 – 10　计轴系统功能框图

车轮传感器是计轴系统用于监测轨道占用/空闲情况的室外设备，安装在钢轨上，根据使用条件的不同，可采用打孔式安装方式或夹具式安装方式，如图6 – 11、图6 – 12所示。

计轴系统的室内部分为计轴机柜，内含下列主要板卡。

电源板：用于实现由外电电源到计轴所使用直流电源的转换，将输入50赫兹交流220伏电源转换为直流12伏和24伏电源进行输出。

169

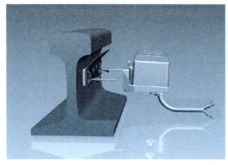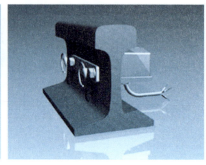

图 6－11　打孔式安装方式示意

图 6－12　夹具式安装方式示意

放大板：用于接收车轮传感器在车轮（轴）经过感应区域时所产生的轮轴信号，放大板接收到车轴传感器的轮轴信号，并对其进行放大和整形，形成轮轴脉冲。

计轴板：用于接收放大板发出的轮轴脉冲，判断列车运行方向，完成车轴的计入和基础统计。计轴板一般由两套计轴运算单元组成，两套单元相互独立，仅当两套单元计算结果一致时，计算结果才会被传送至输出板。

输出板：由一组继电器组成，根据计轴运算单元传送的运算结果，完成区段空闲/占用状态的置位。

复零板：又称复位板，在计轴区段出现故障占用时使用，负责执行相应区段计轴的复零，并将此区段状态置为空闲。

典型的计轴系统设备机柜结构如图 6－13 所示。

电源机箱

放大机箱

计轴机箱

监测机箱

图 6－13　典型计轴机柜结构示意

2. 应答器系统

应答器系统是为点式级别列车提供移动授权（MA）信息，并为 CBTC 级别列车和点式级别列车提供位置信息的重要轨旁设备。

应答器系统主要由应答器、轨旁电子单元（Lineside Electronic Unit，简称 LEU）组成。应答器可以分为有源应答器、无源应答器、环线应答器三类，应符合欧标应答器各项标准、要求。通过应答器对在线运营列车进行安全可靠的定位检测，其定位精度应满足列车控制和追踪间隔要求。

（1）有源应答器

有源应答器用于发送移动授权和复示信号机的信号显示。

有源应答器布置在进路始端信号机前，向经过的点式列车发送点式 MA 信息。

有源应答器用以复示前方信号机的状态信息时，根据牵引计算的结果进行设置，用以提高线路的通过能力。

有源应答器如图 6－14 所示。

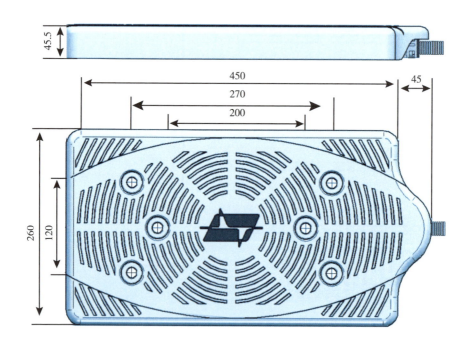

图 6－14　有源应答器

（2）无源应答器

无源应答器中存储的信息包含应答器标识信息。该标识对于整个线路上的每个应答器都是唯一的。应答器标识同样包含在储存于车载 ATP 里的静态线路描述中。当列车经过应答器时，车载 ATP 通过查询获得应答器的信息，可实现列车的位置校正。

无源应答器如图 6 – 15 所示。

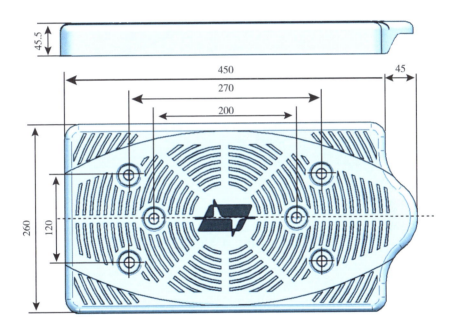

图 6 – 15　无源应答器

无源应答器和有源应答器的外形完全一致，不同之处在于有源应答器需要外部供电，带有双绞线接入，用以改变存储信息，而无源应答器不需要外部双绞线接入。

（3）环线应答器

环线应答器可以看作一种特殊的有源应答器，其作用也是为点式级别列车提供移动授权（MA）信息，并为 CBTC 级别列车和点式级别列车提供位置信息。环线应答器比一般的应答器要长，其长度可达 4 米，确保列车在对

位停车时，能够持续接收到环线应答器发送的点式移动授权信息，从而保证列车不会在前方发车进路没有开放时误出发。

环线应答器如图 6 - 16 所示。

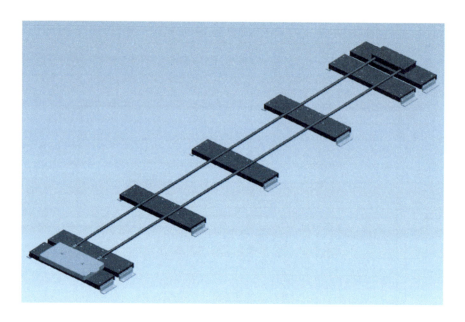

图 6 - 16　环线应答器

（4）轨旁电子单元

轨旁电子单元（LEU）是与有源应答器直接连接的设备，是在 CBTC 降级备用 ITC 模式下使用的 ATP 地面设备。LEU 向有源应答器和环线应答器传输点式级别下的 MA 信息，满足应答器上行链路数据传输的需要。LEU 设备如图 6 - 17 所示。

在点式级别下，LEU 接收联锁发送的控制命令，选择相应的点式 MA 信息，并将该点式 MA 信息发送到可变应答器和环线应答器，车载 ATP 接收到 MA 信息后，对列车进行 ITC 模式下的安全控制。

控制中心设备、车站设备和轨旁设备都是为车载设备服务的，所有的控制信息和指令最终均由车载设备执行，下面将对车载设备进行介绍。

图 6-17 轨旁电子单元

（五）车载设备

基于通信的 CBTC 系统的车载设备一般称为 VOBC（Vehicle on-board Controller，车载控制器）或 CC（Carbone Controller，车载控制器），由于城市轨道交通列车均为双向行驶，因此车载设备在运行列车的两端控制室各安装一套。由于两套车载设备间存在信息交互需求，并需要通过数据交换来实现车地无线传输，进行两个独立冗余网络间的内容互换，通过贯穿列车的连接线将头尾两端通过通信线缆相连，信号系统车载设备中的 ATP 设备用于进行列车安全的自动防护，对于安全性要求很高，其安全完整性等级为 SIL4 级，因此其硬件架构也采用了安全计算机平台，具体形式有单端采用"三取二"安全计算机平台、单端采用"二乘二取二"安全计算机平台、单端采用"二取二"平台，双端两个"二取二"平台共同构成"二乘二取二"安全计算机平台等多种形式。车载子系统的典型组成如图 6-18 所示。

车载子系统的典型设备主要由下述部分构成。

车载 ATP 设备：如上所述，用于进行列车自动防护的设备，两端控制室各安装一套，有多种安全计算机构成形式。

雷达传感器：一般采用多普勒雷达传感器，安装于两端车体下方，以道

图 6 – 18　车载子系统设备典型配置

钉为反射面，依据多普勒效应进行列车运行速度的测量，与速度传感器共同工作。

速度传感器：一般采用光栅式速度传感器或加速度计等设备，安装于两端车体下方转向架非动力轴轴端，根据车轴转动情况进行列车运行速度测量，与雷达传感器共同工作。

BTM 应答器主机单元：与车载 ATP 设备配套，两端控制室各安装一套，用于接收并解析应答器天线所收到的报文，并将解析后的报文发送至 ATP 设备。

应答器天线：安装于两端车体下方，用于接收地面无源、有源应答器所发送的信息并传送至 BTM 应答器主机单元。

车载无线单元：两端控制室各安装一套，用于解析无线天线所接收到的地面信息，并将信息传送至 ATP 设备，两端的车载无线单元互为冗余。

车载无线天线：两端各安装一套，根据天线类型不同，安装位置也有差异，有鲨鱼鳍天线、短八木天线、平板天线等多种类型，用于与轨旁设备进行信息交互。

MMI 单元：用于向司机显示系统信息，并接收司机的控制指令，两端控制室各安装一套。

两头尾贯通线：用于连接两端车载设备的通信线缆，实现两端车载设备间的信息交互冗余设置。

车载设备的三个主要组成部分为列车自动防护（ATP）、列车自动驾驶（ATO）及人机界面（MMI）。

1. 列车自动防护设备

ATP 设备是车载设备中负责列车运行安全的重要设备。根据从车站设备获取的移动授权信息及线路上的障碍物信息，结合与车站设备进行了版本校验的电子地图，列车自动防护设备将对列车的运行行为进行全面监控，一旦出现威胁列车运行安全的情况，列车自动防护设备将立刻采取措施，保证列车运行安全。

列车自动防护设备的组成如图 6 – 19 所示。

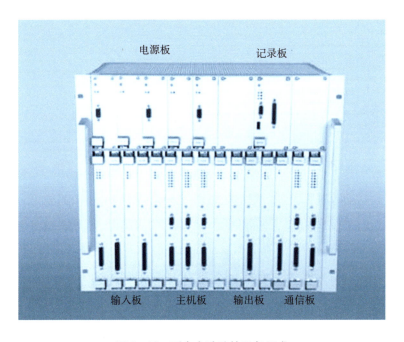

图 6 – 19　列车自动防护设备组成

如前所述，列车自动防护设备采用"二乘二取二"或"三取二"安全计算机平台进行搭建。下面对"三取二"平台进行介绍。

在计算中，三模冗余（Triple Modular Redundancy，简称 TMR）是一个容错形式的 N – 模冗余，其中三系统执行一个过程，这个结果是由表决系统进行处理以产生一个单一的输出。如果任一个系统出现故障，另外两个系统仍然正确，则会掩盖错误。如果表决失败，则整个系统就会失败。一个良好

的三模冗余系统的表决系统比其他组成部分都可靠。

三取二系统结构图如图 6 - 20 所示。

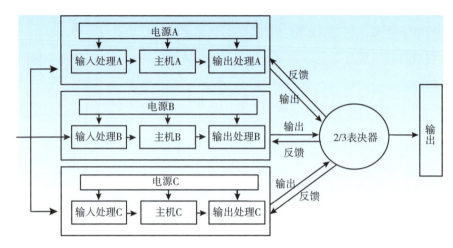

图 6 - 20　三取二系统结构

三取二冗余系统采用 3 路独立电源为主机 A、B、C 供电,3 个主机独立运行,对输入进行处理,输出信息通过三取二表决器表决后输出,即 3 个独立运行的主机根据输入,各自进行运算并产出结果,表决器将对 3 个结果两两进行比较,仅当 2 个或 2 个以上主机运行正常且计算结果完全一致时,系统才会将计算结果进行输出。

2. 列车自动驾驶设备

ATO 设备是车载设备中负责对列车进行自动驾驶的设备,在列车自动防护设备的安全防护下,列车自动驾驶设备通过与车辆系统的接口,发出牵引、制动指令,控制列车进行站间运行及停站、启动作业,并能够根据控制中心设备所发出的控制、调整指令,实现站间运行调整的功能。

列车自动防护设备的设备组成如图 6 - 21 所示。

由于列车自动驾驶并非 SIL4 级安全设备,因此一般采用单机结构或采用双机热备的方式提高设备的可用性和可靠性。

3. 人机界面设备

人机界面(Man Machine Interface,简称 MMI)设备是车载信号系统与

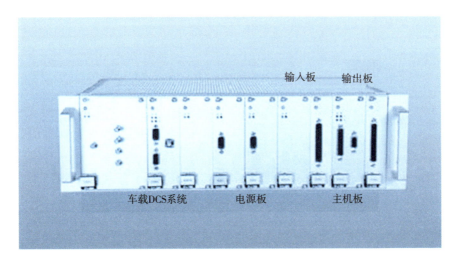

图6-21 列车自动驾驶设备组成

司机进行人机交互的主要途径。MMI的主要作用有两个，一是向司机显示相关信息；二是接收司机的操作命令，并传递给ATP进行执行。

人机界面提供丰富的设备运行状态、级别，列车运行速度、目标距离、牵引制动状态，当前控制级别及驾驶模式，控制信息等的显示，司机可通过人机界面对系统的运行状态进行观察或调整。

典型的人机界面如图6-22所示。

（六）网络通信设备

作为一个分布式控制系统，CBTC系统的各个设备间需要通过可靠的骨干通信网络进行相互通信，车载设备与地面设备间也需要通过车-地无线通信网络实现双向大容量无线通信。

为了保证信号系统车-地通信网络的可靠性和可用性，网络通信系统采用冗余架构进行设计，整个网络通信系统的典型结构如图6-23所示。

1. 地面骨干网络

网络通信系统中的有线网络一般由商业级骨干网络（SDH、RPR等）或工业以太网交换机组成，结合信号系统的自身特点，组成环形网络。有线

图 6 − 22 典型的人机界面示意

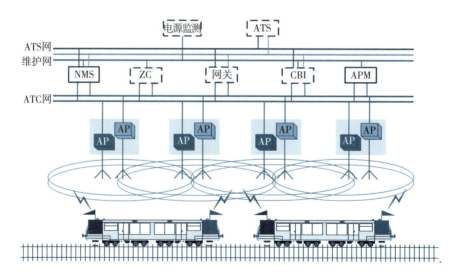

图 6 − 23 网络通信系统的典型结构示意图

网络连接信号系统中的控制中心设备、车站设备及轨旁设备，为各系统间的信息传输提供透明的传输通道。以下以SDH网络和工业以太交换机网络为例进行介绍。

（1）SDH网络

同步数字体系（Synchronous Digital Hierarchy，简称SDH），是不同速度的数字信号的传输提供相应等级的信息结构，包括复用方法和映射方法，以及相关的同步方法组成的一个技术体制，是一种成熟的商业级骨干网络解决方案。

SDH网络系统的各个部分通过冗余的光纤骨干网互相连接起来。骨干节点和骨干网接入交换机构成了轨旁网络的一部分，该轨旁网络通过光纤沿线路延伸，构成整个信号系统的有线网络系统。

骨干网由多个节点组成，分布到线路的典型站内。典型骨干网络示意如图6-24所示。

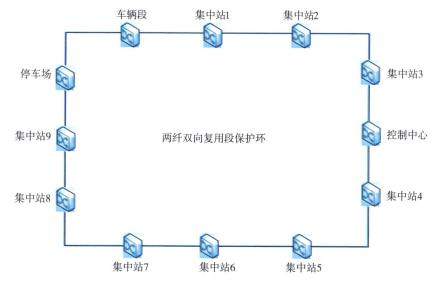

图6-24　SDH骨干网结构示意图

车站有线网络采用成熟的基于IP的以太网技术接入骨干网；接入网的设备为以太网交换机，接入交换机通过RJ45以太网接口与骨干网节点设备

相连。

与有线网络连接的应用系统主要包括：ATP/ATO 子系统、ATS 系统、联锁系统、MSS 系统及电源监测系统。根据所传输信息的类别、安全性等级的不同，根据相同类型、相同安全性等级数据共用传输通道的原则，信号系统一般划分为 5 个网络：ATC 网 2 个，互为冗余，传输 ATP、CI 等安全相关数据信息；ATS 网 2 个，互为冗余，传输 ATS、ATO 等列车自动控制相关数据信息；维护网 1 个，用于传输各子系统维护信息。

（2）工业以太交换机网络

工业以太网交换机，即应用于工业控制领域的以太网交换机设备。由于采用的网络标准开放性好、协议透明且统一（TCP/IP）、应用广泛，能适应低温高温，抗电磁干扰强，防盐雾，抗震性强，因此采用工业以太网交换机进行组网，是目前工业控制领域的主流方式。

采用工业以太网交换机进行组网，设备的各个部分通过冗余的光纤骨干网互相连接起来。一段骨干网络以及相应的节点和以太网交换机构成了轨旁网络的一部分，该轨旁网络沿线路延伸，构成整个信号系统的有线网络系统。

工业以太网交换机网络全部采用工业级以太网交换机。骨干网由 5 个独立的网络组成，其中 ATC 网络为 2 个冗余备份的环网，ATS 网络为 2 个冗余备份的环网，维护网为 1 个环网。网络结构如图 6 - 25 所示。

工业以太交换机网络可采用的交换机品牌很多，分别支持不同的私有网络协议技术，在网络上拥有大量交换机组成环网的情况下，保证快速完全恢复所有业务通信。

2. 车地通信网络

地面骨干网络实现了地面设备间的相互通信，而车载设备与地面设备间的双向大容量无线通信则是通过车地通信网络实现的。车地通信网络由冗余的红、蓝双网共同构成，技术方案主要有 WLAN 方案及 LTE 方案两种。

（1）WLAN 方案

采用 WLAN 方案的车地通信网络采用类似 IEEE802.11g 的专用通信协议，无线网络工作在 2.4 吉赫（2.4 吉赫 ~ 2.4835 吉赫）开放频段；为满

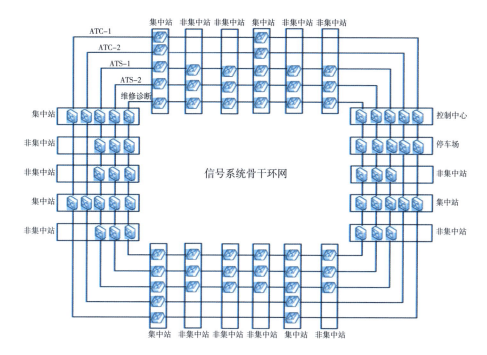

图 6－25　工业以太骨干网结构示意图

足信号系统的可靠性、可用性需求，WLAN 为双网冗余设计。

WLAN 方案的车地通信网络可采用多种传输方式或传输方式的组合，如无线自由波方式、波导管方式及漏缆方式等，完全可以适应隧道、地面、高架等各种城市轨道交通的工程条件。

为实现对轨道交通线路的全覆盖，每隔一段距离，轨旁即设置无线接入点（Access Point，简称 AP）设备和一组定向天线，每个无线接入点同时配置对应冗余双网的两个模块，用于实现车载设备与地面设备间的双向大容量信息传输。

车地无线网络在列车上每端控制室配置一套车载无线单元及相应的车载无线天线。两套无线天线分别接受冗余网络中的一个所传输的信息，并交由本端 ATP 进行处理，两端的无线信息互为冗余，只要有一个网络正常工作，即可保证整个车－地通信的完整进行。

车地无线网络结构如图 6－26 所示。

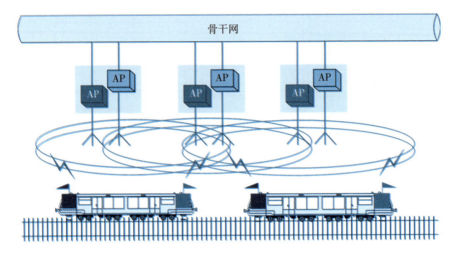

图 6 - 26　基于 WLAN 技术的 DCS 车地无线网络示意图

　　为了减少干扰，车地无线网络可以采用 5 兆赫窄带通信技术，另外还采取了正交频分复用、空间分集、天线极化等多种措施，防止空间中其他信息对信号系统车 - 地信息传输的干扰。

　　（2）LTE 方案

　　除 WLAN 方案外，随着无线通信技术的不断演进，最新的 TD-LTE 技术也开始逐渐应用到 CBTC 信号系统的车地无线网络中。LTE 技术是基于 3GPP 相关规范开发的，与现有的 3GPP 系列无线接入技术（GSM、WCDMA、HSPA 等）具有良好的兼容性。最重要的是，LTE 具有极高的频谱利用率和灵活性，从 1.4 兆赫到 20 兆赫，从连续的频谱资源到非连续的频谱资源，从 TDD 的频谱资源到 FDD 的频谱资源，LTE 可以在灵活使用频谱资源的基础上获得最高的频谱利用率。LTE 是未来移动数字生态网络的重要组成部分。

　　LTE 系统同时定义了频分双工（Frequency Division Duplexing，简称 FDD）和时分双工（Time Division Duplexing，简称 TDD）两种方式。信号系统多采用 TDD-LTE 制式，TDD-LTE 具备频谱申请灵活、上下行资源可调配的特点。

　　LTE 技术采用了正交频分复用（Orthogonal Frequency Division Multiplexing，简称 OFDM）、多输入多输出（Multiple-Input Multiple-Output，简称 MIMO）、

自适应调制编码（Auto Modulation and Coding，简称AMC）及混合自动重传（Hybrid Automatic Repeat reQuest，简称HARQ）等技术，在20兆赫频谱带宽下能够提供下行150Mbps与上行75Mbps的峰值速率，同时在改善小区边缘用户的性能、提高小区容量和降低系统延迟等方面都有显著提升。

车地无线网络采用LTE技术进行信号系统车地无线传输时，从逻辑上可以分为3个部分：核心层、接入层、终端层。基于LTE的DCS系统车地无线网络系统结构示意如图6-27所示。

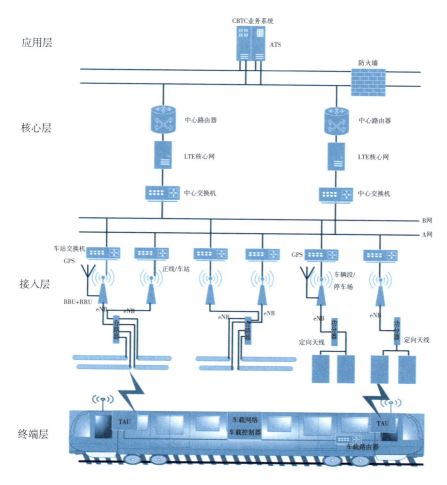

图6-27 基于LTE技术的无线网络系统结构示意图

核心层是整个无线网络的关键部分，完成无线传输数据的汇聚与分发，与其他业务子系统互联，为它们提供可靠的双向数据通信服务，所有的无线接入数据都需要通过核心层与外部系统通信。同时负责整个网络的管理与维护。

接入层提供沿线无线接入服务，同时上行接入地面有线网络，与中心子系统对接，完成对各类业务的数据传输。

终端层由车载无线终端组成，用于连接轨旁无线网络。

（七）CBTC 系统功能

作为一个结构复杂的分布式控制系统，CBTC 系统提供了丰富且强大的功能，根据城市轨道交通信号系统的功能需求，结合 CBTC 系统的自身特点，CBTC 系统的功能主要分为以下五大类：保证行车安全；保护和辅助乘客；辅助列车运行；辅助驾驶；提供技术支持。

1. 保证行车安全

保证列车运行、运营中的行车安全，是信号系统最主要的功能，为了实现对列车行车安全的保护，CBTC 系统各子系统间需要协同工作，对列车运行进行全方位监控。

（1）确定轨道占用信息

CBTC 系统对于列车的追踪和控制基于对列车位置的精确获取，区域控制器设备在接收到来自车载设备的位置汇报后，根据安全算法，确认列车所占用的轨道区段状况，并以此为依据为后车排列进路并计算移动授权。

（2）列车追踪间隔控制

根据所确定的轨道占用信息、列车相对位置及障碍物状态，区域控制器将按照移动闭塞原则，为列车计算移动授权。列车移动授权以前车车尾作为闭塞终点，结合安全控制原则，在保证后续列车安全的前提下，缩短列车追踪间隔。

（3）生成信号机强制命令

移动闭塞模式下，司机以信号系统车载设备的显示为基准驾驶列车，地面信号机的显示不被作为主要行车依据。因此一般情况下，采用 CBTC 系统的线路，当系统运行在 CBTC 级别时，地面信号机采用灭灯显示。但降级模式列车，仍以信号显示作为行车依据，故降级列车前方一定范围内的信号机需要点亮。信号机的亮灭由区域控制器根据接近的列车类型进行判断，并生成强制命令发送给联锁系统执行。

（4）列车自主测速定位

列车在运行过程中，CBTC 系统车载设备需要持续不断地对自身在线路上的位置进行计算和确认。CBTC 系统车载设备包含了用于测速测距的速度传感器、加速度计、雷达，通过测速测距算法，对自身走行距离进行计算。同时，通过获取地面应答器/信标的位置信息，对自身位置进行校准。

（5）列车轮径校正功能

列车的车轮轮径是车载设备进行测速测距的重要参数，因此 CBTC 系统需对列车轮径进行管理。一般而言，CBTC 系统在车辆段或正线设置专门用于进行轮径矫正的应答器/信标设备，布置于平直轨道上，间距固定。当列车匀速通过轮径矫正设备时，车载设备将计算列车轮径，并以计算所得的轮径作为计算依据。

（6）驾驶模式和运行级别管理

CBTC 系统提供三级驾驶级别（CBTC 级别、点式后备级别、联锁级别）和多种驾驶模式（AM 模式、CM 模式、RM 模式、EUM 模式等），CBTC 系统根据当前的列车运行状况及线路条件，对驾驶模式及运行级别进行管理。一般情况下，由低级别模式向较高级别模式的转换是自动完成的，而由高级别向低级别的转换，特别是安全防护的主体由 CBTC 系统变为司机的转换（转换至 RM 模式或 EUM 模式）必须停车并由司机进行人工确认。

（7）列车追踪速度曲线计算

CBTC 系统的车载设备根据自身测速测距情况和区域控制器发送的移动授权等信息，实时计算用于列车追踪及安全防护的速度 – 距离曲线。曲线包括紧急制动触发曲线、牵引切断曲线（可选）、推荐速度曲线等。车载设备将严格根据速度 – 距离曲线对列车的速度进行控制。

（8）列车超速防护

根据实时计算所得到的速度 – 距离曲线，CBTC 系统车载设备对列车的运行速度进行严格监控。若列车的运行速度超过推荐速度曲线，设备将发出声光报警提示司机；若列车的运行速度超过牵引切断速度，设备将自动切断列车牵引；若列车运行速度继续上升触及紧急制动触发曲线，则设备将立即实施紧急制动，保证列车在安全防护范围内停车。

（9）退行防护

在列车运行过程中，CBTC 系统不但监控列车的运行速度，也会监控列车的运行方向。若列车的运行方向与期望运行方向不相符，系统将判定列车进行了退行。系统允许列车在一定范围内有限退行，但退行一段距离后即会实施紧急制动提醒司机谨慎操作。一般来说，CBTC 系统允许列车三次退行，退行的允许距离为 2 米、2 米、1 米。若列车的退行距离超过了所设置的总退行距离，或退行次数超过了所设置的总退行次数，系统将施加紧急制动，此紧急制动不会自动缓解。

（10）红灯误出发防护

当列车在车站停靠时，若出站进路未被排列或其他原因导致出站信号未开放，CBTC 系统将切断列车牵引回路，防止司机误操作或误判断导致列车越过红灯信号，从而实现对列车安全出站的防护。

（11）列车完整性监督

列车本身的完整性是 CBTC 系统对列车运行进行安全防护的基础。若列车完整性不能保证，则 CBTC 系统无法实现对列车的控制和防护。因此，CBTC 系统在列车运行过程中需要实时对列车完整性进行监督。一旦丢失列车完整性信号，CBTC 系统将立即采取紧急制动措施，最大限度地保证列车安全。

（12）管理临时限速

作为运营调整的有效手段，临时限速在出现突发情况需要对线路某一区段进行速度限制时使用。CBTC 系统可以对调度人员下达的临时限速进行管理，包括临时限速设置、二次确认、存储、上电确认、取消等一系列作业，保证临时限速命令的完整性。

（13）管理数据库版本

在 CBTC 系统的各个子系统中，均存在数据库信息，为使系统整体的完整性和一致性得到保证，必须确保各子系统所使用的数据库版本统一。CBTC 系统的数据存储单元作为统一的数据源，对各关键子系统提供版本检验，若数据版本不一致，则 CBTC 系统不能进入列车控制环节，确保列车运行的安全性。

（14）联锁功能

联锁子系统是保证列车行车安全的基础设备，主要任务是按一定的程序和条件控制道岔、信号，建立列车或调车进路，实现与列车运行和行车指挥等系统的结合，实现进路的人工或自动控制。其可以通过显示区段占用和进路状态、信号开放和道岔状态、遥控和站控等各种表示和声光进行报警。

（15）道岔控制功能

道岔是控制线路方向转换的重要基础设备。CBTC 系统的联锁子系统提供了对道岔的控制功能，除正常排列进路时的道岔选动、锁闭、解锁外，还提供了特殊情况下控制道岔的单操、单锁、强扳、封锁命令，以便根据运营实际情况，在保证安全的情况下对道岔进行灵活控制。

（16）区域（信号）的封锁和解封

CBTC 系统的联锁子系统还提供了区段封锁和信号封锁功能。当运营过程中遇到突发情况，需临时对通过某一区段或信号机的列车进行限制时，可采用封锁命令。命令下达后，相关进路始端信号将不再开放，防止列车越过封锁区域。当突发情况解除时，可通过解封命令取消封锁。

（17）提供地－车双向通信

通过车地双向大容量冗余通信网络，CBTC 系统实现了车载设备与地面设备的信息交互。在列车运行过程中，系统将实时监测车地双向通信状态，一旦通信延迟超过系统所允许的门限值，系统将立即实施紧急制动，保证列车的运行安全。

2.保护和辅助乘客

除保证列车运行安全外，保护和辅助乘客也是 CBTC 系统非常重要的功能，系统需要防护车门、安全门、紧急停车按钮等与乘客相关的区域或设备，保证乘客在站台乘降、列车运行过程中的安全。

（1）管理列车车门

CBTC 系统对于列车车门的监控是实时的。在区间运行时，若系统监测到车门失去"关闭且锁闭"状态，则将采取切断牵引或紧急制动措施，提醒司机确认车门状态，保证乘客安全。在站台区域，若车门控制方式为自动，则 CBTC 系统将按照停站时间自动打开、关闭车门，若出现非系统授权的车门打开，系统将限制列车移动，保证站台和车上乘客的安全。

（2）管理站台安全门

站台安全门也被 CBTC 系统纳入监控范围，系统在运行过程中，将持续监测各站的安全门状态，若在列车进站前，某站安全门打开，则系统将限制列车不可进入站台，以避免发生危险。列车在站正常停车过程中，系统将通过车地无线通信实现车门与站台安全门间的同步开启和关闭。当列车在站台范围内监测到非预期的安全门打开时，将立刻采取措施限制列车移动，保证站台和车上乘客的安全。

（3）检查列车安全停靠站情况

当列车到达站台停车时，为了保证车门与安全门的对准以及乘客的安全乘降，只有当列车停靠在指定区域（称为"停车窗"）内时，系统才允许列车车门及站台安全门打开。否则即便司机发出开门命令，系统也将禁止该命令的执行，以保护站台和车上乘客的安全。

（4）授权驶离站台

当列车进站开关门作业完成，旅客乘降完成后，CBTC 系统将对列车的发车条件进行检查，当出站进路已排列且信号开放、所有站台安全门关闭且锁闭、所有车门关闭且锁闭、紧急停车按钮全部未按下等安全条件都具备后，系统将给出离站移动授权，确保列车能够安全离站。

（5）管理站台紧急停车按钮

站台紧急停车按钮是紧急情况下临时封锁站台的专用设备，也是CBTC系统的防护对象之一。系统在运行过程中，将持续监测各站的紧急停车按钮状态，若在列车进站前，某站紧急停车按钮按下，则系统将限制列车，使其不可进入站台，以避免发生危险。当列车在站台范围内监测到紧急停车按钮按下时，将立刻采取措施限制列车移动，保证站台和车上乘客的安全。

3. 辅助列车运行

除去安全防护功能外，CBTC系统为了辅助列车运行，也提供了一系列功能。这些功能涵盖设备自检、驾驶信息提供、进路控制及运营调整等各个方面，使运营人员可以方便地对系统工作状态进行了解，并通过CBTC系统对列车运行状态进行监控。

（1）设备上电自检

CBTC系统设备在断电后再次上电时，将进行全面的自检作业。若设备存在故障情况，则将进行声光报警，提示运营人员对设备状况进行检查。

（2）设备自诊断

在运行过程中，CBTC设备将实时不间断地对自身运行情况进行诊断。若出现故障情况，则将视故障的严重程度进行不同的处理，从给出报警提示、声光报警直至导向安全侧（宕机，并提示系统降级等）。

（3）车载设备日检

CBTC系统车载设备是系统与车辆、车载广播、TMS等系统的直接接口，除进行设备自身的上电自检外，车载设备还提供了日检功能，以便运营人员对关键接口情况进行验证。日检包括列车试闸、车地无线网络状态监测等内容，还可根据运营需求，实现车载广播测试等功能。

（4）向司机显示详细驾驶信息

CBTC车载设备中，包括与司机进行人机交互的车载人机界面（MMI）设备，MMI将向司机显示详细的驾驶信息，包括列车当前最高预设驾驶级别及模式、列车当前实际驾驶级别及模式、列车实时速度、紧急制动触发速度、推荐速度、故障信息、时间信息、车门/安全门状态信息、列车完整性

信息、目的地及下一站信息、跳停/扣车/提前发车信息、是否在停车窗内信息、牵引/制动/惰行状态信息等，这些信息用于辅助司机了解系统运行情况，在 CBTC 系统的安全防护下驾驶列车。

（5）子系统之间通信状态监测

如前所述，CBTC 系统是一个复杂的分布式系统，系统设备分布在控制中心、车站、轨旁、车上等各处，系统设备间通过地面骨干网络及车地无线网络实现信息交互。为保证系统功能的完整性、实时性和一致性，CBTC 系统在运行过程中将实时监测各子系统间的通信状态，若出现通信中断，将立刻进行提示并进行导向安全侧的处理。

（6）站控遥控切换功能

正常情况下，线路上列车的运行及运营调度由控制中心行车调度统一指挥和控制，此时系统处于遥控状态。系统同时提供站控功能及站遥控切换功能，当某集中区出现需现场确认或现场处理的作业时，车站值班员可通过一定的操作将控制权转换至本地进行处理。待处理完毕后，车站值班员可将控制权再次交回控制中心。

（7）操作防护功能

CBTC 系统的联锁系统为车站值班员提供了对进路、道岔、区段进行控制的功能，这些功能中很多与行车安全直接相关。为了防止值班员误操作对运营秩序和运营安全产生不利影响，这些与安全相关的操作/功能均提供了防护功能，在启用这些功能或进行这些操作时，车站值班员必须输入密码，并进行二次确认，有效地避免了误操作的发生。

（8）车站操作员工作站的功能

车站操作员工作站（现地工作站）为车站值班员提供了用于现地控制所需的所有功能，包括进路排列/取消、总人解、站遥控转换、区段故障解锁、自动进路设置/取消、全站点灯、信号元素封锁、扣车、区段复位、道岔单操、道岔单锁、道岔总定/总反、引导进路等。

（9）各级操作工作站权限管理

CBTC 系统中，ATS 子系统是组成最为复杂的系统，所辖的工作站数量众多，在提供了丰富功能的同时，对各级操作工作站及不同用户角色也做出了严格的权限管理，使用不同的用户角色登录，仅可获得此用户角色权限范围内的相应权限，避免了误操作的可能性。

（10）进路操作

作为列车运行管理的监控系统，CBTC系统的ATS子系统在控制中心为行车调度提供了丰富的进路操作功能，包括按照时刻表/运行图自动触发进路、按照目的地自动触发进路、人工排列进路、人工取消进路、进路属性设置等。

同时，在车站级，ATS系统与联锁系统合设了现地控制工作站，在站控级别下，也提供了丰富的进路操作功能，包括人工排列进路、人工取消进路、进路总人解、进路区段故障解锁、进路自动排列等。

（11）列车追踪

在列车运行过程中，CBTC系统持续地对列车位置进行追踪，并通过ATS子系统对列车的车次号进行统一管理，列车的车次窗将随着列车移动而移动，时刻向行车调度及其他运营人员展示列车运行情况及任务运营情况，以便运营人员进行整体把控。

列车的位置和车次信息也会被发送至现地控制工作站，并展示给车站值班员。

（12）运营调整

为应对运营中可能出现的情况，CBTC系统为运营人员提供了运营调整功能，当偏差较小时，系统自动调整列车运行计划并控制列车运行至正点状态。当偏差较大时，系统发出报警，提示调度员进行人工介入，调度员需根据当前在线列车的运行情况及运营需求，对列车运行进行人工调整。

若根据当前情况，调度员认为需对计划运行图/时刻表进行修改并进行重新加载，可手动进行列车运行计划调整，或重新选择运行图，系统自动执行调整计划并控制列车运行。

（13）时刻表/运行图管理与编辑

时刻表/运行图是CBTC系统对列车运行进行自动控制的基础，在系统

交付时，将提供基本的时刻表/运行图供运营方使用。系统也提供了强大的时刻表/运行图编辑功能，运营方可在基本时刻表/运行图的基础上进行修改，也可创建全新的时刻表/运行图以供使用。CBTC 系统提供时刻表/运行图的检查功能，以保证修改/新建的时刻表/运行图是合理且可用的。

4. 辅助驾驶

CBTC 系统提供了列车自动驾驶功能，以减轻司机工作量，辅助司机对列车进行驾驶。同时，ATO 子系统与其他子系统相互配合，能够提供更多的功能。

（1）列车自动启动

当列车在站台停车时，由于发车时机受到诸多因素的影响和限制，因此需要由司机对列车的发车时机进行判断并启动列车。但列车在区间信号机前停车时，由于没有站台乘降作业，因此情况较为单一。在这种情况下，当列车的移动授权已经向前延伸，系统判断列车继续向前运行安全时，若驾驶模式为自动驾驶模式 AM，则 ATO 可在 ATP 的防护下自动启动列车，继续向前运行。

（2）列车运行时分调整

如前所述，ATS 子系统可对列车的站间运行进行调整，此项功能是在 ATO 子系统的配合下实现的。为保证 ATO 对站间运行时间的精确控制，根据 ATS 发送的站间运行时间，ATO 要对牵引、制动与巡航阶段分别进行调整，来控制列车准点节能运行。ATO 子系统可根据 ATS 的指令实现秒级精度的区间走行时间调整。

（3）管理跳停

跳停作业是列车运营调整的手段之一，用于控制列车在指定站台不停车，直接运行通过。ATO 驾驶下的列车可以在接收到 ATS 的跳停命令后，在 ATP 的授权下直接驾驶列车越过指定站台。

（4）管理扣车

与跳停作业相同，扣车作业也是列车运营的调整手段之一，用于控制列车在指定站台不发车。ATO 驾驶下的列车在接收到 ATS 的扣车命令后，将

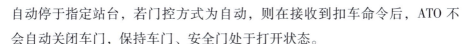

自动停于指定站台，若门控方式为自动，则在接收到扣车命令后，ATO 不会自动关闭车门，保持车门、安全门处于打开状态。

（5）列车节能运行

当列车在区间运行时，反复的牵引制动会导致耗电量远大于经常处于惰行状态下的列车，所以节能最大化就是列车惰行时间最大化。

ATS 子系统根据在线列车的运行情况及当前运营状态，可向 ATO 子系统发出节能指令，要求 ATO 系统更加节能地控制列车运行，节能运行方式可以根据运营情况分为不同等级。ATO 根据地面控制中心发送的到达目的站的时间和当前运行时间之差，调整对列车牵引制动的控制，保证列车在这个时间段内惰行时间最大化。

（6）控制列车进站停车

列车进站时，在进站停车过程中，考虑到运行舒适度与效率，ATO 子系统计算出既高效且冲击率较小的一次性制动曲线。ATO 子系统根据进站停车制动曲线，控制列车采用连续的制动、恒定的制动率，采用一次制动曲线控制列车停至目标停车点。

（7）站间运行时间控制

为保证 ATO 对站间运行时间的精确控制，根据 ATS 发送的站间运行时间，ATO 对牵引、制动与巡航阶段分别调整，来控制列车准点节能运行，ATO 子系统可根据 ATS 的指令实现秒级精度的区间走行时间调整。

牵引/制动阶段，在保证冲击率符合要求的前提下，ATO 根据运行时间控制牵引力与制动力的大小，调整列车的加速和制动时间。巡航阶段，ATO 在区间巡航过程中通过计算 ATS 发送的站间运行级别与当前的运行速度得出可满足的惰行余量，在此基础上尽量保证惰行工况，以实现列车的准点运行，这对降低列车运行能耗也有较为明显的作用。

（8）自动驾驶舒适度控制

ATO 控制曲线以列车性能、载重为基础，充分借鉴优秀司机的驾驶习惯，在保证列车运行效率的同时，优化乘车舒适度。出站牵引过程采用二阶速度曲线，保持冲击率恒定，区间运行过程采用长惰行策略，使列车在区间

大部分走行时间内无冲击运行，进站制动过程采用连续的恒定减速度制动，在确保精确停车的同时，减少进站过程中的列车冲动。

（9）计算牵引和制动命令

当列车在 AM 模式下时，一旦生成离站命令，ATO 子系统就会给出详细的驾驶命令，包括加速、制动和惰行指令以及指令值的大小。

列车在 AM 模式下，向列车发送的牵引/制动信息从请求的目标加速度命令转化后得出，同时考虑列车参数、列车当前所处的线路位置和所测得的列车当前速度。

（10）管理列车折返

通过连接两端车载设备的贯通线，CBTC 系统的车载设备在折返轨时可以方便地交换位置信息，从而实现列车的折返作业。列车在折返过程中仍将保持运行级别。

CBTC 系统还提供了无人自动折返功能。在终端站，乘客乘降完毕列车具备发车条件时，司机可通过一系列作业激活无人自动折返功能，系统将驾驶列车自动进入折返轨，完成换端并自动驶回对端站台，打开车门和屏蔽门，等待司机进行下一步操作。整个过程中无须司机人为操作。

5. 提供技术支持

在为运营人员提供列车监控功能的同时，CBTC 系统还提供了用于系统问题分析、维护管理的技术支持功能。

（1）时钟同步

为保证 CBTC 系统使用统一的时钟信息，系统提供时钟同步功能。ATS 子系统通过与时钟系统的接口，周期性地获得当前的时钟信息，并向 CBTC 系统内其他各子系统发出校时命令，各子系统通过 ATS 系统发送的时钟信息，统一校准自身时间，从而保证系统整体时钟的同步。

（2）数据记录

为了便于出现故障后的问题分析及了解设备运行状态，CBTC 系统各子系统均配备了数据记录功能，记录各子系统的运行状态、命令发送时间、接收时间、执行时间、故障代码、设备报警等信息。基于时钟同步功能，数据记录能够实现出现问题时各系统时间点的统一，便于问题的分析和查找。

（3）系统故障报警

CBTC系统中的信号维护监测子系统（又名：MSS子系统）可对信号系统中各子系统的运行状态进行实时的监视和分析，并根据报警可能引起的后果对报警进行分级，不同级别的报警将采取不同类型的处理方式。轨道交通信号系统维护人员可根据MSS子系统的报警提示，方便快捷地对故障设备、板卡进行定位，并进行预防性更换或维护性更换，从而保证整个信号系统的可靠性和可用性。

（4）培训设备功能

CBTC系统为运营人员提供了独立的培训系统，培训系统为行车运营人员和信号维修人员提供全面丰富的培训内容，可完成室内外模拟培训、实物培训等功能，以满足行车运营人员、信号维修人员的日常培训、现场故障模拟及处理培训等需求。培训系统构成齐全、功能全面，故障信息层次清晰，状态信息全面。

（5）系统回放

ATS维护工作站是ATS子系统的维护平台。ATS维护工作站，可以和调度工作站一样监视全线现场信号设备状态和列车运行情况，进行接口状态监视、设备状态监视、报警管理与查询等；可以对整个系统的参数进行配置；可以对ATS维护工作站所显示的站场状态、列车运行和操作日志等历史数据进行回放；可以对系统保存的历史数据进行查询和备份。

（6）网络管理

地面骨干网络和车地无线网络是CBTC系统的重要组成部分，为更好地对网络进行管理，CBTC系统中配备了网络管理系统，为系统运营和维护提供全方位的网络管理。

网络管理系统管理正线、停车场、车辆段及其列检库等所有站点的DCS设备，可以查询网络设备的工作状态，并可以设定网络设备的参数等。其功

能包括：展现网络拓扑结构，进行网络拓扑管理；及时监测各种网络设备的工作运行状态；监控并分析网络流量；进行网络故障报警等。

三 自主化CBTC系统发展历程

我国的轨道交通市场规模非常庞大，特别是自2000年以后，随着城市化进程的不断加快，对于公共出行方式的需求日益迫切，城市轨道交通线路建设进入高速增长通道。

如前所述，信号系统对于城市轨道交通的高效、安全、稳定运行起着至关重要的作用，因此在线路建设中，信号系统是非常关键的组成部分。CBTC技术应用初期，其核心技术掌握在西门子、泰雷兹、阿尔斯通等少数国际巨头手中。对于中国轨道交通工期短、建设情况复杂、定制化需求多的特点，这些核心技术的掌握者非常不适应。由于信号系统与线路具体条件和需求不匹配造成的工期延误、合同变更、运营延误等时有发生，建设管理单位和运营单位有苦难言，处处受到掣肘。因此，将CBTC技术自主化，使其能够更好地符合中国城市轨道交通的发展要求，成为日渐迫切的需求。

早在20世纪60年代，北京交通大学就率先提出CBTC系统的理论并开始进行理论分析和相关的教学与科研，并组建了以特色大学为核心的专业技术攻关团队，积极开展相关核心技术研究。

在1998年开展引进消化吸收再创新的国产化的同时，国家发改委倡导自主化的国家战略，我国组建了自主开发信号系统研发团队，先后研制成功了以自主化列车自动防护系统（ATP）为代表的一系列轨道交通信号设备。

2004年，基于通信的列车运行控制（CBTC）技术研究应用在世界上尚处于起步阶段，我国积极开展CBTC核心技术及关键设备的研究与开发，并在北京地铁车辆厂进行了现场试验。

2006年该项研究经过原始样机的二次设计，基本完成了CBTC系统核心技术的研究与攻关，完成了功能样机的研制，以及实验室的仿真测试验证，并进行了现场试验与测试。

2008 年初，自主化 CBTC 研发团队结合 CBTC 研究成果，在大连实际运营线路上开展 CBTC 系统的现场试验，全面验证了完整的信号系统功能与性能，各项性能指标均达到国际先进水平。

自主化 CBTC 研发团队经历了长达 10 年的不懈努力，终于在 2008 年底完成了自主化 CBTC 工程样机的研制工作，并在 2009 年底，以原有的团队核心成员为班底组建了自主化信号系统科研成果转化实体化公司——北京交控科技股份有限公司，由其负责自主知识产权 CBTC 列车运行控制系统示范工程——亦庄线。

2010 年 12 月 30 日亦庄线正式开通试运营，使中国成为第四个成功掌握 CBTC 核心技术并将其成功应用于实际运营线路的国家，CBTC 系统历经了 30 年的自主创新之路，历经核心技术研发、实验室测试、现场试验、中试、示范工程等过程，实现了核心技术的原始创新与集成创新，攻克了制约我国城市轨道交通发展的信号系统核心技术，对推动我国城市轨道交通运行控制系统自主化和产业化具有重要意义。

亦庄线开通后，北京交控科技所提供的 CBTC 信号系统由于其优异的性能表现，明显低于引进系统的故障率和高效快捷的售后服务，受到业主好评，并不断在全国进行推广（见图 6-28、图 6-29）。截至目前，交控科技的 CBTC 产品已在亚洲 13 个城市 21 条线路得以应用，总应用里程超过 700 公里，其中已开通线路 11 条。

随着北京交控科技的出现，国内多家信号相关厂商，也开始了自主化 CBTC 系统的研发及产品化工作。

中国铁路通信信号集团公司于 2007 年立项开始 CBTC 系统研发工作，目前已在北京地铁 8 号线得以应用，2015 年 12 月底投入 CBTC 级别运行。

中国铁道科学研究院的 CBTC 系统研发工作开始于 2008 年，2014 年，该 CBTC 系统中标广州地铁 7 号线，已于 2016 年 12 月底开通运行。

众合机电自 2010 年开始研发其自有 CBTC 系统产品，2014 年，该 CBTC 产品在西安试车线通过验收。目前该 CBTC 产品已在非洲埃塞俄比亚得以应用，于 2016 年投入运行。

图 6-28　北京交控科技自主化 CBTC 系统获得国家科技进步二等奖

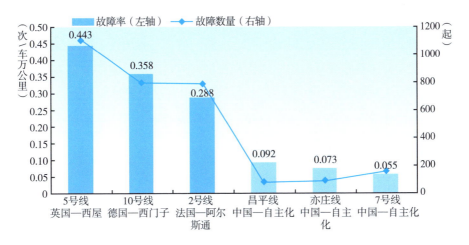

图6-29 北京交控科技自主化CBTC系统与引进CBTC系统
开通第一年运营表现同比情况

北京和利时集团自2011年开始进行CBTC系统的研发工作，该CBTC产品目前已中标伊朗马仕哈德2号线，将于2017年底开通运行（见图6-30）。

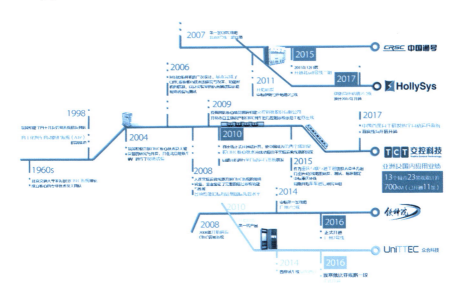

图6-30 自主化CBTC系统发展大事记

作为一项关系国计民生的核心技术，CBTC 系统的技术突破和工程化应用，打破了国外大公司长期以来的行业垄断，填补了我国该领域的空白。自从有了北京交控科技和具有自主知识产权的 CBTC 系统，国外进口 CBTC 价格被迫降至原来的1/3。中国交通科技工作者用自己的智慧和努力迫使原本高高在上的外国技术低下了头。自此，中国也成功走上了一条赶超世界先进列车运行控制技术的自主化发展道路。

（一）自主化 CBTC 系统技术演进

随着对于 CBTC 核心技术的掌握和自主化的深入，我国自主化 CBTC 系统开始向着更加满足中国轨道交通需求的方向不断演进，开始立足学习，增强定制，准备超越（国内外信号系统技术演进天梯图见图 6－31）。

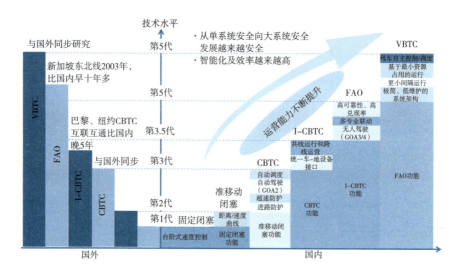

图 6－31　国内外信号系统技术演进天梯图

1. 互联互通信号系统

随着城市化进程的推进，我国特大城市 30 至 70 公里圈内，形成了大量的通勤客流，需要形成"1 小时通勤圈"，需要区域轨道交通实现共线、跨线运营，逐步吸引和聚集客流，提高线路和设备利用率，形成网络化行车和客运组织。

同时，在中小城市，客流量和线网规模相对较小，但繁华区段相对集中，因此城市中心区需要高频率的服务，而市郊需要较高旅行速度和延长运营时间的服务，同样需要能够支持线网级运营的信号系统。

在我国掌握CBTC核心技术之前，各核心技术提供方的技术封闭性导致了不同厂家的信号系统之间无法进行连接，线网间各线列车无法在正常运营级别下运行至其他线路，因此无法组织线网级运营，制约了线网资源的合理利用，增加了运营管理的成本和难度。

这种情况在自主化信号系统逐步成熟后出现了转机。各家掌握CBTC核心技术的厂商有意愿为线网级运营提供更加适用的信号系统。同时，为推进互联互通工作，中国城市轨道协会组织相关单位讨论，明确了互联互通的具体需求，并已完成全部12个规范的编制和发布工作（见图6-32）。

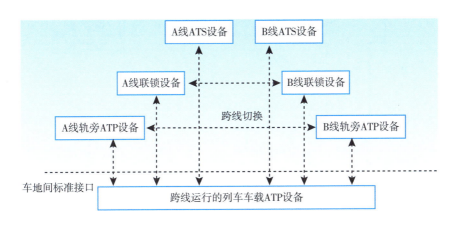

图6-32 互联互通规范接口

重庆市轨道交通4号线、5号线、10号线及环线作为国家级示范工程，首先将互联互通信号系统进行了应用（见图6-33）。4条线的信号系统供货商均为掌握CBTC核心技术的自主化厂商，包括北京交控科技、中国通号、铁科院及众合机电。其中，北京交控科技作为本示范工程的技术牵头方，协助业主经过多轮次的合同谈判，组织协调专家会议和专题会，形成了基于城市轨道交通协会互联互通标准的《重庆轨道交通列车控制系统

（CQTCS）标准》，明确了重庆互联互通工程项目的工程设计及系统设计原则，以及互联互通测试与安全认证方式。

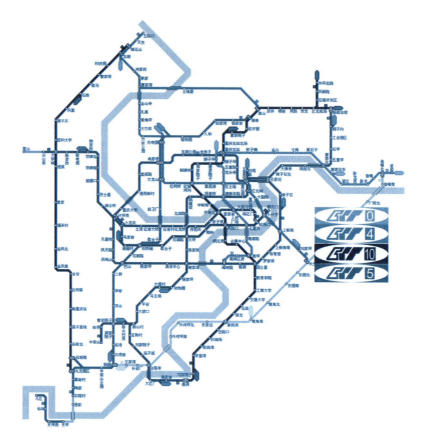

图 6-33　重庆互联互通示范工程

国内各城市也积极响应互联互通信号系统的应用落地工作。除重庆外，北京也在积极推进互联互通标准的制定工作。贵阳、乌鲁木齐、青岛等城市也将互联互通的要求纳入了后续线路的招标文件，为线网级运营提前做好充分准备。

除了线网间不同线路信号系统间的互联互通（称为横向互联互通）外，还有一种类型的互联互通需求，存在于线网已经基本成型，但既有线路采用固定闭塞或准移动闭塞系统的城市（纵向互联互通）中。这种互联互通能用一套信号系统车载设备兼容不同的闭塞制式，从而实现不同闭塞制式线路间的互联互通或既有线路改造的平滑过渡（见图 6 - 34）。

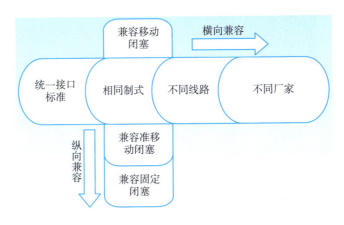

图 6 - 34　横向互联互通与纵向互联互通

北京地铁 5 号线是纵向互联互通需求的典型代表。这条 2007 年开通的线路采用的是基于准移动闭塞的轨道电路系统。由于 ATP/ATO 核心技术自国外引进，设备供货厂家较多、系统性不强，采用基于 FS - 2500 轨道电路的准移动闭塞信号制式，难以发挥线路最大运力，且部分信号系统服务商退出服务，难以保证备品备件的有效供应，运营维护存在困难，信号系统故障率高，车载设备故障占到总数的 87%，维护压力巨大。

北京地铁 5 号线的信号系统改造势在必行。若采用原有的 CBTC 系统，建设、调试、测试所需时间多，项目周期长，而近期对既有系统无法改动，运营部门的维护压力丝毫得不到减轻。因此，能够兼容既有准移动闭塞系统，又能适用于改造后的 CBTC 系统的兼容性纵向互联互通需求出现了。

北京交控科技针对纵向互联互通需求，基于对轨道电路系统及 CBTC 系统的充分研究及工程实施经验，针对北京地铁 5 号线，提供了一套车载设备兼容准移动闭塞（轨道电路制式）和 CBTC 制式的解决方案（见图 6 - 35），避免了传统两套车载设备安装带来的空间问题、切换问题、二次改造问题，

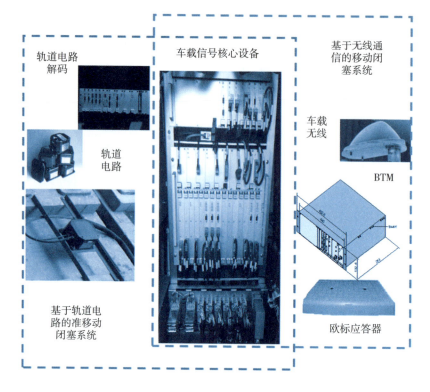

图 6 - 35　兼容移动闭塞和准移动闭塞的车载设备解决方案

以及改造周期拉长等问题。

　　针对北京地铁 5 号线目前的实际运营情况，北京交控科技从用户角度出发，采用了双制式 VOBC（见图 6 - 36）与其他成熟 CBTC 子系统配套，实现"初期兼容既有轨道电路系统，降低设备故障，后期升级 CBTC，提升系统稳定性及运营能力"的分阶段实施改造方案。

　　北京交控科技提出的初期兼容既有轨道电路、降低设备故障，后期升级 CBTC 系统、提升系统稳定性及运营能力的分阶段实施改造方案，是有效、可行的方案，可在最短时间内，使原有系统的车载问题得到根本解决，使信号改造的周期、成本大幅下降，同时不影响既有运营。

　　2. 全自动运行信号系统

　　全自动运行信号系统，即 FAO（Fully Automatic Operation）系统，是自

206

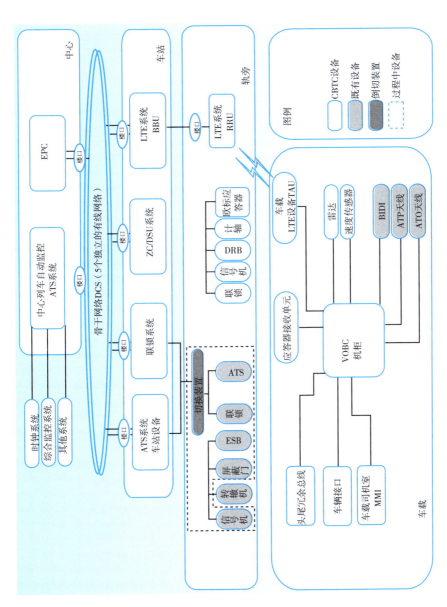

图 6-36 双制式信号系统架构图

动化水平更高，功能、性能更强的信号系统。基于 UITP（国际公共交通协会）的数据，截至 2017 年 3 月，国际上已有 38 个城市开通运营 56 条、850 公里、890 个车站全自动运行线路。国外 75% 新线将采用 FAO 技术，40% 的既有线改造时将采用 FAO 技术。预计 2025 年全球将有 2300 公里的全自动运行线路。自动化等级定义见图 6－37。

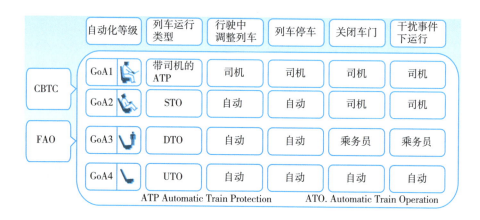

图 6－37　自动化等级（GOA）定义

国际上 FAO 系统发展迅速，同时近年来我国轨道交通建设规模空前，新建线路将占全球新建线路的 80% 以上。因此，迫切需要推动自主化 FAO 核心技术的攻关和产业化，否则将错失产业发展机遇，无法对标国际先进技术。

基于此，北京市向国家发改委申请将北京地铁燕房线作为全自动运行系统示范工程，促进自主化 FAO 核心技术的产业化。2016 年 8 月，国家发改委批复《北京市轨道交通燕房线全自动运行系统国家自主创新示范工程实施方案》，正式确立了燕房线的示范工程地位（见图 6－38）。

北京交控科技为燕房线提供了全套的全自动运行系统解决方案。目前燕房线已进入正线全面动车调试阶段，计划于 2017 年年底投入运营。

同时，自主化 FAO 系统的示范效应也已初步体现。上海、天津、成都、武汉、南宁、哈尔滨等多个城市已经在线网规划中考虑采用 FAO 信号系统。

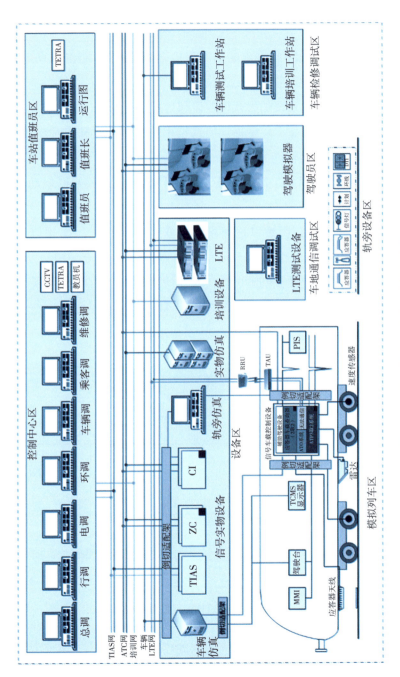

图 6 - 38 燕房线全自动运行系统架构图

（二）自主化 CBTC 技术未来展望

随着系统的不断成熟和需求的不断发展，CBTC 技术将继续向前发展，不断向小型化、集成化、智能化的方向发展。

随着近年来 CBTC 系统的大规模建设和运行，建设方、运营方及自主化 CBTC 系统供货商均积累了大量移动闭塞技术、专业人才和工程应用经验。同时，用户对于系统运输能力提高、全生命周期成本优化、灵活改造等方面提出了更高的需求。因此，FAO 趋于成熟、科技迅速发展共同驱动了新一代列控系统的发展。

新一代列控系统，突破以地面指挥列车的控车模式，实现以车载为核心的列车运行控制，称为车车通信信号系统（见图 6-39）。该系统地面无须 ZC、CI、计轴/轨道电路、可变应答器参与。轨旁仅保留固定应答器定位。列车与对象控制器配合，受 ITS 指挥实现列车安全高效运行。

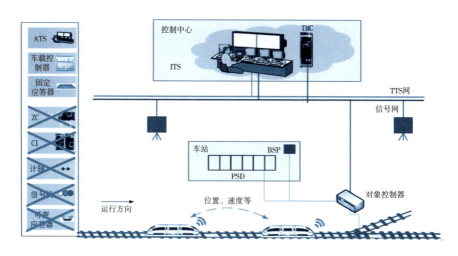

图 6-39　车车通信信号系统架构

高性能计算机、多模式通信、无人驾驶环境感知的发展带来了技术实现的可能，互联互通将进一步深化。小型化、减少系统复杂度、以车载设备为核心的车车通信，相对于传统 CBTC 系统而言，有着性能高、可靠性高、成本低、易于建设与维护、模块化、支持互联互通等优势，将成为今后 CBTC 系统的发展方向。

（作者：北京交控科技有限公司——郜春海、刘超）

B.7
第4章
经济篇：轨道交通周边土地开发

摘　要：　地铁不仅前期建设投入较大，建成后运营维护费用也较高，目前中国各大城市地铁基本都处于亏损状态，需要政府长期的财政补贴。而香港政府将轨道交通建设运营权及部分沿线土地发展权交给港铁公司，使香港地铁成为世界上为数不多的、能够从其核心业务赢利的地铁公司之一。轨道交通可以带来周边土地升值。如果用土地升值后的开发收益来支持轨道交通建设，可以形成良性循环，达到双赢状态。内地铁路局在借鉴"港铁模式"等先进经验后，也积极与房地产企业对接，尝试合作开发铁路周边土地。因此，深化改革我国轨道交通周边土地开发利用制度可作为轨道交通建设融资的突破口，以彻底改变轨道交通和周边土地开发的被动局面。在今后相当长一段时期内，各个城市的轨道交通建设项目将越来越多地出现联合体开发模式，各方发挥各自优势，布局轨道交通建设，开启"轨道＋物业"联合体的黄金时代。

关键词：　轨道交通周边土地　港铁模式　"轨道＋物业"联合体　联合体开发

　　城市化水平是衡量一个国家经济发展程度的重要标志，是社会进步的必然结果，是社会文明程度的表现。一个国家和地区的城市化比例，是其社会经济发展水平的体现。因此，我国把推进城市化进程作为一项发展战略来实施。目前，我国的城市化率大概为50%多，未来预计要达到70%~80%，据测算，至少有3亿左右的人口要从农村迁移到城市。在加快推进城市化进程的同时，随着大量人口在城市的聚集，像北京、上海这样的一线城市里出现了人口暴增、交通拥堵、房价暴涨、环境污染、资源不足等"大城市病"。对于治理"大城市病"，每个大城市都根据自己的特色和功能定位，制订城市的发展规划，布局城市的发展路线。无论是发达国家还是发展中国家，在快速城市化和治理"大城市病"的双重矛盾中，迫切需要找到一条既能解决人口聚集到城市的问题又能有效避免"大城市病"的道路。在大城市周边建立卫星城或副中心，成为各个大城市普遍采用的模式。这就不可避免地要面对卫星城或副中心与城市核心区之间的交通问题，城市轨道交通应运而生。在城市公共交通系统中，常见的轨道交通有传统铁路、地铁、轻轨等，以地铁最为常见。轨道交通在大城市交通中的地位不言而喻，它由于容量大、安全、舒适、准时而受到人们的普遍青睐。

在我国，基于轨道交通对城市发展的巨大帮助和带来的社会效益，如周边土地增值、市民出行时间降低、城市拥堵减少、公交出行比例增加带来的节能减排、诱发出行带来的刺激消费等，各大城市宁可承受轨道交通投资巨大、建设周期长、运营亏损等弱势，也选择大力发展城市轨道交通事业。目前，我国修建轨道交通的城市有北京、上海、深圳、厦门、苏州等40多个，其中包括直辖市、计划单列市、大部分省会等经济、人口规模较大的城市。未来几年，北京的地铁要修到廊坊、固安、涿州。这些迹象表明，城市轨道交通建设正在向二、三线城市蔓延，并且呈现出跨行政区域、跨经济圈的趋势，并将作为一项发展战略在各大城市大力推广，以求实现与城市人口布局、空间规划、土地开发相协调的可持续发展。现在，来探讨一下轨道交通对周边土地价值的影响和开发模式。

一 轨道交通对周边土地价值的影响

对于房地产开发来说，最重要的指标是人气。盖得再好的房子，装修得再好，如果周围没有人的聚集，也会成为一座座"鬼城"，分文不值。只有人聚集到这里生活、工作，房地产才有价值，用于房地产开发的土地才有更高的价值。未来五到十年，我国人口的流动方向、真正聚集人气的地方将出现在轨道交通周围，房地产开发最好的机遇就是轨道交通的大规模建设，轨道交通线将成为不动产投资的生命线。这是由于轨道交通的快速发展，将大规模地改变中国几亿人口的出行方式，极大拓展人们生活、工作、消费的活动区域，带动周边土地增值。

1. 轨道交通重塑城市结构布局

城市轨道交通的修建，会促进经济空间的重新组合，对城市发展和空间结构的合理布局形成方向性引导。一般来说，轨道交通的规划修建方向与所在城市的发展方向一致。轨道交通的发展方向在一定程度上代表着城市的拓展方向，站点设置的空间状态在一定意义上将决定区域的经济规模。在未来的城市发展进程中，城市空间布局模式从"摊大饼式"外延发展逐渐走向以轨道交通线为轴的纵深发展，轨道交通将引导人口和经济的发展方向，发挥明显的导向作用。轨道交通主要通过沿线站点的不同设置来影响城市的空间形态。位于站点与站点之间的土地将以站点为中心形成紧凑的环形用地。对于出行者来说，轨道交通沿线各站点的可达性基本一致，在短距离内没有差别，土地开发将沿轨道交通线依次展开，发展到一定程度后，"珠链式"开发的土地将转化成为区域性的经济带。站点的建设对周围地区的经济发展和人口聚集带动作用明显，产生的集聚效应将使周边土地的价值大大提升。

2. 轨道交通促进沿线土地的开发利用

城市形成一个中心的重要条件是便于人口和商品的聚集和疏散，便利的交通必不可少。轨道交通将城市中心与卫星城或副中心连接起来，使沿线物业的交通条件得到改善，城市居民的出行距离得到延长，在空间上的活动范围得到扩大，为城市中心人口向郊区转移提供了交通保证，使郊区承担了部分市区的功能，促进了当地经济的发展和新的城市副中心的形成。随着这种一个城市多个中心模式的发展，在人们的生活中，轨道交通成为不可缺少的出行工具，也使各城市副中心的配套基础设施逐步得到了完善，人们的住宅需求随之转移到此。站点周边的土地价值随着市场需求旺盛而得到开发利用。轨道交通对土地开发利用有着显著的促进作用，城市轨道交通沿线的小区、楼盘密度远比其他地区要高得多，轨道交通沿线交通便利，会带动土地价格的上涨。

3. 轨道交通对住宅价格的影响

房地产是个特殊的商品，影响其价值的因素是多种多样且复杂的。房地产在城市中所处的位置、与城市中心的距离和交通条件会直接影响到房价的高低。而这些条件直接受到城市轨道交通建设的影响。轨道交通运输能力强、安全系数高、乘坐方便、环境舒适，可以在很大程度上决定沿线区域的交通状况，成为影响城市居民购房首要考虑的因素，同时也必将影响到城市住宅价格。城市轨道交通规划所到的区域，必定会兴起房地产开发热，大量的小区楼盘会在轨道交通沿线密集开发，产生"地铁一响，黄金万两"的带动作用。跟着地铁去买房，几乎成为年轻人买房必会遵循的规则之一。轨道交通发展对沿线 1 公里内的房地产开发有明显的辐射效应。地铁对房价的提升作用显而易见，特别是配套和交通相对不便的郊区板块，地铁通到哪里，哪个板块的房价必定上涨。

二　制约轨道交通及周边土地开发的瓶颈

1. 地铁建设筹集资金难

修建地铁耗资巨大、运营周期长，对于每个城市来说都是一项重大工程。2017 年开工建设的北京地铁 17 号线，全长 49.7 公里，投资金额为 510 亿元，平均每公里耗资 10.3 亿元。由此可见，轨道交通的修建，对于每个

城市来说都意味着很大的资金压力。"十三五"发展规划明确鼓励和支持有条件的大城市建设城市轨道交通网络,已将新增运营里程3000公里以上轨道交通的计划纳入其中。到2020年,我国地铁总里程将达到6000公里,预计投资将达4万亿元。但由于运营成本居高不下,运营中的票价、广告等收入不足以抵消车辆、能源、人工等运营成本投入,各城市的地铁运营基本都陷入连年亏损的困境,需要政府财政补贴来维持。

现阶段,我国的地铁项目大多依靠政府财政拨款,或依靠财政在金融机构融资。在我国经历经济转型、增速放缓的"新常态"下,在国家推行减税政策、房地产市场存在"去库存"压力等多重因素的影响下,地方财政收入形势严峻、收支矛盾凸显,甚至已经到了不堪重负的地步,仅依靠政府财政拨款难以支持大规模的轨道交通建设。为打破这种僵局,促进新型城镇化发展,国务院不断出台政策要加强城市基础设施建设,鼓励并大力支持社会资本参与基础设施建设。因此,能否筹集到相当规模的建设资金,将成为决定能否迈出大力发展轨道交通第一步的关键因素。我国地铁公司以国企背景为主,再加上政府对地铁建设的政策支持,地铁公司在规划和建设地铁之时,获取周边土地资源较其他土地开发者有更大的优势。这些土地资源一般都处于城市经济发达的核心位置,也是房地产开发的黄金地段,将成为吸引社会资本的"唐僧肉",特别是对把土地资源作为主要生产资料的房地产开发商具有难以抗拒的诱惑力。

2. 地铁周边土地不能物尽其用

地铁公司获得优质土地资源,但并不擅长土地开发、规划和运作,难以把这些优质的土地资源转化成最大的经济价值。受限于我国的土地出让制度,周边的其他土地,必须经过招、拍、挂的流程确定土地开发商,无法直接将土地用捆绑的方式指给确定的土地开发商,也就无法实现以政府为主导、企业为引领,在地铁沿线区域打造具备商业、办公、住宅等功能的城市综合体及配套服务设施,实现政企整体联动的合作机制。对于房地产公司而言,土地是命脉,是赖以生存和发展的基础,得不到土地,生产经营也就无从谈起。我国城市的所有可供开发的土地都控制在政府手里,房地产开发商要想拿地，都需要去竞拍。在国家层面宏观调控的背景下，各地房市调控政策层层加码，地产公司"躺着就能挣钱"的黄金时代已经过去。地方政府出于财政压力和调控的双重考虑，既要减少土地供应量，又要缓解财政困难，而一线城市土地资源稀缺，在这种状况下，一线城市每次用来出让的土地，基本都会是地王。地铁周边的土地因其优质特性而受到地产开发商的青睐，是地王比例居高不下的黄金地段。面对高昂的土地出让金，在"限购、限贷、限价、限售"的大环境下，房地产开发商往往买得起地却赚不了钱，只能望而却步。建设地铁的城市基本都是土地供应量有限、土地升值前景大的热点城市，地铁周边的土地若不能得到高强度的有效开发，则无疑是一种浪费。

3. 相关的法律法规体系不完善

轨道交通建设及周边土地综合开发的相关法律法规体系尚不完善，相关的体制机制还处于摸索尝试阶段，还没有形成一套实现多方共赢、效益分享的成熟机制。城市轨道交通与周边房地产的联合开发，涉及政府主管机构、地铁公司、承建商、运营商和房地产开发商等多个方面。而在香港，进行轨道交通建设和房地产开发的主体往往是一个，既是轨道交通建设和运营的公司，又是房地产公司，这样可以达到高度有效的协调统一。但是在内地的现行制度下，这两方是同一个的可能性是没有的。房地产开发商不建设也不经营轨道交通，只是通过竞拍方式参与周边土地的开发。轨道交通周边土地的综合开发需要一个长期的过程，轨道交通建设需要大量资金，回报周期长，收益率低，不能指望用企业资金来解决建设资金问题。在如此情况下，必须挖掘轨道交通自身的潜力。其最大的存量就是周边的土地，相应的制度、体制、机制的改革创新在所难免。

轨道交通建设会带来周边土地升值，可以有效地对轨道交通建设形成资金支持，即可以考虑将开发收益作为轨道交通建设资金的来源之一。这样可以形成良性循环，达到双赢状态。用轨道交通周边土地开发利用制度的深化改革作为轨道交通建设融资的突破口，可彻底改变目前轨道交通和周边土地开发的被动局面。

三 轨道交通周边土地开发模式探讨

我国轨道交通周边土地开发的市场主体由政府、地铁公司和房地产开发商构成。在实际操作中，政府、地铁公司和房地产开发商三者各承担不同的角色和责任，从各地轨道交通与土地开发两者关系来看，一般有以下几种模式。

1. 独立开发模式

在政府主导下，轨道交通建设由地铁公司在政府财政拨款或以财政为背景的融资的支持下，独立完成项目建设和运营。政府将通过招、拍、挂方式所得的周边土地的出让金和增值收益作为财政收入来支持轨道交通建设。这种模式是传统的开发模式，优点是简单易行，使地铁公司、房地产开发商在各自行业的专业能力得到发挥，实现了专业分工。但也有很多缺点，首先是双方的开发目标不同，企业的最终目标是利益最大化，地铁公司追求客流收益和节约运营成本，房地产开发商追求土地增值。双方均从自身角度出发，不能站在全局的高度，统筹规划进而实现企业效益和社会效益的双赢。其次是政府出让周边土地的收益是一次性的，而地铁不仅前期建设投入较大，建成后的运营维护费用也较高，各大城市地铁基本都处于亏损状态，需要政府长期的财政补贴。据测算，北京地铁票价调整后，财政仍需补贴50%，每年达上百亿元。这样的补贴力度不是每个有地铁的城市都能承受的，这给地方政府带来了巨大的财政压力和沉重的债务负担。而周边土地二级开发的收益归房地产开发商所有，政府和地铁公司并不能从中获益。而房地产行业已经结束了高利润时代，在土地价格、融资成本上涨等因素的影响下，开发利润率已逐渐下降至个位数，房企可持续发展的关键在于战略转型。因此，仅仅通过出让周边土地得到收益的方式对政府和房地产企业都是不可持续的。

2. 主体企业开发模式

主体企业开发模式是指在轨道交通建设及运营、房地产、休闲娱乐、商业活动等多元化产业领域具有强大的综合开发建设和规划能力的企业，在政府支持下获取土地后，借助其在产业中的强大影响力，引入多元投资主体对轨道交通和周边土地实施综合性、大规模的项目开发。也就是说，轨道交通建设与周围土地开发由一个开发主体进行一体规划和综合运营，其在负责轨道交通建设的同时，又负责周边土地开发，把轨道交通建设所需资金与土地开发所得增值收益统筹协调，两项建设同步推进。这是以政府土地政策支持为依托、企业引导带动的一种开发模式。它不仅能给主体企业带来难得的发展机遇，符合主体企业战略发展的需要，更重要的是能将轨道交通建设与周边土地开发有效地统一起来，最大限度地挖掘土地的升值潜力，同时也能使政府甩掉轨道交通给地方财政带来的沉重包袱，实现政府、企业、社会多方共赢。

香港地铁是世界上为数不多的、能够从其核心业务中赢利的地铁公司之一。香港政府将轨道交通建设运营权及部分沿线土地发展权交给港铁公司。港铁公司则以该地区没有轨道交通时的地块估价向政府支付地价。而后，港铁进行整体规划，兴建地铁，并引入合作地产商共同开发地上物业（见图7-1）。轨道交通的通达提升了沿线物业的价值，港铁公司将这一部分利润收回后，进而"反哺"轨道交通的建设、运营和维护。在这个模式中，地铁公司发挥了政府战略与市场资源之间桥梁纽带的作用，把二者紧密地整合到一起。这种具有香港特色的模式因其可持续的财务模式、科学的管理和良好的风险管控，实现了可持续发展，被称为"港铁模式"，成为各个国家和地区效仿的对象。

然而，这种模式在我国内地大规模推广，仍有其局限性。一是轨道交通和周边土地开发总体体量不同。"十三五"期间我国将新增城市轨道交通运营里程3000公里以上，到2020年，我国地铁总里程将达到6000公里。这种规模是总长仅有200多公里的香港地铁无法比拟的。二是在内地能够按照"港铁模式"如此大规模开发轨道交通和周边土地的综合型企业数量，不能满足客观需要。主体开发企业必须同时具有轨道交通投资建设运营、房地产及城市综合开发等综合实力，具备专业整合能力、产业链整合能力、融资能

力、战略联盟能力和集成化管理能力，实现设计、技术、资本、管理、服务一体化。从国内的央企和其他国企情况来看，现有企业与市场的庞大需求之间还有一定的差距。三是香港地铁成功的核心是可以得到政府赋予的周边土地开发权，而内地于2002年起建立了土地使用权招拍挂出让制度，土地开发一律要走公开招拍挂程序。在现行的土地管理制度下，主体开发企业必然会在拿地环节遇到一定的竞争，不能保证顺利得到土地，即使拿到了地，也会大大抬高其操作难度和土地取得成本。

图7-1　位于香港地铁九龙站综合体上的住宅物业

3. 联合体开发模式

在这种模式下，轨道交通建设和第一种模式一样由轨道交通开发企业独立完成，不同的是，轨道交通开发企业与土地开发企业组成联合体来共同开发周边土地。周边土地经过招、拍、挂方式一级开发所得增值收益和土地二级开发的一部分收益为轨道交通开发企业所得，作为支持轨道交通建设的补充资金，同样土地开发企业也按相应比例获得土地二级开发收益。这种模式的优点是轨道交通开发企业统一规划、统一协调轨道交通建设与周边土地开发之间的矛盾，轨道交通开发企业依赖土地开发企业的项目经验和运作能力实现周边土地的综合收益最大化。土地二级开发的增值收益直接由轨道交通开发企业获得，直接投入轨道交通建设，摒弃了之前政府获得一级开发收益，再间接投入轨道交通建设的方式。相比之下这种模式更能增加轨道交通建设企业的灵活性，使其在追求利益的驱动下更有参与的积极性。而土地开发企业也可以凭借合作以便捷的方式拿到优质的土地资源，破解"拿地难"的困局。

从目前实践来看，这种开发模式与我国的轨道交通发展现状、土地管理制度、企业发展规模和内外部融资环境能得到有效契合，是"港铁模式"与内地发展实际相结合的产物。以轨道交通为导向引领城市发展的理念，正在被更多的城市和企业接受。"轨道＋物业"捆绑式开发将成为未来发展的趋势，将在全国范围内得到快速发展，各企业也积极参与其中。2016年，万科集团和深圳地铁联合宣布签署协议，在城市综合开发领域达成合作意向，共同探索城市轨道交通及周边土地开发建设新模式。万科作为国内最大的专业住宅开发企业之一，在房地产开发制度、规范、流程、服务和物业管理等方面都有自己的优势。但在国家对房地产的宏观调控和地王频出的背景下，万科和大多数房地产企业一样面临土地资源紧缺的窘境。深圳地价高企，房地产企业如果以高价拿地，在面粉贵过面包的情况下，很有可能被地王套住；如果不拿地，则在市场中无法立足，进退两难。深圳地铁是深圳的隐性地王。据测算，深圳地铁有建筑面积380多万平方米的在建项目，并且已经取得了位于深圳核心地段的10多块优质土地。深圳地铁规划到2030年，累计修建里程达1000公里，周边将有400万平方米以上的物业面积可供开发利用。深圳地铁的土地储备数量可观、规模宏大并且质量很高，在行业内处于领先水平，并且随着轨道交通建设的推进，深圳地铁未来的土地储备规模还有望不断增加。万科集团和深圳地铁有着巨大的合作潜力，万科不单单可以获取土地资源，更为重要的是在转型发展阶段，能够充分利用其物业开发和运营管理优势。而深圳地铁可通过地铁工程和周边物业的有机结合扩大收入来源和规模。通过联合体的模式强强联合，可达到优势互补、互利双赢。

绿地集团从2014年开始进行对地铁及周边土地的投资开发。2014年

7月绿地集团与申通地铁、上海建工等签署战略合作协议，由绿地牵头组成联合体以"轨道工程＋区域功能"的整体开发新模式在全国多地开展地铁投资开发业务。2014年12月，绿地集团牵头，与徐州城市轨道交通公司、上海建工集团组成联合体，作为轨道工程投资建设主体，与徐州市政府达成合作协议，以"项目投融资建设＋施工总承包＋物业开发"模式对徐州地铁3号线开展轨道工程建设及配套设施进行开发，投资金额117亿元。2015年4月，绿地集团联合体与哈尔滨市政府就哈尔滨地铁6号线、9号线达成投资开发建设协议。两条地铁预计总投资约300亿元。2016年9月，绿地集团与上海隧道工程联合体成功中标南京地铁5号线工程项目，总投资近200亿元。绿地集团以同样的模式，相继联合其他企业在徐州、南京、重庆、哈尔滨、济南等城市签约投资建设多个地铁项目，投资规模已经超过千亿元。这不仅给绿地集团带来了以低廉价格获取地铁沿线优质地块的机会，也使相关企业和政府部门找到了房地产开发经营、建设施工以及地铁有关资源长期运营的突破口和立足点，通过投资、开发地铁，涉足地铁物业、地铁商场的开发、建设、运营等多项业务。

"轨道＋物业"的联合模式，在国际上已有新加坡、日本、美国等较为成熟的经验可供借鉴，在我国深圳、上海、广州、宁波等地也已经进行了相当规模的尝试。在企业中万科、绿地、保利等房企也已涉足，并将其作为未来的发展战略来实施。在我国大力发展轨道交通建设的战略规划下，轨道交通建设和周边土地综合开发一体化将成为趋势，跨行业的联合体开发模式将在资源共享、互惠互利原则的基础上被广泛采用。在今后相当长一段时期内，各个城市的轨道交通建设项目将越来越多地采取联合体开发模式，各方发挥各自优势，布局轨道交通建设，开启"轨道＋物业"联合体的黄金时代。

4. 股权和项目混合合作模式

各地方铁路局、铁路公司（以下简称"铁路局"）拥有大量城市核心区域土地，可以将其拆迁整理并通过政府进行变性上市，其土地储备资源相当丰富，取得土地成本相对较低。根据《国务院办公厅关于支持铁路建设实施土地综合开发的意见》（国办发〔2014〕37号），铁路局依法取得的划拨用地，因改变用途不再符合《划拨用地目录》的，可依法采取协议出让方式办理用地手续。目前，铁路局主要有三种拿地模式，一是"自改"协议出让，由原单位进行自行拆迁，整理后直接签订《国地出让合同》并交纳一定优惠政策下的土地出让金。二是带条件招拍挂出让，由原单位对土地进行拆迁整理后交当地国土局进行公开招拍挂并设置专用条件，比如需修建一定面积的铁路办公用房等。三是毛地招拍挂出让，由原单位将土地直接交当地国土局进行公开招拍挂，拿地后国土局返回一定的土地补偿金作为拆迁整理费用，项目后续拆迁整理等由铁路局在拿地后自行负责。这三种灵活快捷的指定性拿地模式，导致铁路局拥有大量成本低、价值高的土地储备。

由于铁路局不具备市场化房地产行业的操作管理体系，需要引进先进房地产行业的管理经验，培养房地产专业技术人员，提升自身的开发能力和开发水平。依据中铁总的土地合作开发意见，土地经营合作需通过交易所公开招挂模式。而其制定的股权管理办法要求股权转让需报送财政部审批。为适应政策需求，股权和项目混合合作的模式应运而生。例如，2017年7月中铁建地产集团与成都铁路局通过西南联合产权交易所公开招商征集，达成的股权加项目的混合合作模式就属于全国首例创新合作模式。合作双方按一定股比成立合资公司，由合资公司统一对合作项目进行投资和管理，即形成合作双方利益共享、风险分担的合作关系，也明确合作项目开发采取项目委托合资公司经营的方式。合资公司按照"市场化、公司化、专业化"原则进行运作，严格实行"三会"管理。由于合作项目是打包整体合作，预计总投资达130亿元，总货值预计160亿元，整体战略合作带动的经济效益不容忽视。同时，合作项目分布在西南区域不同城市，项目规划形态不一，大大提高了合作双方的社会品牌度和异地管控能力，为后续加大项目合作打下了坚定的市场基础。

在新开发铁路项目及其周边站场土地的规划过程中，铁路运输企业也可明确从土地规划环节就先行介入。对城市拆迁土地，铁路局争取以置换等量土地的方式获取。由于背景特殊，铁路局本身与政府具有定期沟通机制，可以有效地获取合适运营地块的信息。因此，和铁路局合作不仅可以获得大量

优质低成本土地，而且对开发项目可前置设计规划，减少开发前期设计周期。比如中铁建与成都铁路局合作的成都八里庄项目（见图7-2、图7-3），占地415亩，净开发用地283亩，总建筑面积71.56万平方米，容积率2.63，计容面积约49.69万平方米。本项目属于老城区"自改"的第一个一、二级联动项目，双方合作可以降低项目二级开发资金占用时间，提高项目本身的经济收益，同时从城市规划建设的角度看，项目可以带动整体城市片区进行旧城改造，提升城市片区房市的区域价值，提高社会效益。改造优化后的公共配套区域环境也可造福回馈社会大众。

图7-2 成都八里庄项目用地设计图

5.土地资产租赁模式

铁路局拥有一定体量的客运站点附近闲置土地，受规划条件或其他因素限制，这种土地进行传统房地产开发的价值相对较小，短期变现能力较弱，但受益于当地的资源禀赋，具有较强的旅游开发价值，适合长期运营。对这

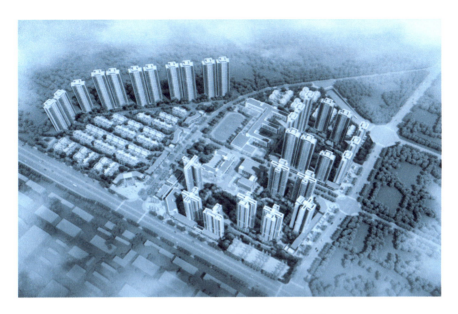

图7-3　成都八里庄项目设计效果图

种闲置土地铁路局可以采用土地资产出租的方式与专业旅游开发企业进行合作开发，并约定合作期限。约定期限内，承租方即专业旅游开发企业只需要按照约定价格向土地出租方（铁路局）按期支付租金，相对于一次性支付地价款降低了资金压力。运营期间，铁路局可以派员参与运营管理，学习、积累运营管理经验。合作期届满后，铁路局收回相应资产，既可以继续从专业旅游开发企业打造的旅游价值中获益，还可以利用之前培养的管理团队独立运营，获取稳定的现金流和资产收益，实现资产的保值增值。

　　这种土地资产租赁的模式，不仅可以用于适合旅游开发的存量土地，对于不适合旅游开发的地段，也可以通过选择不同的专业开发企业，选择最合适的业态进行合作开发，例如物流地产、工业地产等。中国铁路建设投资公司分别于2017年8月8日、8月18日在上海联交所、北京产交所举办了铁路土地综合开发项目推介会，涉及20个具体项目，其中桂林市桂海线小火车观光旅游综合开发项目即采用土地资产租赁的方式引入合作企业，南宁沙井铁路物流园区则采用BOT模式引入了专业物流地产开发公司，由专业物

流地产开发公司负责投资、建设和运营，合作期满后，所有资产移交铁路局。

随着中国轨道交通事业的继续发展，以及轨道交通带动的城镇化水平的提升，沿线城市的新一轮经济增长正蓄势待发，周边土地的价值提升指日可待。毫无疑问，在未来10~15年，轨道交通和房地产仍将是我国国民经济发展和城镇化建设进程中举足轻重的力量。我们相信，轨道交通周边土地的合理开发，可以更有效地促进区域协调发展，实现经济效益与社会效益双丰收。

（作者：中铁建房地产集团有限公司——吴仕岩、王娟、范庆良、廖玲辉、张恒、张兴辉）

B.8

第5章
国外篇：俄罗斯客运列车

摘 要： 俄罗斯幅员辽阔，人口分布极不平衡，铁路运输在国民经济与旅客运输中起着重要作用。俄罗斯铁路运营里程居世界第三，拥有多种制式的轨道交通，但车辆总体陈旧，不能满足目前日益增长的需求。根据俄罗斯高速和快速铁路发展战略（2012），到2020年，俄罗斯高速铁路里程将达4300公里；到2030年，俄罗斯高速和快速铁路里程将达到12000公里，年客运量达3200万人。俄罗斯铁路交通基础设施建设潜力十分巨大，已投入使用的时速200~250公里的铁路仅有2条，且处于高速铁路速度的下限值。2015年6月，中国中铁二院与俄罗斯莫斯科交通设计院和下诺夫哥罗德地铁设计院联合开展勘测设计工作的莫斯科至喀山高速铁路是俄罗斯规划的高速铁路铁2号线（BCM-2）莫斯科至叶卡捷琳堡（线路全长1595公里）的重要一段，是中俄合作构建的俄罗斯莫斯科——中国北京的高速客运通道的一部分，是完善亚欧大陆桥铁路通道、建设丝绸之路经济带的需要，设计最高速度为400公里/小时，轨距为1520毫米（中国铁路采用轨距为1435毫米的标准铁轨）。这对于改善莫斯科至喀山的交通基础设施，扩大中俄经贸合作，促进中国与俄罗斯的政治、经济、社会发展具有重要意义。

关键词： 俄罗斯铁路 莫斯科枢纽 莫斯科地铁 燕子号列车 莫斯科至喀山高速铁路

一　俄罗斯铁路客运

俄罗斯国土面积广阔，陆路、水路、航空运输和管道运输都比较发达，而俄罗斯铁路是欧亚铁路网不可分割的组成部分，直接将欧洲和东亚地区的铁路网连在一起，通过港口还可以与北美铁路网连接。

俄罗斯铁路运营线路总长为 8.5 万公里，运营总里程仅逊于美国和中国，居世界第三。其中电气化铁路 4.2 万公里，仅逊于中国，居世界第二。

俄罗斯的客运量占全球的 18%，在全国运输总量中，铁路客运量所占比重达到 35%。根据 2017 年 1 月 9 日俄罗斯铁路公司官网发布的 2016 年统计数据：2016 年俄罗斯铁路公司运输旅客 10.371 亿人，较上年增加 1.6%。其中，长途旅客运送量为 1.014 亿人，较上年增加 3.6%；短途旅客运送量为 9.357 亿人，较上年增加 1.4%。俄罗斯铁路公司统计数据显示，64% 的俄罗斯人国内旅行首选铁路方式，85% 的俄罗斯人认为需要发展高铁。

俄罗斯的城市轨道交通也较发达，有轨电车线路 2800 公里，地铁线路总长 439 公里。拥有有轨电车（包括高速）线路的城市有 66 个，拥有地铁线路的城市有 7 个。

俄罗斯铁路至今仍然基本沿用了苏联时代的旅客列车车次划分方法，有三种基本等级的旅客列车（以列车的全程平均旅行速度作为划分标准）。高速列车（Скоростные）是俄罗斯铁路系统中速度最快的旅客列车等级，全程平均运行速度达到 140 公里/小时以上，后面所述均以此标准定义俄罗斯高速铁路。特快旅客列车（Скорые）是俄罗斯铁路的第二档旅客列车等级，全程平均运行速度大于 50 公里/小时，中途停靠站点数量相对较少。普通旅客列车（Пассажирские）是第三档旅客列车等级，全程平均运行速度小于 50 公里/小时，中途停靠站点数量相对较多。

俄罗斯幅员辽阔，按旅程的远近列车分为近程列车和远程列车，其中，行车时间小于 8 小时的为近程列车，大于 8 小时的为远程列车。近程列车全部为座席，远程列车全部为卧铺（个别设有座席）。卧铺车有通厢（相当于我国的硬卧）、4 人间（相当于我国的软卧，但是没有软床）、软卧（相当于我国的软卧）、豪华型 2 人间和豪华型包房（单人带洗手间）。

二　莫斯科枢纽及客运站

根据俄联邦国家统计局的统计数据，截至 2016 年 1 月 1 日，俄人口数量达到 146519800 人。俄罗斯人口分布极不平衡，一是欧洲部分人口约占全国人口的 4/5，二是人口主要集中在首都莫斯科及其周围区域。其中，莫斯科人口达 1200 万人，集中了全国 8% 的人口，生产总值占全国的近 1/4。俄罗斯第二大城市是圣彼得堡，人口有 500 多万人，其他排名在前 15 位的城市人口各只有 100 多万人。因此，对俄罗斯铁路客运而言，莫斯科铁路枢纽具有举足轻重的地位。

莫斯科铁路枢纽的建设是从 19 世纪 50 年代开始的。引入枢纽的第一条铁路是 1851 年建成通车的，起点是当时帝国的首都——彼得堡，终点是莫斯科。1841 年、1866 年、1869 年，从弗拉基米尔、谢尔普霍夫和科洛姆纳等地，相继建成了引入莫斯科的铁路线路。1903 年开工建设的长 54 公里的莫斯科中央环城铁路，于 1908 年建成通车，从而形成了莫斯科铁路枢纽总布置的构型。在以后的 70 多年中，莫斯科铁路枢纽基本上是在原有基础上发展起来的。到目前为止，引入莫斯科铁路枢纽的铁路线路共 12 条，其中枢纽东部和南部引入的各有 3 条，西部引入的有 2 条，北部引入的有 4 条。同时，建成了周长为 552 公里的外环，使莫斯科铁路枢纽形成了比较典型的有双重环线的放射状环形铁路枢纽。

莫斯科铁路枢纽内有各类车站 60 多处。其中主要的旅客站 9 处，大的货场 10 处，编组站 8 处。

莫斯科铁路枢纽内的主要客运车站，全部分布在内环内侧的市区范围内。其中分布在市区东部的有 4 处，即列宁格勒站、雅罗斯拉夫站、喀山站和库尔斯克站，分布在市区南部的有 1 处，即巴维列兹克站，分布在市区西部的有 2 处，即基辅站和白俄罗斯站，分布在市区北部的有 2 处，即里加站

和萨维洛夫站。

上述 9 个主要客运车站中，除库尔斯克站和白俄罗斯站是通过兼尽头式的布置外，其余 7 处均为尽头式布置。

库尔斯克和白俄罗斯站原来也是尽头式车站，为了解决东南方向两条主要干线和西北方向三条主要干线之间旅客换乘困难问题和方便市内交通运输，并便于组织列车通过，在 20 世纪 60 年代后期，俄罗斯开始修建库尔斯克通往列宁格勒方向和白俄罗斯站的枢纽直径线和联络线，因而使库尔斯克站和白俄罗斯站变尽头式布置为通过兼尽头式布置，既缩短了中转换乘旅客的行程，又减少了市内中转旅客换乘的运输量并提高了上述两站的通过能力。

莫斯科铁路枢纽的枢纽径向线修建在地面，这与很多国家铁路枢纽径向线一般都修建在地下有很大不同。这主要是由于莫斯科市区地下管道纵横交错，地质条件十分复杂，且莫斯科具备在地面修建的地形条件，这样还可节省工程投资，缩短建设工期。

莫斯科铁路枢纽 9 个主要客运车站的运输特点是：市郊运输占很大比重，一般都在 80% 以上。一昼夜接发 1600 多对旅客列车，其中圣彼得堡方向有 700 对，里加方向有 300 多对，哈尔科夫方向有 250 多对，基辅方向有 200 多对。铁路枢纽旅客总发送量在 160 万人次/天以上。

三　莫斯科城市轨道交通

莫斯科地区的城市交通建设与发展自 20 世纪 30 年代开始进行。当时随着城市建设的迅速发展，人民生活水平日益提高，居民的乘车来往活动越来越频繁，使原有的道路系统和交通工具越来越不适应实际需要。地铁是一种快速而经济有效的解决城市交通的主要工具，莫斯科地区于 1932 年开始设计修建第一条地铁，与此同时，还计划修建市郊和市内电气化铁路，并发展有轨电车和公共汽车交通系统。1935 年 5 月 15 日第一条地铁建成，至苏联第一个 5 年计划（1935～1939 年）末，莫斯科地区的城市交通运输已得到较大发展，全市公共交通的总客运量（不包出租汽车）已达 26 亿人次，相当于 1913 年的 10 倍。当时地铁线路已达 23.4 公里，无轨电车线路已达 99.2 公里，公共汽车线路增加到 290 公里。莫斯科还将市内有轨电车逐步从交通拥挤地段迁移到边缘地区；改造铁路枢纽，减少市内铁路技术站，并逐步将它们和铁路货物仓库迁到市区以外；对市郊和市内铁路实施电气化改造，并用地下隧道将市内铁路和市郊铁路连成铁路交通运输网。在苏联卫国战争（1941～1945 年）时期，莫斯科地区虽中断了城市建设，但地铁等城市交通建设仍继续进行。战后，该地区的城市交通仍作为一项重要市政建设不断得到发展。20 世纪 50 年代修建了全长 19.4 公里的环线地铁，把当时 9 条地铁中的 7 条连成一个整体。无轨电车线路延长到 128 公里，公共汽车线路达到 400 公里，有轨电车路线也达到 207 公里。20 世纪 60 年代城市交通发展得更快，1965 年全市公共交通总客运量超过了 40 亿人次，比 1935 年翻一番。其中地铁占 32%，公共汽车占 31%，无轨和有轨电车各占 20% 和 17%。20 世纪 70 年代莫斯科地区的城市公共交通总客运量突破 50 亿人次（1975 年）。苏联第十个 5 年计划期间（1976～1980 年），莫斯科地区的城市公共交通总客运量继续增加，相应地各种城市公共交通设施也有了较大发展。至 20 世纪 80 年代初，莫斯科地区的地铁已增加到 193 公里和 117 个车站（1983 年资料）。

目前，莫斯科地铁总共有 12 条线，包括 11 条辐射线和 1 条环行线，按照其开通顺序的先后分别编为 1～12 号线。不含单轨与中央环线，莫斯科地铁全长 338.9 公里，有 203 个车站，员工 47000 人。

莫斯科的地铁布局与地面公路布局相似，主要由自中心向四周的辐射状线路及环状线路构成，连接着莫斯科各主要公共场所及大多数标志性区域。地铁站以红色"M"标记，"M"是俄语中地铁 Метро 的第一个字母。5 号环线地铁是莫斯科地铁中最重要的线路，长度大约为 19.3 公里，与绝大部分分支线路相连。莫斯科地铁使用率相当高，在世界上仅次于日本东京的地铁。而莫斯科地铁站在建设时，融入了大量优秀的设计风格，特别是采用大理石立柱等元素，使地铁站富丽堂皇，堪称莫斯科一大奇观。

莫斯科地铁是为了战备而建的，大部分线路都建在离地面 50 米以下，但 4 号线有 7 个站，3 号线和 7 号线各有 1 个站建在地上。另外，1 号线、

2 号线、4 号线 3 条线路从地上跨越莫斯科河。

莫斯科城市客运量的 56% 是由地铁完成的，每天平均开行 8500 多次列车，运载乘客 700 万人次，工作日超过 900 万人次。地铁列车最高运行速度达 90 公里/小时，平均运行速度为 41.6 公里/小时，最短的列车间隔公开资料显示为 90 秒，笔者实际测试个别时候不到 60 秒。有一半的车站每天客流量超过 5 万人次。

地铁的运营时间每天从清晨 5 点半至午夜 1 点，不仅行车速度较高，而且有较方便的换乘点，票价也比较便宜，50 卢布（2017 年 3 月前为 35 卢布）就可在地下自由乘车，不受时间和站数的限制，输送能力大，因此深受乘客欢迎。

目前正在修建的莫斯科的外环地铁线全长 62.3 公里，施工人员达 40000 人，掘进机 29 台。这是莫斯科地铁的第二条环线，计划于 2020 年全部投入使用，其中，2017 年开通 19 个车站，2018 年开通 15 个车站，2019 年开通 15 个车站。

与新建车站同步进行的还有莫斯科地铁列车的更新换代工作，2017 ~ 2020 年莫斯科将逐步替换 96 辆地铁列车，占莫斯科地铁列车总数的 60%。新一代的地铁列车（见图 8-1）为兼具运行平顺性和稳定性的 765 系贯通式箱体列车，由位于莫斯科州的"俄罗斯地铁车辆机械制造厂股份公司"（OJSC METROVAGONMASH）制造。车门宽度将达到 1.4 米，每辆车的最高载客量能达到 2000 人，比现有列车提高 15% 的载客量，列车最大时速为 90 公里/小时，接触轨电压 750 伏直流，8 个车厢编组，6 个电动机，功率 4080 千瓦。

莫斯科现有有轨电车线路 51 条，总运行长度超过 417 公里，车站通常设在居民区附近，接驳地铁站。根据莫斯科交通部公布的官方数据，莫斯科有轨电车网包含 5 个动车所，每个工作日开行 600 多辆有轨电车，共 960 节客运车厢，91 节工务车厢，运输乘客 85 万人次以上。自 1907 年莫斯科开通第一条有轨电车线路至今，俄罗斯的有轨电车车型经历了多次变化（见图 8-2）。

2016 年莫斯科政府签署了购入 300 辆新型有轨电车的商业合同，这笔

图 8 - 1　莫斯科新一代的地铁列车

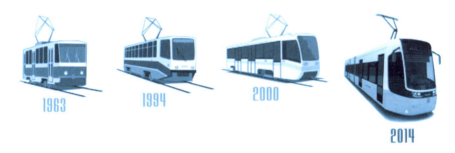

图 8 - 2　俄罗斯的有轨电车车型经历变化

价值 560 亿卢布的订单约定，自 2017 年至 2019 年供货方每年为莫斯科输送
100 辆 71 - 931VYTYAZ - M 型低底板有轨电车（见图 8 - 3）。根据官方公布
的数据，列车的最高时速为 75 公里/小时，车重 37 吨，接触网电压 600 伏，
3 组车门，座席数 53 个，平均载客量 220 人，最大载客量能达到 320 人。

图 8 - 3　莫斯科新式有轨电车

　　莫斯科的交通换乘比较方便，地铁与机场、有轨电车、长途客运列车、市域列车、公交汽车等均在主要据点设有换乘站。在城市轨道交通规划和发展中，俄罗斯也十分重视新建及改造升级的轨道交通与既有轨道交通的换乘或联运。正如法国阿尔斯通俄罗斯公司副总裁 Jan Christoph Harder 在《2050 年交通运输系统的发展愿景》一文中所说："联运系统将在门对门的高效交通的良性发展中发挥关键作用。这种良性发展必须全面发展与海运、铁路、公路以及航空运输的衔接，而对于铁路来说也包括其干线和城市交通系统之间的衔接。例如欧盟 2050 年交通战略中规划了连接高速铁路与机场的交通联运网，以缓解旅客和货运压力。而在莫斯科未来十年的所有新发展规划中，交通联运网是解决拥堵的主要策略之一。时下增加联运效率已经成为共识，并且预期这种共识将在本世纪不断增强，从而使在与个体运输比较时公共交通更具有吸引力。"

四　有代表性的普通客运铁路

（一）北京至莫斯科客运列车

　　北京至莫斯科客运列车穿越京包铁路、集二铁路、蒙古纵贯铁路以及西伯利亚铁路，途径中国、蒙古国、俄罗斯三国，全程 7692 公里，是中国铁路开行里程最长的旅客列车。其中，北京至莫斯科运行 127 小时 36 分钟，莫斯科至北京运行 126 小时 55 分钟。

　　机车根据沿线区段的线路条件采用电力机车和内燃机车牵引。列车在中国境内采用 15 节车厢编组，其中，国际联运硬卧车 7 辆、高级软卧车 2 辆、软卧车及行李车各 1 辆，另有 3 辆硬卧车及 1 辆餐车为北京至二连间的国内回转车。国际联运列车的餐车为单独加挂，由各国各自负责境内路段，在入国境时挂上，出国境前卸载。此外列车行经蒙古和俄罗斯境内时也会加挂该国餐车及硬卧车厢。由于中国铁路采用轨距为 1435 毫米的标准铁轨，而俄罗斯、蒙古两国采用轨距为 1520 毫米的宽轨，列车每次出入境均需要在中国的二连站换轮库更换转向架，耗时 3 小时左右。

（二）长途双层列车

2013 年，俄罗斯开行了莫斯科喀山火车站至索契阿德勒火车站的双层列车，全程行使时间 22 小时。列车采用 15 辆编组，包含 12 节车厢、工作人员车和餐厅车，最多能容纳 830 名乘客。双层列车包厢车票价格低于普通列车包厢价格约 30%（见图 8 - 4）。

机车采用双流制（直流 3 千伏和交流 25 千伏 50 赫兹）EP20（ЭП20）机车牵引，机车最高速度 200 公里/小时，牵引功率 6000 千瓦。双层车厢高 525 厘米，而普通客车车厢高度为 430 厘米。

图 8 - 4 俄罗斯双层列车

（三）燕子号列车

1. 莫斯科中央环城铁路

类似于德国 S-Bahn 和"伦敦地面铁路"的莫斯科中央环城铁路建成之后很长一段时间以货运为主，直到 1917 年才开始运送工人和职员。自 1934 年起，莫斯科中央环城铁路途经的区域开通了有轨电车和公交车线路后，该铁路便停止了客运服务，而只进行货运。苏联时期公众曾多次提出恢复莫斯科中央环城铁路的城市交通工具功能，但过高的货运负荷以及铁路的结构特点使其无法轻而易举地保证客运列车的通行。直到 2011 年莫斯科市政府才批准了将中央环城铁路并入首都交通网的项目，由莫斯科地铁公司和俄罗斯铁路公司共同经营。2016 年 9 月 10 日，莫斯科中央环城铁路正式开行通勤列车。

列车采用以西门子为市域铁路、通勤铁路和 S-Bahn 铁路提供服务的系列化动车组 Desiro ML 原型车为基础,专为俄罗斯制造的燕子号列车(Ласточка)。采用单流制(直流 3kV)车型,即 ЭС2Г 型,ЭС 是快速电动列车组的缩写,Г 是城市的意思,ЭС2Г 型即表示市域铁路列车。燕子号长途列车采用双流制(直流 3 千伏和交流 25 千伏 50 赫兹)车型,即 ЭС 型。

莫斯科中央环城铁路每天有 130 对燕子号列车往来行驶。每趟列车由 5 节车厢组成,头车有 57 个座位,中间车厢有 80 个座位。由于车厢比普通地铁车厢宽,加上座位少,车内空间较大,最多可容纳 1250 名乘客,有利于应对高峰期的客流。列车还配有卫生间、温控、显示屏、婴儿车和自行车放置区等。车厢内还有电子产品充电插座和 WiFi 无线移动网络(见图 8-5)。

图 8-5　开行于莫斯科中央环城铁路的燕子号列车

自 2013 年 11 月起,西纳拉集团与德国西门子公司合资成立的乌拉尔机车有限公司开始生产单流制燕子号列车,2014 年 6 月下线。国产化率约为 62%,计划将进一步提升到 80%~85%。预计 2021 年生产 240 组共 1200 辆车厢。

莫斯科中央环城铁路有 31 个车站。每个站都与公交车站相连。17 个站与地铁站接驳,其中的 11 个站通过封闭通道换乘地铁,并可采用地铁通勤卡乘车,运行时间也与地铁完全一致,为早 6 点至午夜 1 点。有 10 个站可以换乘近郊电气化列车,换乘时间不超过 8 分钟。每趟列车间隔时间高峰期为 5~6 分钟,平时为 10~15 分钟。

莫斯科中央环城铁路可分担地铁环线 15% 的客流量以及莫斯科各火车站 40% 的客流量。莫斯科郊外的居民现在可以不必乘坐近郊列车到火车站转乘地铁，改为转乘莫斯科中央环城铁路即可。莫斯科中央环城铁路每年约为 3 亿人次提供服务，并将乘客的平均行程缩短了 20 分钟。

2. 索契客运专线

索契阿德勒至阿尔皮卡服务区的索契客运专线采用与莫斯科中央环城铁路相同的以西门子 Desiro ML 原型车为基础的燕子号列车（见图 8 - 6）。采用 5 辆编组的宽体车，能够提供直流 3 千伏、交流 25 千伏 50 赫兹两种供电制式，满足最大坡度 40‰ 的运行要求，符合欧洲 TSI 和俄罗斯相关标准的要求，能够适应俄罗斯 200 毫米、1100 毫米和 1300 毫米三种站台高度。

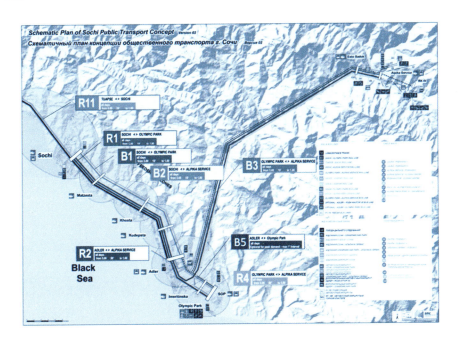

图 8 - 6　索契奥运会"燕子"号列车运行图

这条铁路将索契冬季奥运会主会场与奥运雪山馆连接，全长 48 公里，2014 年投入使用，运行速度 180 公里/小时。索契高速铁路是俄罗斯 2014

年索契冬季奥运会的重大基础建设项目之一。运动员和游客可使用这条铁路从主会场到达高山体育场。索契高速铁路曾计划建设双线铁路,但2009年相关部门对该项目进行了压缩,改为单线铁路。铁路最大输送能力为8500人次/小时。冬奥会期间列车的发车间隔为6~8分钟。

(四)"雨燕"号列车

"雨燕"号列车(俄语名 СТРИЖ,英文名 STRIZH)是西班牙PATENTES TALGO. S. L公司生产的快速列车,俄罗斯一共购买了140个车厢(见图8-7)。从2015年6月至今代替"游隼号"执行莫斯科—下诺夫哥罗德线路(442公里),从2016年12月17日至今执行莫斯科—柏林线路(1896公里)。机车采用双流制(直流3千伏和交流25千伏50赫兹)EP20(ЭП20)机车牵引,机车最高速度达200公里/小时。

图8-7 "雨燕"号列车

(五)高速客运动车组

俄罗斯共有3条采用高速客运动车组的铁路(按照上节所述的俄罗斯旅客列车等级划分标准),分别是莫斯科—圣彼得堡、莫斯科—下诺夫哥罗德以及圣彼得堡—赫尔辛基。莫斯科—圣彼得堡铁路长650公里,最高运行速度250公里/小时,运行时间3小时45分钟,2009年12月7日开通运营;莫斯科—下诺夫哥罗德铁路长442公里,最高运行速度160公里/小时,运行时间3小时55分钟,2010年7月30日开通运营;圣彼得堡—赫尔辛基铁路长 443 公里，芬兰段最高运行速度 220 公里/小时，俄罗斯段最高运行速度 200 公里/小时，运行时间 3 小时 30 分钟，2010 年 12 月 12 日开通运营。莫斯科—圣彼得堡铁路，以及莫斯科—下诺夫哥罗德的莫斯科—弗拉基米尔段采用 3KV 直流电，莫斯科—下诺夫哥罗德的弗拉基米尔—下诺夫哥罗德段采用 25KV 交流电。

莫斯科—圣彼得堡和莫斯科—下诺夫哥罗德运行的高速动车组取名游隼号（俄文 Сапсан、英文 SAPSAN）。圣彼得堡—赫尔辛基高速动车组为"ALLEGRO"。2009 年 5 月 2 日，游隼号动车组在试运行中达到 281 公里/小时，创造了俄罗斯铁路迄今最高的速度纪录。

虽然莫斯科—下诺夫哥罗德采用的是与莫斯科—圣彼得堡相同的高速客运动车组，具有良好的乘坐舒适性和服务，但由于线路条件限制了其运行速度，只能达到 160 公里/小时，对旅客缺乏吸引力，运营效益差。加上莫斯科与圣彼得堡间的客流量增加较大，所以从 2015 年停开了莫斯科—下诺夫哥罗德的高速客运动车组，并将原开行于莫斯科—下诺夫哥罗德的高速客运动车组改到莫斯科—圣彼得堡间使用。

1. 游隼号动车组

俄罗斯目前开行的游隼号动车组是俄罗斯铁路 EWS1（ЭВС1）型及 EWS2（ЭВС2）型电力动车组的统称，两款动车组均是由 ICE - 3 列车衍生而来、基于 Velaro 平台开发的第三代高速列车，根据 Velaro CN（和谐号 CRH3 型电力动车组）进行加宽，配备了自动连接装置 CA - 3，但仅可在俄罗斯的宽轨轨距中运行，并适应当地特殊的气候条件，在制造商西门子公司内部被称作 Velaro RUS（RUS 代表俄罗斯）型高速动车。游隼号动车分为两种车型：4 列 B1 型单流制（直流 3 千伏）、4 列 B2 型双流制（直流 3 千伏和交流 25 千伏 50 赫兹）。

游隼号动车组属于西门子公司生产的动力分散型（非铰接式）Velaro 系列模块式结构高速电动车组，最高运营速度为 250 公里/小时（可提高到 300 公里/小时），列车全长 250 米，由 4 辆动车（其中，2 辆是有司机驾驶室的头车）和 6 辆中间附挂车共 10 辆编组。最大牵引功率 8000 千瓦，总能

耗 12 千瓦/吨，最大起动力 380 千牛顿。轨距 1520 毫米，车体宽度 3265 毫米。最大轴重，直流列车 17 吨，双制式电力车 18 吨（见图 8 - 8）。

图 8 - 8　开行于莫斯科与圣彼得堡间的游隼号高速动车组

列车共计 604 个座位。在配置司机驾驶室的头车内设有一等车厢，共计座位 104 个。其余 8 辆为二等车厢，共计座位 500 个（其中一辆设小卖部、吧台和配餐间）。

游隼号动车组采用了全承力焊接轻铝壳体结构车体、具有稳定走行特性的两级弹簧悬挂转向架、盘形制动机、辅助电动及再生制动机、SSS400 + 型受电弓、电压为 6.5kV 的 IGBT 集成栅双极可控硅晶闸管、控制和调节牵引传动变流器用的 SIBAS 32 系列控制模块和 ECTS 列车运行控制系统等，西门子公司还专门为供应俄罗斯的 Velaro RUS 列车配备了自动连接装置 CA - 3。牵引和制动工况时的轮周最大功率为 8MW。所有车辆都装有空调系统、旅客信息服务系统和列车内部通信系统。在车外温度为 - 40℃ （ - 50℃） ~ +40℃环境条件下车内能够保持 +22℃的适宜温度，保证良好的旅行舒适性。其中，车外温度达 - 40℃的条件下列车使用不受限制，与安全相关的系统则可适应 - 50℃。

游隼号动车组同时符合欧洲及俄罗斯的标准。俄罗斯委托相关的研究机构，按其规定的技术要求对动车组进行了转换及测试。列车中的各个组件必须通过欧盟方面的认证，满足俄罗斯特殊的电磁兼容性要求。此外，为适应特定的气候要求，列车前照灯的功率被显著提高。驾驶室使用独立的空调，并设有一个额外的脚取暖器。在整车电路发生故障的情况下，列车还可以直接从接触网取电进行供暖。底部构件的冷却系统通过一条通风管道连接至车顶，以避免出现吹雪。

2. Allegro 列车

Allegro 列车由法国阿尔斯通公司制造。在圣彼得堡—赫尔辛基铁路上，Allegro 列车在俄罗斯运行时速为 200 公里，在芬兰运行时速为 220 公里。列车经停俄罗斯的维堡，以及芬兰的科沃拉、拉赫蒂、迪古里拉、帕斯罗。

列车共有 344 个座位。其中一等车厢座位 48 个，按 1 + 2 设置；会议室共有 6 个座位；二等车厢座位 296 个，按 2 + 2 设置，7 号车厢设有儿童游戏专区。车上还设有一个 38 座位的餐车、三个 12 座位的酒吧。在 2 号车厢设有两个残障旅客座位、特殊卫生间设施和电梯，以及货币兑换室。

3. 动车组维修

俄罗斯高速铁路采取诊断维修与预防性维修相结合的维修策略。列车运行到 125 万公里之前仅需进行能在一夜时间内完成的小型维修，当列车运行超过 125 万公里之后，需要进行大修。

游隼号动车组的维修采取"自营"和"外包"相结合的模式。其中，俄罗斯铁路公司负责高速列车的运营清洁工作，而关键组件等技术含量较高的维修工作则外包给西门子公司完成。合同要求从游隼号动车组投入运营开始的 30 年内，由西门子公司承担确保高速列车运营安全的技术性维修，位于德国爱尔兰根的维修总部为此提供技术支持，合同价值 3 亿欧元。

游隼号动车组每天夜间要到位于圣彼得堡的梅塔罗斯特洛伊（Metallostroy）动车段，以及莫斯科站进行维修。列车的运营清洁则由俄罗

斯铁路公司员工在维修点附近进行。

根据俄罗斯铁路公司与西门子公司签署的维修合同，位于圣彼得堡的梅塔罗斯特洛伊动车段是在原有车辆段基础上进行技术改造后投入使用的动车组检修基地，隶属俄罗斯铁路公司的十月铁路局。选择将梅塔罗斯特洛伊车辆段改造为动车段，主要是由于多年来该段一直为俄罗斯 ЭР200 快速列车提供维修服务，积累了比较丰富的经验，具备了必需的机车车辆维修设施和设备，对该车辆段进行现代化改造，能够减少建设项目投资，并最大限度地降低运营成本。整体改造工程由德国 ProKonzept 公司负责。

为了高效实施对游隼号动车组的养护维修，除对既有维修和线路设施进行必要的改造外，西门子公司还采用了适应游隼号动车组特点、符合动车段所属铁路局运营管理要求的列车维修自动化管理系统——"计算机管理维修系统（CMMS）"。该系统可以从许多诊断系统中采集数据，包括安装在车上、线路上和接触网上的各种传感器、控制装置、摄像头等，实现对列车系统及相关部件的实时监测，及时发现列车运行过程中可能出现的故障和异常。远程数据访问系统则通过互联网，把这些相关信息传递至中央控制中心，在那里对这些数据进行分析，以便制订维修段作业计划，并对预防性维修作业进行管理，包括动车段的工作指令、资产管理，以及动车段库存材料清单的控制等。有关动车段维修任务将会显示在遍及全段的显示器上，技术人员通过显示器或掌上电脑（PDA），即可了解诸如维修任务、故障类型、作业时间等方面的信息，还可以发送特定维修部位的图像信息，以便技术人员很容易地定位所需维修的组件。

维修段内还设有其他维修工具和试验设备，包括进行车轮踏面擦伤试验的车轮装置（Calipri）、非接触式轮对测量系统和地下车轮旋床，以及用来检查传动齿轮的超声波检查设备等。此外，鉴于俄罗斯冬季气候严寒，动车段内建有专门的除冰大厅，列车进入大厅后可通过大功率电热扇的加热作用，融化车上的冰雪。

有效的养护维修充分挖掘了游隼号动车组的潜在运能，但是，由于没有多余的备用列车，游隼号动车组的运营服务还是比较脆弱的。为此，俄罗斯铁路公司正在考虑向西门子公司增加订购动车组，一方面，可避免动车组停运大修而导致的运能损失；另一方面，也可以满足未来进一步扩充运能的需要。

五 俄罗斯高速铁路网规划

2010 年，俄罗斯铁路公司根据俄罗斯联邦政府的要求，研究制定了"俄罗斯联邦快速和高速铁路运输发展模式及构想"，确定了未来俄罗斯的快速和高速铁路发展战略。2012 年上半年，俄罗斯铁路公司对该规划进行了修订，调整了高速铁路线路，规划完成时间从 2017 年底推迟至 2030 年。

（一）俄罗斯快速和高速铁路发展战略（2010年）

"俄罗斯联邦快速和高速铁路运输发展模式及构想"提出：2017 年底，完成莫斯科—圣彼得堡高速客运专线（BCM－1）建设；在莫斯科—苏泽姆卡—基辅、莫斯科—库尔斯克（进一步延长至索契和克里米亚）、莫斯科—斯摩棱斯克—克拉斯诺耶—明斯克（进一步延伸至华沙和柏林）、莫斯科—雅罗斯拉夫尔、鄂木斯克—诺沃西比尔斯克等线，组织开行快速旅客列车（160～200 公里/小时）。其中，在莫斯科—苏泽姆卡—基辅、莫斯科—斯摩棱斯克—克拉斯诺耶—明斯克线线将采用 Talgo 摆式列车。

俄罗斯还计划在鄂姆斯克—诺沃西比尔斯克—克拉斯诺亚尔斯克方向修建高速客运专线；在乌拉尔、西伯利亚、远东地区，以及叶卡捷琳堡—车尔雅宾斯克、哈巴罗夫斯克—符拉迪沃斯托克区段，组织开行快速旅客列车。预计到 2030 年，俄罗斯快速和高速铁路里程将超过 5700 公里；高速客运专线每昼夜至少开行高速列车 120 对，年客运量达 3000 万人次；在开行快速列车的地区，年客运量达 880 万人次。

（二）俄罗斯高速和快速铁路发展战略（2012年）

修订的"俄罗斯联邦快速和高速铁路运输发展模式及构想"提出：俄

罗斯高速铁路项目分两个阶段来实施。

第一阶段（2012~2020 年），完成莫斯科—圣彼得堡高速铁路（全长 658 公里，旅行时间为 2 小时 30 分）、下诺夫哥罗德—喀山—叶卡捷琳堡高速铁路（全长 1145 公里，旅行时间为 4 小时 40 分）、莫斯科—哈尔科夫—阿勒德高速铁路（全长 1826 公里）。上述 3 条高速铁路线路总长超过 3600 公里。到 2020 年，俄罗斯高速铁路里程将达 4300 公里。届时，莫斯科—圣彼得堡和下诺夫哥罗德—喀山—叶卡捷琳堡高速铁路的年客运量将达 860 万人次。

第二阶段（2021~2030 年），完成莫斯科—下诺夫哥罗德高速铁路、喀山—萨马拉高速铁路支线、莫斯科—叶卡捷琳堡高速铁路。另外，还将建设一条连接乌克兰和白俄罗斯的国际高速铁路，并进一步延伸至西欧。

根据这次修订的高速和快速铁路发展规划，到 2030 年，俄罗斯高速和快速铁路里程将达到 12000 公里，年客运量达 3200 万人。据预测，该规划的基础设施总投资约为 63000 亿卢布（约 1911 亿美元）。

六　莫斯科至喀山高速铁路

莫斯科至喀山高速铁路是俄罗斯高速和快速铁路发展战略（2012 年）中规划的高速铁路铁 2 号线（ВСМ - 2）莫斯科至叶卡捷琳堡（线路全长 1595 公里）的重要一段，为计划先期开工段落。

2015 年 6 月，中铁二院工程集团有限责任公司（简称中铁二院）与俄罗斯莫斯科交通设计院和下诺夫哥罗德地铁设计院组成联合体开展莫斯科至喀山高铁的勘测设计工作。

莫斯科至喀山高速铁路线路全长 770 公里（见图 8 - 9），沿线经过莫斯科州等 7 个行政区域。全线设 15 个车站及 7 个调度站，桥梁比重约为 20%。

正线数目为双线铁路，设计最高速度 400 公里/小时，线路间距为 5 米，轨距为 1520 毫米，最小曲线半径为 10000 米，最大坡度为 24‰。

莫斯科至喀山高速铁路将使从莫斯科到喀山的旅行时间缩短 82%，即从现在的 14 个小时缩减到 3 个半小时。同时，从下诺夫哥罗德到喀山的旅行时间将缩短 85.7%，即从现在的 10 小时 32 分钟缩减到 1 个半小时。莫斯科至喀山高速铁路将有效提高俄罗斯沿线地区和共和国连接的流动性，将区域首府之间的旅行时间降低到 1 小时左右。

图 8－9　莫斯科至喀山高速铁路示意图

资料来源：引自俄罗斯《莫斯科至喀山高速铁路投资备忘录》。

莫斯科至喀山高速铁路的辐射区域包括 7 个俄罗斯联邦主体：莫斯科、莫斯科州、弗拉基米尔州、下诺夫哥罗德州、楚瓦什共和国、马里埃尔共和国和鞑靼斯坦共和国。辐射区域总面积为 26.21 万平方公里，大约占俄罗斯联邦总面积的 1.5%。同时，辐射区域人口数量超过全国总人口数量的 20%。

区域内人口分布极不平衡。区域内 64.5% 的人口位于莫斯科和莫斯科州，约 13% 的人口位于鞑靼斯坦共和国，11% 的人口位于下诺夫哥罗德州。线路经过俄罗斯 12 个百万人口以上城市中的 3 个：莫斯科（约 1200 万人口）、下诺夫哥罗德（约 130 万人口）和喀山（约 120 万人口）。以喀山、下诺夫哥罗德、切博克萨雷和莫斯科等城市为中心形成的城市集群效应对高速铁路干线辐射区域的空间发展具有特殊作用。其中莫斯科城市群最大，在

这些城市群内人力、经济、科学潜力和基础设施不断集聚。

　　莫斯科至喀山作为俄罗斯向东发展的重要交通走廊，每年通道内通行旅客达 3940 万人次，包括大型城市之间的 1090 万人次。目前私家车占据主导地位，其所占份额大约为 55%（见图 8-10），主要是因为价格便宜，且公共交通发展水平低。公共交通发展水平较低的弗拉基米尔—喀山、切博克萨雷—喀山、下诺夫哥罗德—切博克萨雷等城市间没有铁路连接，这使旅客不得不选择私家车出行。目前，城际交通客运量较大，仅 2014 年莫斯科与诺金斯克、埃列克特罗斯塔利与奥列霍沃—祖耶沃间的铁路客运量就超过 320 万人次，弗拉基米尔市—科夫罗夫市间的铁路客运量接近 100 万人次。既有铁路、公路已不能满足目前的需求，更无法适应未来需求的增长。

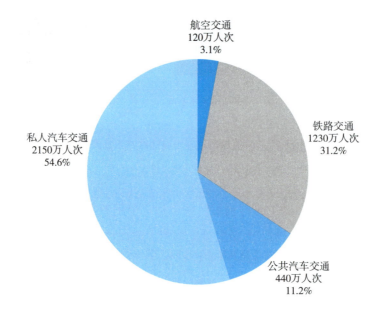

图 8-10　莫斯科至喀山辐射区域内现有各类交通方式通行人次

　　莫斯科至喀山高速铁路这一全新的交通出行方式的引入，势必将引起莫斯科至喀山交通走廊中的出行结构产生较大的变化。目前大约 80% 的旅客选择航空运输（莫斯科—喀山、莫斯科—切巴克萨拉、莫斯科—约什卡尔奥拉、莫斯科—下诺夫哥罗德）、长途铁路运输（其中包括快车运输）两种

方式。根据模型计算，莫斯科至喀山高速铁路的客流量将从 2025 年的 1480
万人次增长到 2050 年的 2310 万人次，年均增长约为 1.8％（见图 8－11）。

图 8－11 莫斯科至喀山高速铁路交通量预测

资料来源：引自俄罗斯《莫斯科至喀山高速铁路投资备忘录》。

中铁二院在莫斯科至喀山高速铁路的勘察设计中，推荐列车采用中国中
车基于中国 CRH380B 并根据莫斯科至喀山高速铁路运营条件专门设计的高
速客运电动车组（见图 8－12）。设计速度 360 公里/小时，展示速度 400 公
里/小时，采用 25 千伏交流供电和 3 千伏直流供电。运行环境的温度范围为
摄氏 -50℃ 至 40℃，轨距为 1520 毫米，限制坡度为 24‰，站台高度为 1100
毫米和 1300 毫米，车厢的最大外宽为 3360 毫米，供电电压为交流 25 千伏
和直流 3 千伏。

列车编组主要为 12 节车厢（2 头车 +6 动车 +4 拖车），其中，第 1 节
车厢为头等车厢，第 2、3 节车厢为商务车厢，第 4 节车厢为高级经济车厢，
第 5 节车厢为餐车，第 6、7、8 节车厢为经济车厢，第 9、10、11、12 节车
厢为旅行车厢。另外还有 8 节车厢（2 头车 +4 动车 +2 拖车）和 16 节车厢
（8 +8）（4 头车 +8 动车 +4 拖车）编组，多机重联两辆电动车组时列车最
大长度为 400 米。

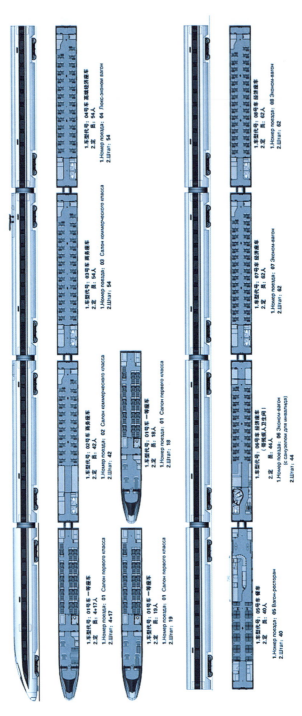

图 8 - 12　莫斯科至喀山高速客运电动车组示意图

　　12 节车厢列车的座位总数为 692 个，其中，一等座 29 个，商务座 96 个，舒适经济座 54 个，经济座 208 个，旅行座 305 个。8 节车厢列车的座位总数为 453 个，其中一等座 22 个，商务座 56 个，经济座 165 个，旅行座 210 个。

　　12 节车厢牵引功率，25 千伏 50 赫兹交流供电时为 15200 千瓦，3 千伏直流供电时为 9300 千瓦。8 节车厢牵引功率，25 千伏 50 赫兹交流供电时为 10130 千瓦，3 千伏直流供电时为 9300 千瓦。16 节车厢牵引功率，25 千伏 50 赫兹交流供电时为 20260 千瓦，3 千伏直流供电时为 9300 千瓦。

七　中俄高速铁路合作

　　近年来，中国和俄罗斯双边关系发展良好，互信程度不断增加，各领域务实合作也随之增多，不断将中俄全面战略协作伙伴关系推向新高度。双方在众多领域达成了战略性合作协议，有力地提升了中俄务实合作水平。2014 年 10 月，在中俄两国总理共同见证下，双方签署了中俄高速铁路合作谅解备忘录，计划建设北京至莫斯科的欧亚高速运输走廊。2015 年 5 月，在中俄两国元首共同见证下，双方签署莫斯科至喀山高速铁路建设合作协议。

　　莫斯科至喀山高速铁路是中俄合作构建俄罗斯莫斯科—中国北京的高速客运通道的一部分，是西伯利亚大陆桥和第二欧亚大陆桥的共用段和核心区段，西端与俄罗斯高铁 1 号线（莫斯科—圣彼得堡）衔接，共同构成莫斯科辐射俄罗斯西部主要地区的快速客运通道。因此，莫斯科至喀山高速铁路将成为中俄两国以及亚欧快速客运交流的主通道，是完善亚欧大陆桥铁路通道、建设丝绸之路经济带的需要，对于改善莫斯科至喀山交通基础设施，扩大中俄经贸合作，促进中国与俄罗斯政治、经济、社会发展具有重要意义。中俄合作共建，符合中俄双方的利益和需求，得到两国领导人的高度重视，与习总书记倡导的丝绸之路经济带建设和普京总统倡导的欧亚经济联盟建设相契合。

　　俄罗斯广袤的国土对铁路交通的需求巨大，目前已投入使用的高速铁路

只有莫斯科至圣彼得堡和圣彼得堡至赫尔辛基两条铁路，且时速仅为200～250公里，处于高速铁路速度的下限值。通过多年的引进、吸收与自主创新，加上庞大的高速铁路建设与运营经验积累，中国的高速铁路技术已经比较成熟，很多具有自主知识产权的技术指标已居于世界前列，在系统的高速铁路理论、适应性广的成套工程技术、完善的技术标准、丰富的运营经验等方面，正以明显优势为许多国家所青睐。中俄合作建设的莫斯科至喀山高速铁路，处于严寒高冷地区，条件恶劣，技术要求高，一旦完成修建，将中国的高铁技术和装备引入领土面积广阔的俄罗斯，将能够为中国高铁"走出去"起到良好的宣传与促进作用。

高速铁路是一个巨大的系统工程，从工程建设角度看，不仅要有线下工程、电力和牵引供电、通信信号等专业子系统工程的高质量保证，而且要有各大型客运站、铁路枢纽、动车组维修基地等重点工程的高标准要求。从技术装备角度看，不仅要解决好固定设备之间的配合接口问题，更重要的是要解决好动车组这个集机械制造、牵引动力、电子设备、控制技术、信息化于一体的移动设备各子系统之间的集成、协调问题，以及固定设备和移动设备各专业子系统之间的接口配合、匹配协调问题。

莫斯科至喀山高速铁路投资巨大，技术标准高，工程建造难度大，采用当今世界最先进的技术。莫斯科至喀山高速铁路总投资超过1万亿卢布，线路长度770公里，在俄罗斯前所未有。最高设计速度达到400公里/小时，在世界高速铁路建设史上也是少有的。需要在设计中重点解决诸如铁路工程对沿线环境的不利影响，寒冷地区无砟轨道结构及其大规模施工质量控制技术，长大桥梁无缝线路技术，低频噪声降噪减振系列措施，高性能工程材料技术，工程施工环境保护、节能技术，工程建设与管理信息化技术，高速铁路线路综合检测和维护技术，工程结构动态沉降变形规律，精测网精细测量技术体系及其运行后控制沉降维护预案，线路平纵断面轨道动力学特性，合理的轨道最大超高、过超高、欠超高值，满足曲线测量、施工、养护维修等要求的曲线半径允许值和缓和曲线长度等平纵面设计参数，考虑线路交叉跨越、通航、地形条件、工程构筑物技术要求和运营成本的合理的最大坡度，路基工后沉降控制及压实系数标准，路基填方与桥梁的过渡段长度、刚度、压实指标，寒冷地区路基保温、隔离、排水等防冻胀措施，沼泽地区、岩溶、软土路基基础工程处理措施和适应性评价，合理的路基高度及其对工程投资的影响，桥梁孔跨的标准化、工厂化、装配化设计及施工和运营养护维修，混凝土抗冻融耐久性及桥涵基础防冻胀技术，结构的刚度、变形、动力特性及结构间的刚度变化和沉降差等对高速行车的影响，调度站设置原则和方案，旅客站台长度、宽度、高度，线间距、到发线有效长参数，正线与跨线列车联络线连接单开道岔型号、车站正线道岔型号及其他站线、次要站线道岔型号，信号各子系统接口需求、设备配置及选型、系统兼容性等，进入枢纽后采用 DC 3.3kV 馈线设备的保护控制装置与既有保护装置的兼容性，电能质量对电力系统的影响，耐高寒高速动车组及其动车组检修制度，高速铁路特有的施工工艺、工法对投资的影响，工期延长与工程投资的相互关系，俄罗斯既有技术标准体系如何适应高速铁路技术要求等一系列问题，以及如何把握中国技术装备"走出去"与俄罗斯本地化的要求、中国投融资额与中国技术装备"走出去"的对应关系等问题。中俄双方通过莫斯科至喀山高速铁路合作，突破上述关键技术和问题，在形成俄罗斯的高速铁路技术标准和技术体系的同时，探索出了中国高速铁路技术标准和装备国际化的成功路子。因此，莫喀高铁建设不仅有利于改善俄罗斯基础设施，而且有助于提高中国高铁的国际声誉，推动中国高铁行业的国际化进程。加速中国铁路产业和铁路行业的整体国际化进程，项目的成功将对共同建设丝绸之路经济带和实现两国发展战略对接产生深远影响，也是中国高速铁路走进传统的由欧洲公司主导的铁路市场的重要一步。

中国和俄罗斯互为最大的邻国，自 1991 年 12 月建交以来，经过 20 多年的共同发展和两国领导人的精心经营，已建成全面战略协作伙伴关系。中国是俄罗斯第一大贸易伙伴，俄罗斯是中国第九大贸易伙伴。中俄两国间加强科技特别是高铁等高技术领域的交流合作，有利于维护和巩固中俄友好合作关系，促进两国经济社会发展，深化两国全面战略协作伙伴关系，维护世界和平，促进共同发展。

在中俄共建莫喀高铁过程中，通过相互合作、交流，以及双方媒体对建设过程长期、持续的关注，可以让中国民众更加关注俄罗斯的发展和建设，进而更多地了解俄罗斯的历史、文化；同时，让俄罗斯民众通过对中国高铁的关注，更多地了解中国的发展、历史和文化。通过讲好"一带一路"中的故事，传播好"一带一路"的声音，为"一带一路"建设营造良好的舆论环境，让"一带一路"的人文交流、文化历史、自然风貌、风俗习惯，以及我们工作生活中的点点滴滴，不仅留在我们心里，而且充分展示出来。

莫喀高铁建成后，将成为全球基建领域的样板工程，其合作经验有助于推进联通欧亚的铁路大动脉和通往中亚的高铁项目的建设，对于扩大中俄经贸合作，促进中俄政治、经济、社会发展具有重要意义，也为沿线国家和新丝绸之路经济带辐射地区经济贸易交流提供了一条便捷的大通道。

八　俄罗斯重要的机车生产商

俄罗斯是全球最大的铁路车辆需求国之一，产品涵盖高速动车组、地铁、轻轨等。俄罗斯本地主要有两家大型车辆生产企业，分别是西纳拉集团和运输机械制造控股公司。

（一）西纳拉集团

西纳拉集团成立于2001年，总部位于叶卡捷琳堡。业务范围涵盖交通运输设备、金融服务、建筑工程等。员工约23000人，其中从事轨道车辆制造的员工约3000人。铁路产品主要有机车、燕子号列车、柴油机、柴油发电机组等。

2010年7月，西纳拉集团与德国西门子公司合资成立乌拉尔机车有限公司，专业从事新一代电力机车和电动车组的生产，致力于增加牵引车的种类。主要生产时速160公里的燕子号城际动车组列车，是俄罗斯唯——家具有高聚铝型材车体生产能力的企业。公司拥有500多套现代化设备、工艺装备和先进的切割机床，具有一定的机车设计能力，以及短期内适应和组织生产高速动车组的能力。

目前，乌拉尔机车有限公司与俄罗斯铁路公司签订了采购 5 辆编组的燕子号动车组 294 列的合同，其中 38 列在德国生产，其余在俄罗斯生产，并由西门子公司对俄罗斯员工进行培训，逐步实现技术转让，但核心部件仍然从德国采购。列车维护也是先由西门子公司对俄罗斯员工进行培训，逐步实现由合资的乌拉尔机车有限公司自行进行车辆维护和修理，但核心部件的检修和更换仍然由西门子公司负责。

2013 年 10 月，西纳拉集团还与西班牙卡福公司分别出资，在叶卡捷琳堡成立合资公司，进行叶卡捷琳堡及其周边地区的轻轨和有轨电车的研发与生产。

（二）运输机械制造控股公司

运输机械制造控股公司成立于 2002 年，总部位于莫斯科，是俄罗斯最大的铁路设备制造商和行业中的领先企业。下设 14 家铁路机车车辆制造厂。业务范围涵盖机车、地铁、客车、货车、柴油发动机、列车运行设备等。员工约 60000 人。

运输机械制造控股公司与法国阿尔斯通公司合资成立了名为 TRANS LLC 的合资公司，并为莫斯科—索契的奥林匹克线提供时速 200 公里电动机车。

特维尔车辆制造厂是运输机械控股集团的子公司之一，公司总部位于特维尔州首府特维尔。拥有完备的普通客车生产线和试验线，员工约 7700 人。主要产品和业务包括各种铁路客车和特种车辆的研发、制造和维修。俄罗斯承运的莫斯科至北京客运列车由俄罗斯特维尔车辆制造厂制造。但该公司目前尚缺少动车组列车的设计、制造和生产平台。

九　小结

从上述俄罗斯客运列车的现状和发展规划，小结如下。

1. 俄罗斯铁路交通基础设施建设潜力十分巨大，目前并没有真正意义

上的高速铁路。而中国拥有庞大的高速铁路建设与运营经验积累，技术已经比较成熟，很多具有自主知识产权的技术已居于世界前列，在系统的高速铁路理论、适应性广的成套工程技术、完善的技术标准、丰富的运营经验等方面，正以明显优势为许多国家所青睐。作为一张亮丽的国家"名片"，中国的高铁技术和装备引入国土广袤的俄罗斯，能够为中国高铁"走出去"起到良好的宣传与促进作用。

2. 俄罗斯国土面积大，但人口分布极不平衡，主要集中在西面的欧洲部分尤其是大都市。其中，超过千万人口的城市只有首都莫斯科，其他城市除圣彼得堡人口500万人外，均为150万人口以下。莫斯科不仅人口数量占第一，人口密度也很高，人口平均密度为7700人/平方公里，中心部分人口密度高达29000人/平方公里，包含城市拥堵在内的超大型城市问题十分严重。虽然政府和学者都认识到这个问题，但目前看不出改善迹象。因此，对俄罗斯客运列车（含地铁、轻轨和城市有轨电车）的未来发展而言，机会最多的还是莫斯科及其周边地区。

3. 俄罗斯人出行主要依靠轨道交通，但俄罗斯现有轨道交通无论是铁路客运列车，还是地铁、轻轨、城市有轨电车，其车辆总体上比较陈旧，不能满足日益增长的市场需求。这些需求，不仅包含对列车数量的需求，也包含对列车运行速度、舒适性和服务质量的需求。因此，俄罗斯客运列车更新换代需求巨大，市场潜力很大。据俄罗斯媒体报道，莫斯科计划在未来2年内，更换全市的有轨电车，其他已经拆除了有轨电车的城市也在讨论是否恢复有轨电车。

4. 俄罗斯在提升客运服务方面，除个别采用新建铁路、地铁外，更多采用的是既有固定设备提速改造和引进先进的新型列车的方式，这一方式符合俄罗斯目前的经济发展水平和市场需求。因此，俄罗斯客运列车市场的潜力远大于铁路或轨道交通基建市场。需要注意的是，俄罗斯对新型客运列车的研发能力较弱，更加倾向于引进国外先进的客运列车并逐步实现本地化生产。无论是新建高速铁路还是对既有铁路固定设备的提速改造，列车一般初期从国外整车进口，之后通过合资建厂，引进先进的技术、工艺和设备，除核心部件从国外采购外，逐步实现80%的本地化生产。

5. 通过对城市周边既有铁路的更新改造，解决住在城市远郊的人们的上下班交通需求，以及采用宽体车厢、较少座位增加车内空间以应对高峰期客流的模式，对中国也有参考借鉴意义。

6. 俄罗斯十分关注最先进的交通工具的研发，如真空高速列车等，也在自行开展新制式交通工具的初期研发。应在俄罗斯加大我国正在发展的多种新制式交通的宣传，如果配以投融资支持，进入俄罗斯市场的前景是可以预期的。

（作者：中铁二院——朱颖、陈列，俄罗斯——卡兹罗夫斯基·安东·伊戈尔耶维奇 Козловский Антон Игоревич）

附　　　录

Appendix

B.9

附录一　中国轨道交通城市竞争力报告

排名	城市名称	总得分	技术创新指数	供应类产业指数	应用类产业指数	管理创新指数	商业模式创新指数	可持续发展指数
1	北　京	96.93	26.00	24.40	27.83	9.00	5.00	4.70
2	上　海	79.39	18.39	17.15	25.26	9.49	4.10	5.00
3	成　都	61.98	17.49	18.27	13.37	5.44	3.50	3.90
4	南　京	54.54	13.93	15.86	10.80	6.05	3.80	4.10
5	武　汉	54.22	11.91	15.02	14.08	5.41	3.70	4.10
6	广　州	53.83	8.70	8.36	19.69	8.68	4.00	4.40
7	青　岛	47.82	7.41	18.70	8.91	5.11	3.70	4.00
8	大　连	47.08	11.21	17.60	5.61	4.85	3.60	4.20
9	深　圳	44.32	8.36	6.64	13.14	7.68	4.30	4.20
10	重　庆	43.97	7.89	12.24	10.53	5.72	3.60	4.00
11	西　安	42.99	11.18	11.40	7.91	5.21	3.70	3.60
12	长　春	40.90	6.01	19.23	4.39	4.46	3.20	3.60
13	天　津	40.54	8.89	11.10	8.29	4.96	3.40	3.90
14	长　沙	40.36	11.81	9.36	6.48	5.01	3.80	3.90

续表

排名	城市名称	总得分	技术创新指数	供应类产业指数	应用类产业指数	管理创新指数	商业模式创新指数	可持续发展指数
15	杭　　州	37.11	6.87	7.56	9.45	5.64	3.70	3.90
16	沈　　阳	33.12	6.33	7.92	6.55	5.32	3.40	3.60
17	郑　　州	33.09	7.71	8.25	5.03	4.80	3.70	3.60
18	苏　　州	32.08	5.72	6.77	6.79	4.80	3.90	4.10
19	株　　洲	30.89	9.90	20.89	0.00	0.10	0.00	0.00
20	南　　昌	29.18	8.56	3.91	4.76	5.06	3.30	3.60
21	哈尔滨	28.50	6.27	6.59	3.80	5.24	3.20	3.40
22	昆　　明	28.44	5.69	5.18	5.67	4.59	3.50	3.80
23	佛　　山	28.11	3.60	8.02	4.99	4.80	3.30	3.40
24	宁　　波	27.90	5.60	4.63	5.59	4.68	3.50	3.90
25	无　　锡	27.52	5.97	6.14	3.55	4.36	3.60	3.90
26	东　　莞	27.41	5.20	6.90	3.99	4.43	3.20	3.70
27	合　　肥	26.79	5.69	6.23	3.87	4.30	3.20	3.50
28	福　　州	26.31	5.52	5.10	3.39	5.20	3.40	3.70
29	南　　宁	23.62	4.54	4.81	3.57	4.20	3.10	3.40
30	唐　　山	16.71	5.61	11.00	0.00	0.10	0.00	0.00
31	石家庄	16.07	9.57	5.78	0.52	0.20	0.00	0.00
32	兰　　州	15.37	8.82	5.60	0.95	0.00	0.00	0.00
33	常　　州	12.34	4.09	7.62	0.53	0.10	0.00	0.00
34	永　　济	10.25	3.94	6.21	0.00	0.10	0.00	0.00
35	大　　同	10.22	2.15	7.97	0.00	0.10	0.00	0.00
36	厦　　门	9.77	4.73	2.35	2.00	0.70	0.00	0.00
37	烟　　台	9.60	2.94	6.56	0.00	0.10	0.00	0.00
38	徐　　州	9.27	3.58	4.90	0.59	0.20	0.00	0.00
39	温　　州	8.76	2.86	4.32	1.38	0.20	0.00	0.00
40	贵　　阳	8.61	4.36	1.96	1.50	0.80	0.00	0.00
41	太　　原	7.82	4.24	3.05	0.43	0.10	0.00	0.00
42	南　　通	7.12	2.27	4.22	0.52	0.10	0.00	0.00
43	泉　　州	7.08	2.35	4.15	0.47	0.10	0.00	0.00
44	淄　　博	6.90	2.96	3.84	0.00	0.10	0.00	0.00
45	洛　　阳	6.55	3.67	2.42	0.36	0.10	0.00	0.00
46	包　　头	6.12	3.16	2.50	0.37	0.10	0.00	0.00
47	乌鲁木齐	5.93	3.06	1.78	0.79	0.30	0.00	0.00
48	济　　宁	5.71	1.99	3.62	0.00	0.10	0.00	0.00
49	绍　　兴	5.57	2.13	2.98	0.36	0.10	0.00	0.00
50	呼和浩特	5.11	2.46	2.09	0.45	0.10	0.00	0.00

注：部分数据未能收集全面，可能会影响排序。

257

B.10

附录二 轨道交通产业全景示意图

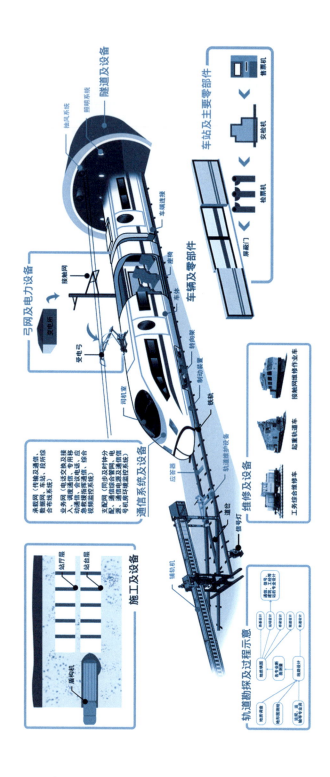

隧道及设备
- 抽风系统
- 照明系统

弓网及电力设备
- 接触网
- 变电所

车站及主要零部件
- 售票机
- 安检机
- 检票机
- 屏蔽门

车辆及零部件
- 车端连接
- 车体
- 座椅
- 转向架
- 制动装置

通信系统及设备
- 承载网（传输及通信、数据网、车站、段所综合布线系统）
- 业务网（电话交换及接入、调度通信、专用移动通信、会议电话、应急数据指挥通信、综合视频监控系统）
- 支配网（同步及时钟分配、通信综合管网、电源、通信电源及通信信号机房环境监控系统）

维修及设备
- 工务综合维修车
- 起重轨道车
- 接触网检修作业车

轨道维护设备
- 铁机
- 应答器
- 信号灯
- 道岔

施工及设备
- 铺轨机
- 站厅层
- 站台层
- 盾构机

轨道勘探及过程示意

司机室

258

B.11
参考文献

[1] 《北方交通大学学报》编辑部:《西方资本主义的侵入和中国建筑铁路的开端》,《北方交通大学学报》1979 年第 1 期。

[2] 程国栋:《用冷却路基的方法修建青藏铁路》,《中国铁道科学》2003 年第 3 期。

[3] 丁靖康、韩龙武、李永强等:《青藏铁路多年冻土工程特性与冻土工程》,《铁道工程学报》2005 年第 21 期。

[4] 侯全德:《青藏铁路多年冻土地区筑路条件浅析》,《铁道标准设计》2001 年第 12（21）期。

[5] 梁成谷:《青藏铁路:造福青藏各族人民的世纪工程》,《中国铁路》2008 年第 11 期。

[6] 陆东福:《增强铁路自主创新能力——为和谐铁路建设提供技术支撑》,《铁道经济研究》2007 年第 5 期。

[7] 马巍、程国栋、吴青柏:《青藏铁路建设中动态设计思路及其应用研究》,《岩土工程学报》2004 年第 26（4）期。

[8] 《青藏铁路》编写委员会:《青藏铁路综合卷,勘察设计卷,科学技术卷,运营管理卷》,北京:中国铁道出版社,2016。

[9] 冉理:《青藏高原铁路的设计与研究》,《中国铁道科学》2001 年第 22（1）期。

[10] 铁道第一勘察设计院:《青藏线格拉段自然保护区野生动物通道专题报告》,兰州:铁道第一勘察设计院,2001。

[11] 铁道第一勘察设计院:《新建铁路青藏线格尔木至拉萨段西大滩至安多多年冻土区综合地质报告》,兰州:铁道第一勘察设计院,2001。

［12］ 铁道第一勘察设计院：《青藏线格拉段水土保持方案报告书》，兰州：铁道第一勘察设计院，2003。

［13］ 孙永福：《青藏铁路建设环境保护研究（攻克"三大难题"论文集)》，北京：中铁铁道出版社，2007。

［14］ 孙永福：《青藏铁路建设冻土工程研究（攻克"三大难题"论文集)》，北京：中铁铁道出版社，2007。

［15］ 孙永福：《青藏铁路建设卫生保障研究（攻克"三大难题"论文集)》，北京：中铁铁道出版社，2007。

［16］ 孙永福：《青藏铁路是怎样铺就的——青藏铁路建设管理创新与技术创新》，《中国发展观察》2006年第7期。

［17］ 孙永福：《青藏铁路多年冻土工程的研究与实践》，《冰川冻土》2005年第276期。

［18］ 吴克俭、钱征宇：《青藏铁路多年冻土工程科技创新与实践》，《中国铁路》2007年第6期。

［19］ 喜来：《青藏铁路的新科技》，《交通与运输》2008年第24（1）期。

［20］ 张建忠、张寿红、董贵奇：《夯实环保基础工作　建成一流高原铁路——青藏铁路运营10周年环保工作总结》，《中国铁路》2016年第6期。

［21］ 中国铁道科学研究院：《青藏铁路高原冻土区混凝土耐久技术研究》，北京：中国铁道科学研究院，2008。

［22］ 中华人民共和国建设部：《冻土区建筑地基基础设计规范》，北京：中国建筑工业出版社，2011。

［23］ 中华人民共和国建设部：《冻土工程地质勘察规范》，北京：中国计划出版社，2014。

［24］ 中华人民共和国铁道部：《青藏铁路多年冻土区工程勘察暂行规定》，北京：中国铁道出版社，2001。

［25］ 中华人民共和国铁道部：《青藏铁路多年冻土区工程设计暂行规定》，北京：中国铁道出版社，2005。

［26］中铁第一勘察设计院集团有限公司：《青藏铁路高寒草原高寒草甸植被恢复与再造技术》，西安：中铁第一勘察设计院集团有限公司，2007。

［27］中铁第一勘察设计院集团有限公司：《青藏铁路多年冻土路基工程技术》，西安：中铁第一勘察设计院集团有限公司，2007。

［28］中铁第一勘察设计院集团有限公司：《青藏铁路多年冻土隧道工程技术》，西安：中铁第一勘察设计院集团有限公司，2007。

［29］中铁第一勘察设计院集团有限公司：《青藏铁路多年冻土区桥涵工程技术》，西安：中铁第一勘察设计院集团有限公司，2007。

［30］中铁第一勘察设计院集团有限公司：《青藏铁路多年冻土区无缝线路试验段关键技术研究》，西安：中铁第一勘察设计院集团有限公司，2008。

［31］周幼吾、郭东信、邱国庆等：《中国冻土》，北京：中国科学出版社，2000。

［32］牟瑞芳、黄振晖：《现代有轨电车概论》，四川：西南交通大学出版社，2015。

［33］《世界首列氢能源电车在中国诞生开启一新时代》，http：//www.360doc.com/content/15/0322/17/5407488_457181532.shtml，2015。

［34］吴胜权：《城市现代有轨电车工程基础》，北京：机械工业出版社，2016。

［35］《BT 模式》，https：//baike.baidu.com/item/BT%E6%A8%A1%E5%BC%8F/10617647？fr=aladdin。

［36］《财政部力推"PPP"地方政府干劲足行规将出台》，http：//news.ts.cn/content/2014-06/09/content_9761008_all.htm。

［37］《PPP 模式分类》，http：//www.chinacem.com.cn/ppp-jcll/2015-1/181480.html。

［38］盛和太、王守清：《特许经营项目融资（PPP/BOT）资本结构选择》，清华大学出版社，2015。

[39] 《关于印发政府和社会资本合作模式操作指南（试行）的通知》（财金〔2014〕113 号），http：//jrs. mof. gov. cn/zhengwuxinxi/zhengcefabu/201412/t20141204_ 1162965. html。

[40] 杨星、徐婷：《交通基础设施项目 PPP 模式投融资方案设计》，《交通企业管理》2015 年第 1 期。

[41] 聂铭泉：《TOD 模式的理论综述》，《城市建设理论研究》2010 年第 5（32）期。

[42] 张国宝：《城市轨道交通运营组织》第三版，上海：上海科学技术出版社，2014。

[43] 中国城市轨道交通协会：《城市轨道交通 2016 年度统计和分析报告》，北京，2017 年 3 月。

[44] 黎冬平：《现代有轨电车的应用模式》，《城市轨道交通研究》2015 年第 3 期。

[45] 沈景炎：《我国现代有轨电车的发展，标准与规划探讨》，《都市快轨交通》2015 年第 28（6）期。

[46] 徐正和：《现代有轨电车的崛起与探索》，《现代城市轨道交通》2005 年第 2 期。

[47] 王明文、王国良、张育宏：《现代有轨电车与城市发展适应模式探讨》，《城市交通》2007 年第 6 期。

[48] 赵野、朱志国：《我国现代有轨电车功能定位的初探》，《交通运输工程与信息学报》2016 年第 14（1）期。

[49] 叶芹禄：《有轨电车的现状与未来》，《都市快轨交通》2013 年第 5 期。

[50] 徐连军：《现代有轨电车发展瓶颈及思考》，《世界轨道交通》2016 年第 12 期。

[51] 韩庆军、姚正斌：《氢燃料电池有轨电车结构设计及控制方法研究》，《城市轨道车辆》2016 年第 2 期。

[52] 林竹：《基于汕头城市运营实践的规划整合模式研究》，华南理工大学

博士学位论文，2014。

[53] 《城市轨道交通人才培养规划（2016～2020年）》（中城轨〔2017〕001号）。

[54] 郜春海：《基于通信的轨道交通列车运行控制系统》，《现代城市轨道交通》2007年第2期。

[55] 杨旭文：《基于UML的CBTC系统区域控制器的建模与安全性验证》，北京交通大学硕士论文，2008。

[56] 郜春海、燕飞、唐涛：《轨道交通信号系统安全评估方法研究》，《中国安全科学学报》2005年第10期。

[57] 高彦军、马子彦、贾萍：《城市轨道交通车地无线TD－LTE的实现》，《都市快轨交通》2014年第6期。

[58] 杨雪、赵运臣、苌红涛：《城市轨道交通车地无线的网络架构及应用》，《都市快轨交通》2014年第6期。

[59] 樊曦、齐中熙：《莫斯科—喀山高铁中的中国元素》，《中亚信息》2015年第5期。

[60] 陈列：《中国高铁技术正名"中国制造"》，《国际工程与劳务》2015年第9期。

[61] 林雪丹、陈效卫：《中国高铁签下走出国门第一单》，《人民日报》2015年6月19日。

Abstract

By the end of 2016, China had about 22000 km of high-speed railway lines in use, accounting for about 65% of the world's total length, and an urban rail transit system with a total length of 4153 km, ranking first in the world. In September 2017, China put the world's fastest bullet train "Fuxing" into commercial operation at a speed of 350 kilometers an hour on the railway line between Beijing and Shanghai. China holds the complete intellectual property rights on the "Fuxing" bullet train.

As China has vigorously promoted innovation in recent years, it is an inevitable trend for rail transit equipment to be domestically produced. China has seen significant development in rail transit technologies concerning safety, high-speed, convenience, comfort, economy, energy conservation, environmental protection, smart application and infrastructure construction and is leading the way in many fields. As technological innovation and infrastructure construction technology progresses, the time is increasingly ripe for China's rail transit technology going global.

To match the influence of the rail transit industry, academically, China Association of Metros, the Southwest Jiaotong University and China Institute of Science and Technology Evaluation propose to establish an editorial committee responsible for developing China's rail transit blue book. The proposal suggests that Huaping S&T Evaluation Co., Ltd. prepare and release a *Rail Transit Development Report* (*RTDR*) every year. With the theme of "Independent Innovation Extending Your Reach", this blue book focuses on explaining the progress rail transit has made in the fields of technology, management, business mode and industrial development, the development trends, innovative highlights and social concerns centering on economy, safety, convenience, energy conservation and environmental protection. It provides authoritative statements and data analysis, updates progress in cutting-edge technology and predicts development trends in an effort to serve the society, promote industrial development and help Chinese rail transit go global.

RTDR includes a general report and 5 special topic reports. The former provides an overview of rail transit as well as the history and current situation of rail transit in China. The latter is a collection of representative works on projects, urban rail transit, technology, economy and rail transit in other countries. For example, the *Project* chapter introduces the Qinghai-Tibet Railway which is technically world leading. This engineering feat addresses the world's three major engineering challenges, "permafrost soils, severe cold and oxygen deficiency arising from high altitude, and fragile ecology" and is granted with the State Special Award for Scientific and Technological Progress. The *Urban Rail Transit* chapter reveals that modern tramcars tend to make a comprehensive comeback in recent years. By the end of March 2017, tramcars had operated in over 10 cities, been under construction in 17 cities and been planned in 47 cities. The *Technology* chapter explains the important role CBTC system (communication-based train control system) plays in securing traffic safety and supporting train operation. China holds the complete intellectual property rights on CBTC. The *Economy* chapter explains land development in the vicinity of the rail transit system, which is of great reference value for China to address its long-term deficits in railway and rail transit operation, alleviate the difficulty in rail transit construction financing and solve other practical problems. The *Rail Transit in Other Countries* chapter is about passenger transport by railway in Russia. It analyzes the rail transit demand in Russia based on the Moscow-Kazan High-Speed Railway, a project award to China Railway Eryuan Engineering Group CO. LTD, thus providing a reference for China in implementing the national strategies such as the Belt and Road Initiative and the "going-out" policy of Chinese high-speed train.

To sum up, the fact-based *RTDR* illustrates the achievements and challenges China has made and faces using graphics, and analyzes the relationships between rail transit and history, economy, society, population, regional development and urbanization from multiple angles, introduces innovative highlights of the year and addresses public concerns about hot social issues. It promotes social harmony and

industrial development. To the outside world, it tells China stories, letting the world hear China's voice and leading the way for Chinese business going global. To the country, it promotes the fair competition and robust development of the rail transit industry.

Keywords: Rail Transit; High-speed Railway; Urban Rail Transit

Contents

I General Report

Abstract: Since the birth of the world's first commercial railway in 1825, railways quickly became the main force of land transportation and occupied a monopoly position for over a century. Subsequently, the invention of aircraft and automobiles gradually reduced the importance of railways. With the development of economy and society, all kinds of rail transit technologies advance swiftly and vigorously. With the characteristics such as large volume, fast speed, punctuality, safety, environmental protection, energy and land conservation and comfort, new types of rail transportation are emerging in an endless stream. High speed railways and urban rail transit are playing increasingly important roles in inter-city traffic and urban traffic. In China, rail transit mainly includes railway and urban rail transit.

Keywords: Rail Transit; Urban Rail Transit; Railway; High-speed Railway

Abstract: The earliest railways in China, due to introductions from the UK,

France, Germany, Japan, Russia, the United States and other countries with different railway standards and equipment, was ridiculed as "International Railway Exhibition." Since the founding of the People's Republic of China, especially since the beginning of the twenty-first century, China has begun to move towards independent innovation through importing, digesting and absorbing. From the Qinghai-Tibet Railway on the western plateau to the eastern coast railway, from the Harbin-Dalian High-speed Railway in the northern cold area to the Beijing-Guangzhou High-speed Railway with the longest operating mileage in the world, problems that had been existing for centuries have been overcome one after another and world records have been frequently broken. From the establishment of the National Laboratory for Rail Transportation (Preparation) by Southwest Jiaotong University in 2006 to the establishment of the "National High-speed Train Technology Innovation Center" in 2016—the first national technology innovation center co-founded by China Railway Rolling Stock Corporation and Qingdao City, the rail transit research strength and technological innovation of China are growing rapidly. China's rail transit has become a microcosm of national development. From blank and lagging behind to corner overtaking, China repeatedly refreshes the "China speed" and demonstrates its national strength and national rejuvenation.

Keywords: Rail Transit; Railway; Subway; Urban Rail Transit

Abstract: At present, China is implementing three national strategies, i. e.

"the Belt and Road", Collaborative Development of Beijing, Tianjin and Hebei Province, and the Yangtze River Economic Zone. Rail transportation plays an extremely important role in all of them. Through introduction, digestion, absorption and independent innovation, China's rail transit technology has taken a leading role in the world in terms of a number of key indicators. The operating mileage of high-speed railways, the operating mileage of urban rail transit and the mileage of high-speed railways under construction and the mileage of urban rails under construction all rank first in the world. Real breakthroughs have been achieved on a series of core technology represented by traction control system, brake system, permanent magnet electric drive system and high-power IGBT of high-speed multiple units. Progresses are made in critical technologies like driverless technology and industrial Ethernet. China's standard multiple units successfully passed the operation assessment by running in opposite directions at more than 420km/h and the relative speed of 840km/h. The first middle and low speed magnetic levitation express has been officially put into operation. The first suspension track train successfully came off the assembly line. The research on piggyback transport cars and 160 − 200km/h fast freight trains and other key products has been carried out smoothly. High-speed multiple units, high-power locomotives, heavy freight trains, urban rail vehicles and other complete rail transportation equipment have reached advanced level in the world. Rail transit has become a beautiful "name card" of China, and is painting a magnificent picture of heavy colors for China's national revival.

Keywords: Mid-long Term Railway Plan; Railway Density; Passenger Turnover Quantity; Freight Turnover Quantity

II Special Topic Report

B. 4 Chapter 1 − Project: Qinghai-Tibet Railway / 082

Abstract: The Qinghai-Tibet Railway, which runs from Xining City to Lhasa City, with a total length of 1956km, has far-reaching effects on promoting

the sustainable socioeconomic development of Qinghai and Tibet. The Xining-Golmud Section was put into operation in 1984, and the construction of the Golmud-Lhasa Section, with a total length of 1142km, was started in June 29, 2001. This section was put into operation in July 1, 2006. Three major global engineering problems- permafrost, alpine and anoxic as well as ecological fragility-were overcome during the construction of the Qinghai-Tibet Railway. The construction technology reached the contemporary international leading level. At the same time, a great number of pioneering contributions were made to environmental protection and the harmony between man and nature was realized. The Qinghai-Tibet Railway Project won the Special Class of 2008 National Science and Technology Progress Award, and the Excellent Class of the international FIDIC Centenary Awards in 2013.

Keywords: Qinghai-Tibet Railway; Permafrost; Alpine and Anoxic; Wildlife Passageways; Health Support of Plateau

B. 5　Chapter 2 – Urban Rail Transit: Modern Tramcars　　　/ 109

Abstract: In 1879, the German engineer Siemens first tried to use electric power to drive rail vehicles at the Berlin IndustrialExposition. Since then, trams had been growing very fast. From 1930 to 1960, due to the rapid development of the automobile industry and the impacts of technological reform, trams gradually stepped down from the historical stage. However, since 1970s, trams usher in a comprehensive revival. After all-round technological transformation, and the performance of modern trams has been improved in a comprehensive manner. The advantages of great transport capacity, convenience of transfer, high speed and low noise make modern trams play important roles in urban traffic, which is of great significance to the development of traffic and alleviation of urban congestion.

Keywords: Modern Tram; Right of Way; Low-floor Hydrogen-powered Train; Super Capacitor

B. 6　Chapter 3 − Technology: CBTC System　　　　/ 153

Abstract: A signal system undertakes the task of real-time control and status monitoring on a variety of train operation equipment and operating trains. With the increase of running speed and densification of tracking interval of trains, traffic safety cannot be guaranteed by completely relying on manual observation and driving. Therefore, the train operation control system must be installed to realize the automatic control of intervals and speed of trains, improve transport efficiency and ensure traffic safety. By making use of communication technology, communication-based train operation control system (CBTC) contributes to the realization of speed control through information exchange of vehicle equipment and on-site communication equipment with the station or train control center so as to ensure traffic safety, protect and assist passengers, assist train operation and driving and provide technical support. China's independent CBTC research team finally completed the development of engineering prototype at the end of 2008 after 10 years of unremitting efforts. At the end of 2009, the Yizhuang Line-the demonstration project of CBTC train operation control system with independent intellectual property rights, for which the Beijing Traffic Control Technology Co. , Ltd. is responsible-was put into operation. Compared with the traditional CBTC system, the vehicle-to-vehicle communication signal system has the advantages of high performance, high reliability, low cost, easy construction and maintenance, modularization and interconnection support and will become the future development direction of the CBTC system.

Keywords: CBTC Technology; Train Control System; ATC System; Fully-automated Operation Signal System; FAO System

轨道交通蓝皮书

B. 7   Chapter 4 — Economy: Land Development along Rail

Transit System   / 212

Abstract: Subways not only need high construction investment in the early stage but also cost a lot for operation and maintenance after completion of construction. Currently, the subways in major cities of China are basically at a loss, which require the Government's long-term financial subsidies. However, the Hong Kong Government hands over the construction and operation rights of rails and part of land developing rights along the line to MTR Corporation Limited, which makes the MTR Corporation Limited become one of the few subway corporations that can make a profit from their core business in the world. Rail transit can bring about the value increase of the surrounding land. If the development gains are used to support the construction in rail transit, a virtuous circle can be formed and a win-win status can be realized. After referring to the advanced experience of Hongkong subway mode, the mainland railway bureaus actively cooperate with real estate enterprises and attempt to develop the land around the railway. Therefore, deepening the reform of the land development and utilization system around China's rails can be used as a method to resolve rail construction financing, which can completely change the passive situation of rail construction and the development of the surrounding land. For a long period of time in the future, the urban rail construction projects will increasingly be bundled with real estate developers. The rail construction will be arranged by making full use of professional geographical location selection, property management, regional planning and other advantages of real estate developers so as to initiate a golden age of the "rail + property" union.

Keywords: Surrounding Land of Rail; Hongkong Subway Mode; Rail + Property Union; Union Development

B. 8   Chapter 5 −Rail Transit in Other Countries: Passenger Trains in
Russia   / 227

Abstract: Russia has a vast territory and an extremely uneven population distribution. Rail transport plays an important role in the national economy and passenger transportation. Ranking third in railway operating mileage in the world, Russia has multiple systems of rail transit. But the vehicles are generally old and cannot meet the current increasingly growing demands. According to the Russian high-speed and fast railway development strategy (2012), the Russian high-speed railway mileage will reach 4300km by 2020, and 12000km with annual passenger volume of 32 million people by 2030. There is huge potential on Russia's railway transport infrastructure construction. Only two 200 −250km/h railways have been put into operation and their speed is at the lower limit of HSR speed. The Moscow-Kazan High-speed Railway, for which investigation and design work was jointly carried out by China Railway Eryuan Engineering Group Co., Ltd., Russia Moscow Transportation Design Institute and Nizhny Novgorod Subway Design Institute in June 2015, is an important part of the Moscow-Yekaterinburg Section (with a total length of 1595km) for Russia's planned high-speed railway line 2 (BCM −2), and is also an important part of Moscow – Beijing High-speed Passenger Transport Channel jointly constructed by China and Russia. The construction of the Moscow-Kazan High-speed Railway is required by the need of improving the railway channel of the Eurasian Continental Bridge and building the Silk Road Economic Belt. With the designed maximum speed of 400km/h and track gauge of 1520mm (For Chinese railways, the standard track gauge of 1435mm is adopted). This is of great significance to improvement of Moscow-Kazan transport infrastructures, expansion of China-Russia economic and trade cooperation and promotion of the political, economic and social development of both countries.

Keywords: Russian Railway; Moscow Hub; Moscow Subway; Tsubame Train; Moscow-Kazan High-speed Railway

Ⅲ Appendix

❖ 皮书起源 ❖

"皮书"起源于十七、十八世纪的英国，主要指官方或社会组织正式发表的重要文件或报告，多以"白皮书"命名。在中国，"皮书"这一概念被社会广泛接受，并被成功运作、发展成为一种全新的出版形态，则源于中国社会科学院社会科学文献出版社。

❖ 皮书定义 ❖

皮书是对中国与世界发展状况和热点问题进行年度监测，以专业的角度、专家的视野和实证研究方法，针对某一领域或区域现状与发展态势展开分析和预测，具备原创性、实证性、专业性、连续性、前沿性、时效性等特点的公开出版物，由一系列权威研究报告组成。

❖ 皮书作者 ❖

皮书系列的作者以中国社会科学院、著名高校、地方社会科学院的研究人员为主，多为国内一流研究机构的权威专家学者，他们的看法和观点代表了学界对中国与世界的现实和未来最高水平的解读与分析。

❖ 皮书荣誉 ❖

皮书系列已成为社会科学文献出版社的著名图书品牌和中国社会科学院的知名学术品牌。2016年，皮书系列正式列入"十三五"国家重点出版规划项目；2012~2016年，重点皮书列入中国社会科学院承担的国家哲学社会科学创新工程项目；2017年，55种院外皮书使用"中国社会科学院创新工程学术出版项目"标识。

中国皮书网

发布皮书研创资讯，传播皮书精彩内容
引领皮书出版潮流，打造皮书服务平台

栏目设置

关于皮书：何谓皮书、皮书分类、皮书大事记、皮书荣誉、
皮书出版第一人、皮书编辑部

最新资讯：通知公告、新闻动态、媒体聚焦、网站专题、视频直播、下载专区

皮书研创：皮书规范、皮书选题、皮书出版、皮书研究、研创团队

皮书评奖评价：指标体系、皮书评价、皮书评奖

互动专区：皮书说、皮书智库、皮书微博、数据库微博

所获荣誉

2008 年、2011 年，中国皮书网均在全国新闻出版业网站荣誉评选中获得"最具商业价值网站"称号；

2012 年，获得"出版业网站百强"称号。

网库合一

2014 年，中国皮书网与皮书数据库端口合一，实现资源共享。更多详情请登录 www.pishu.cn。

权威报告·热点资讯·特色资源

皮书数据库
ANNUAL REPORT(YEARBOOK)
DATABASE

当代中国与世界发展高端智库平台

所获荣誉

● 2016年，入选"国家'十三五'电子出版物出版规划骨干工程"

● 2015年，荣获"搜索中国正能量 点赞2015""创新中国科技创新奖"

● 2013年，荣获"中国出版政府奖·网络出版物奖"提名奖

● 连续多年荣获中国数字出版博览会"数字出版·优秀品牌"奖

成为会员

　　通过网址www.pishu.com.cn或使用手机扫描二维码进入皮书数据库网站，进行手机号码验证或邮箱验证即可成为皮书数据库会员（建议通过手机号码快速验证注册）。

会员福利

　　● 使用手机号码首次注册会员可直接获得100元体验金，不需充值即可购买和查看数据库内容（仅限使用手机号码快速注册）。

　　● 已注册用户购书后可免费获赠100元皮书数据库充值卡。刮开充值卡涂层获取充值密码，登录并进入"会员中心"—"在线充值"—"充值卡充值"，充值成功后即可购买和查看数据库内容。

数据库服务热线：400-008-6695
数据库服务QQ：2475522410
数据库服务邮箱：database@ssap.cn
图书销售热线：010-59367070/7028
图书服务QQ：1265056568
图书服务邮箱：duzhe@ssap.cn

S子库介绍
ub-Database Introduction

中国经济发展数据库

涵盖宏观经济、农业经济、工业经济、产业经济、财政金融、交通旅游、商业贸易、劳动经济、企业经济、房地产经济、城市经济、区域经济等领域，为用户实时了解经济运行态势、把握经济发展规律、洞察经济形势、做出经济决策提供参考和依据。

中国社会发展数据库

全面整合国内外有关中国社会发展的统计数据、深度分析报告、专家解读和热点资讯构建而成的专业学术数据库。涉及宗教、社会、人口、政治、外交、法律、文化、教育、体育、文学艺术、医药卫生、资源环境等多个领域。

中国行业发展数据库

以中国国民经济行业分类为依据，跟踪分析国民经济各行业市场运行状况和政策导向，提供行业发展最前沿的资讯，为用户投资、从业及各种经济决策提供理论基础和实践指导。内容涵盖农业，能源与矿产业，交通运输业，制造业，金融业，房地产业，租赁和商务服务业，科学研究，环境和公共设施管理，居民服务业，教育，卫生和社会保障，文化、体育和娱乐业等100余个行业。

中国区域发展数据库

对特定区域内的经济、社会、文化、法治、资源环境等领域的现状与发展情况进行分析和预测。涵盖中部、西部、东北、西北等地区，长三角、珠三角、黄三角、京津冀、环渤海、合肥经济圈、长株潭城市群、关中一天水经济区、海峡经济区等区域经济体和城市圈，北京、上海、浙江、河南、陕西等34个省份及中国台湾地区。

中国文化传媒数据库

包括文化事业、文化产业、宗教、群众文化、图书馆事业、博物馆事业、档案事业、语言文字、文学、历史地理、新闻传播、广播电视、出版事业、艺术、电影、娱乐等多个子库。

世界经济与国际关系数据库

以皮书系列中涉及世界经济与国际关系的研究成果为基础，全面整合国内外有关世界经济与国际关系的统计数据、深度分析报告、专家解读和热点资讯构建而成的专业学术数据库。包括世界经济、国际政治、世界文化与科技、全球性问题、国际组织与国际法、区域研究等多个子库。

法 律 声 明